沖縄は未来を
どう生きるか

沖縄は未来をどう生きるか

大田昌秀
佐藤優

岩波書店

はじめに

佐藤　優

大田昌秀氏（琉球大学名誉教授、元沖縄県知事、元参議院議員）は、私にとって特別の人だ。個人的に大田氏と面識を得たのは、私が職業作家になった後のことであるが、「昌秀兄さん」という名は、私が物心つくかつかないかの三～四歳の頃から母（佐藤安枝、旧姓上江洲《うえず》、二〇一〇年七月二七日死去）から聞かされている。大田氏も母も沖縄から西約一〇〇㎞の久米島の出身で、字《あざ》が隣だ。しかも遠縁にあたる。大田氏は、一九二五年六月一二日生まれで、一九三〇年一〇月八日生まれの母よりも学年は五年上だ。しかし、母は小学生時代の大田氏のことをよく覚えている。久米島の具志川国民学校（現在の大岳《おおたけ》小学校）では、学業と素行が最優秀の者一人を表彰し、賞品として大学ノートを与えていた。当時、現金収入の少ない久米島で、子どもに大学ノートを買い与えられる家庭は少なかった。大田氏は、学業、素行両面の最優秀者として、毎年、大学ノート二冊を独占していた。それがとてもとても羨ましかったという。

当時、久米島には、中学校、女学校などはなかった。国民学校（小学校）を卒業した後、勉学を継続する人は、沖縄本島に行くしかなかった。大田氏は沖縄師範学校（男子部）に、母は私立昭和高等女学校に進学し、二人とも沖縄戦に遭遇した。大田氏は、鉄血勤皇隊に加わった。女学校二年生の母は、学校から親元に帰るようにと指示された。しかし、一九四四年一〇月一〇日の米軍による首里と那覇への大空襲で、沖縄本島と久米島を航行する連絡船はすべて破壊されてしまった。行き場所を失った母は、長姉の紹介で陸軍第六二師団（通称「石部隊」）の軍属に採用され、沖縄戦の末期まで軍と共に行動する。母の話では、首里から摩文仁《まぶに》に撤退する途中で、大田氏と出会い、一言二言声を交わした。そのとき大田氏は痩せこけていたという。母は軍属なので、潤沢に食料を携行していた。食料を大田氏に分けようと思ったが、周囲の日本兵から何を言われるかと逡巡しているうちに大田氏とはぐれてしまった。「昌秀兄さんは、さぞかしお腹を空かせていただろうに。悪いことをした」と母は死ぬまで後悔していた。

　こういう経緯があるので、私は大田昌秀氏に対して特別の想いがある。この対談は、七年間にわたって断続的に行われたものだ。「沖縄は未来をどう生きるか」という問いに対する答えは簡単だ。沖縄は過去も沖縄人のものであったし、現在も沖縄人のものである。そして、沖縄は未来も沖縄人のものだ。この単純な真実を、いかに現実の中に生かしていくかが、今の時代に生きる私たち沖縄人の課題なのである。大田氏との対談を通じ、私は現在、沖縄と日本の間に生じているのは国際基準の民族問題であると確信するようになった。そして、私の自己意識も沖縄系日本人から、日本系沖縄人に変容した。沖縄人同胞と連帯し、沖縄の自己決定権を再確立するために、私は自分の残りの人生の持ち時間を使いたい。

　本書は岩波書店の中本直子さんの情熱と支援なくしてできませんでした。どうもありがとうございます。

二〇一六年七月一六日、曙橋（東京都新宿区）にて

沖縄は未来を
どう生きるか

目次

はじめに　佐藤 優

＊第1章〜第12章は、『世界』二〇〇九年一月号〜二〇一〇年九月号に掲載したものに、加筆訂正を行った。
＊登場する人物の肩書は対談当時のままとした。
＊引用は、一部抜粋、句読点及び表記の変更を行った。

第Ⅰ部　「沖縄の歴史」を知ることの意味

第1章　変動の時代に問われるもの

沖縄はいま変動期にある

佐藤　沖縄戦における集団自決(集団強制死)について、これを家族愛によるものだとかいう言説が、本土(本対談では沖縄以外の日本のことをいう)の一部メディアで流通しています。特に私が問題だと思うのは、沖縄で発表しようと思えばできるにもかかわらず、政治漫画家の小林よしのりさんなどと組んで、沖縄は言論を封殺する全体主義の島だと喧伝する有識者がいることです。沖縄の大学に籍を置いている沖縄出身の学者が沖縄について発言することは、本土ではそれなりの説得力を持ってしまいます。それに対して『琉球新報』や『沖縄タイムス』といった言論機関は、基本的に相手にしないという方針ですね。こうした沖縄の内部から出てくる歴史修正主義についてて、どう見ておられますか。

大田　『W・iLL』や『サピオ』『正論』といった保守的な雑誌の様々な論考が沖縄地元の新聞をさかんに攻撃しますが、私も事実関係の誤りについてはきちんと反論すべきと考えています。沖縄内部の歴史修正主義というのは、かつての琉球大学の保守反動的な某教授らの主張や言動とそっくりです。情けないことに沖縄では、時代の大きな変動期に際しては、必ずと言っていいほど、そういう事大主義的言説を弄する人たちが出てきます。

佐藤　ということは、たったいまが大きな変動期ということですね。

大田　非常に大きな変わり目だと思いますね。

佐藤　私も同感です。その問題関心からいま私は、沖縄の歴史、社会の成り立ちを知りたくて、一生懸命沖縄関連の古典を読んでいます。『琉球神道記』を読みましたが、沖縄にはそもそも易《えき》姓《せい》革命思想はあるのでしょうか。

大田　沖縄には古くから「もの呉《く》ゆしどぅ我が御主《わーうしゅう》」という諺があります。日本語に直訳すると、「物をくれる人こそが自分の主人である」という意味です。従来、この言い伝えについては、主体性がなく権力に媚びる人たちを軽蔑して批判する際に引用したものです。つまり、頭で考えるのでなく、胃袋に主眼を置いて考える人たちを否定的に指すものでした。

それが戦後になって、その諺は、「民政の安定に配慮する者こそがよきリーダーだ」と、むしろ肯定的に評価されるようになりました。古代中国の「放伐《ほうばつ》」に通じるものとして、一部の人々の間ではよしとする受け止め方に認識が改まったのです。

本来、この言い伝えは、一五世紀(一四六九年)に第一尚氏王統から第二尚氏王統に替わるとき、すなわち、尚徳王を廃して尚円王を誕生させた際に、尚円王を担いだ人々が「自分たちに飯を保障する者こそが主人公にふさわしい」、と主張したとする史実からきています。しかし、そのようなありようは、権力追従主義、事大主義に通じる沖縄的心情として批判されていました。それが今日では若干評価が代わって、むしろ肯定されるようにもなったのです。

ところが、戦後沖縄では、一時期ながら衣食住のすべてを米軍が賄っていたので、では米軍が県民の主人公かとなると、素直に肯定するわけにもいかず、いまもってその解釈は揺れています。最近、本土には、沖縄を「全体主義の島」などと罵声を浴びせる人たちが急速に増えてきています。しかし、それは事実に反します。ちなみに二〇〇〇年春に、琉球大学の三人の教官（高良《たから》倉吉《くらよし》、大城常夫《おおしろつねお》、真栄城守定《まえしろもりさだ》）が連名で、「沖縄イニシアティブ」を公表し、軍事基地賛成論を唱え、政府権力側一部の人々から勇気ある発言、と称賛されました。

彼らは、大多数の県民の意思に反し、沖縄が過重に負担させられている軍事基地の存在を容認、評価して日米両政府と良好な関係を築くことが肝要だと主張したのです。つまり日米両政府のいうことに協力するほうが、沖縄の利益になるのみか、国益にもつながる、という趣旨の発言をなんらの留保もなく公表して憚《はばか》らなかったのです。このように、沖縄では、言論の自由は、十分に保障されていて、いかなる意味でも「全体主義の島」などといわれる筋合いはないのです。

佐藤　そもそも沖縄を全体主義だと罵る人は、自分たちは全体主義ではないと思っている。沖縄を全体主義の島だと言う人は、本土には多様な見解があり、全体主義の沖縄に対して一段上に立っているという、根拠のない優越意識を持っています。

大田　全くそのとおり。ただ、戦前から戦後にかけての沖縄の歴史を振り返ってみると、いくどとなく、ある種の売名的な言動をする人たちが自由に振舞ってきている。たとえば、慶良間《けらま》の「集団自決」訴訟問題をめぐって、「虚構の『軍命令・強制説』の復活を許さない」などと、戦無派で、沖縄戦の実相をろくに知りもしないにもかかわらず、防衛大出身の恵隆之介《めぐみりゅうのすけ》などが大声で喚《わめ》いているのも、その一好例といえます。

ちなみに「沖縄学の父」と称される伊波普猷《いはふゆう》は、この種の人たちを、「沖縄人の最大欠点」という論文で手厳しく批判しています。彼は、沖縄人の最大欠点は、事大主義的生き方だと指摘し、王国時代の「空道《こうどう》二通」を、その象徴的事例としてあげているのです。

佐藤　後に仲原善忠《ぜんちゅう》（歴史・地理学者。一八九〇〜一九六四）が批判したものですね。

大田　そうです。「空道二通」というのは、琉球から中国に進貢船を派遣するに際し、途中で政変などで相手側の皇帝が替わっていたりしたら困るので、最初から皇帝の名前を書いたものと名前を書いていないものと、二通の書状を用意していたことを指します。つまり、正式の文章とは別に、琉球国王のハンコを押した白紙を持参して、中国で臨機応変に対応できるようにしたのです。このように、沖縄人にとっては、誰が君主でも構わない、と平気で君主の恩を忘れてしまう風潮が際立っている、として批判したわけです。

伊波普成の憂慮

大田　伊波普猷の弟で伊波普成《ふせい》（月城《げつじょう》）という非常に有能な新聞記者がいました。彼は、青山学院の英文科を卒《お》えたといわれていますが、西洋文学に造詣が深く、モーパッサンの作品やイプセンの『人形の家』などを、初めて沖縄に紹介しています。そのため、彼が勤めていた『沖縄毎日新聞』の学芸欄の名声を大いに高めた人物です。この弟がいなければ、伊波普猷の数々の学問的

伊波普成(『伊波月城』リブロポート, 1988 年より)

業績も今日さほど知られなかったかもしれません。普猷は、沖縄で三〇〇回以上も方言で講演をしていますが、多くの場合、弟の普成がついて行ってそれを記録に残したのです。ある意味で、思想的には弟の方が兄貴より先んじてさえいる面があったように思われます。

伊波普成は、廃藩置県から三〇年余も経った明治四二(一九〇九)年末頃、沖縄県民がようやく近代的制度の恩恵に浴しはじめるようになった時においてさえ、こう慨嘆しています。

「わが輩は、世界中で最も不真面目なる人々が住んでいる沖縄では、指導者の言論、行動にたいしては、十中八、九まで、これを非とする必要があると思う」

普成は、当時の沖縄の指導者たちが、いたずらに事なかれ主義の態度に終始しているとして、露骨に不信感を表明したのです。すなわち、「憎まれるのを恐れて口をつぐむようでは駄目で、なるほど黙ってさえおれば、たくさんの金も貰えるし地位も高まるであろう。しかし、これでは人間としての価値は、ゼロである。価値の世界に生存しない人間は、アミーバと何らえらぶところはない」

こう述べて、彼は沖縄の青年たちに、「今の世では、多くの人びとに憎まれるのが名誉で光栄である。世の寵児となって成功するのは、男子たる者の恥辱であらねばならぬ。今日の成功はあらゆる悪徳と結びついている」と説いたのです。

「沖縄はいま那覇港のどん底まで濁っている」

大田　彼はまた、当時、那覇市で赤穂四十七士を記念する会合があった際、その種の催しは、沖縄社会における一種の殺菌剤にもひとしいとして、「沖縄人が四十七士に学ぶべき点」という論考を、署名入りで発表。沖縄人が赤穂四十七士に学ぶべき点は、彼らの粗野で放縦なる行為でもなければ、その復仇的行動でもない。県人が学ぶべき点は、彼ら四十七士が、その恩人のために二つとない身命を犠牲にしたその精神にある、と説いた。当時の沖縄の新聞には精神面や意識面の変革に言及する論説は、皆無にひとしかった。この発言のように、普成によって、初めて人間の内面へ目が向けられ、「精神的変革」が唱えられるようになったのです。

普成は、赤穂四十七士の犠牲的献身の大精神を沖縄人の頭の中に注入しないかぎり、教育制度がいかに完全になろうが、自治制度がしかれようが、単に皮相的な進歩にとどまって沖縄を根本的に改造することはできない、社会のために、身を殺して衆生を救済せんとする偉大なる精神をいだきうる人こそ、現代沖縄の要求する人物である、と結論づけています。

これらの論説から明らかなとおり、彼は、沖縄人の「もの呉ゆしどぅ我が御主」という考え方の持主を、君主が誰に代わってても平気でついていく「忘恩の徒」として嫌悪し、ずいぶん手厳しく批判しています。すなわち彼は、イプセンの言葉を引用、それと対比して、沖縄には五〇万の

（撮影＝ジャン松元）

人間の代りに豚や狼が住んでいる。こんな情けない民族は、那覇港に沈めて抹殺すべきだ、と極端な発言さえ公然としたほどです。

彼はこう語っているのです。「沖縄はいま那覇港のどん底まで濁っている。イプセンがある年、ノルウェーに帰ってきたときにノルウェーは政治上の争乱がその極に達していた。彼は非常に憤って、ノルウェーには、二百万の人間の代りに二百万の犬や猫を飼ってあるといったそうだ。イプセンをして、現今沖縄の有様を見せしめたら、沖縄は五十万の人間の代りに、五十万の豚や狼を飼ってあるといったかも知れない」と。

彼がいかに当時の新思想に通じ、時代の動きを敏感に感じとっていたかは、つぎの例が如実に示しています。

明治四四（一九一一）年一月、沖縄の新聞は、いっせいに幸徳秋水以下二四人の「大逆事件」にたいする高等法院の判決を報じました。半数の一二名が死刑を宣告されたときのことです。判決が報じられて二日後『琉球新報』は、「聖恩天の如し、ただ感泣あるのみ」と題する社説をかかげてこう述べています。

「幸徳以下二十四名の者共、悪逆無道の計画の真相は事実がたしかめられて、戦慄すべき陰謀たるの公けにせらるるに至りわが帝国の臣民たるもの、一人として憤慨せざるものとてはなく、人々みなその肉を食いその血をすすりて、もって甘心せんとするの心あるのみ」。『琉球新報』によると、これら乱心不逞の凶徒にたいして天皇陛下は、なお洪大無辺の仁慈を垂れさせられた、というわけです。こうして、同社説は長々と感謝の意を開陳、さらに語をついでこう説きました。

「社会主義とか無政府主義とか不祥なるものの原因を杜絶し皇室の天壌とともにおわしまさんは、われらおよびわれらが子孫の永久の祈願ならざるべからず。逆徒の不逞なるは、憎みても余りあり。聖恩の洪大なるは感泣してもなお感謝の万一を尽さず」（一部略）

比嘉《ひが》春潮《しゅんちょう》（歴史学者。一八八三〜一九七七）も指摘しているとおり、大逆事件以後、日本本土ではいっそう思想弾圧がきびしくなり、その余波を受けて、沖縄にも思想統制の手がのびてきました。公共図書館などから社会主義関係の図書が除去されたばかりでなく、警察は学校教員の読書傾向なども取り調べるようになりました。

そのような時期に、伊波普成は、こう公言してはばからなかったのです。

「官憲による圧迫の反動ほど恐ろしきものはなし。近くは幸徳事件の如きじつにこれ圧迫の反動にあらずや。政府がいわゆる危険思想を警察力にて撲滅せんとするは、これあたかも病人ならぬ人に無理無体に薬を強い、かえって病をかもすのたぐい、また笑うべし。想うに思想を制するものは、ただ思想あるのみ。ひとたび健全なる思想にあれば、不健全なる思想はたちまちその光を失いて影を没するにいたらん。ゆえに、よろしく言論の自由を許し如何なる思想といえども、自由に大胆にこれを発表せしむれば、社会はますます向上発展して、近き将来において新文明の建設を見るに至るべし。英・独の現況においてこれを考えよ」

普成のこの主張は、沖縄の言論史上初めて、公然と「言論の自由」を要求したものです。しかもまた、日本への同化のみを心掛けていた県民にたいし、はじめて「西洋に目を向けよ」と呼びかけた点で、刮目《かつもく》に値します。私が伊波普成を当時のもっとも卓越した思想家の一人だと見るのは、そのような理由からです。

伊波普成はまた、明治四四年に「河上肇《はじめ》舌禍事件」が起こったとき、口をきわめて沖縄の人々をたしなめたりもしています。河上肇が糸満の人々について研究するため沖縄を訪れた際、県教育委員会の求めで「新時代来る」というテーマで講演会をしました。その中で次のように述べたことが騒ぎを招いたのです。

「沖縄を観察するに、沖縄は言語、風俗、習慣、信仰、思想、其他あらゆる点に於て内地と其歴史を異にするが如し。而《しか》して或《あるい》は本県人を以て忠君愛国の思想に乏しと云ふ。然《しか》れどもこは決して歎ず可きにあらず。余は之あるが為めに却つて沖縄人に期待する所多大なると同時に、又最も興味多く感ずるものなり。……今日の如く、世界に於て最も国家心の盛なる日本の一部に於て、国家心の多少薄弱なる地方の存するは、最も興味ある事に属す。如何となれば、過去の歴史に就て見るも時代を支配する偉人は、多くは国家的結合の薄弱なる所より生ずるの例にて、基督《キリスト》猶太《ユダヤ》に於ける、釈迦《しゃか》の印度に於ける、何《いず》れも亡国が生み出したる千古の偉人にあらずや。……故に仮令《たと》ひ本県に忠君愛国の思想は薄弱たりとするも、現に新人物を要する新時代に於て余は本県人士の中より、他日新時代を支配する偉人豪傑の起らん事を深く期待し、且《か》つ之に対して特に多

大の興味を感ぜずんばあらざるなり」（句読点を一部加えた）

すると、県下の教育者や新聞記者たちが、こぞってこの発言に反発。沖縄人を、ユダヤ人やインドの「亡国の民」などと一緒くたにしているとして、怒りを爆発させました。そのあげく、彼らは次に予定されていた河上の講演をボイコットしただけでなく、彼の排撃運動まで起こしたのです。そのため、河上肇は、二週間の滞在予定を一週間で切り上げて、帰ってしまいました。

これに対し普成は、地元の官民が河上発言の深い意味を理解しようともせずに、ただ彼の言葉尻をとらえて沖縄から追放しようとするのは嘆かわしいかぎりだ、思想には思想をもって対決すべきなのにそうはしない、と批判したのです。

ところで前にふれたとおり、私は、『沖縄の民衆意識』（弘文堂新社、一九六七年）という本で、伊波兄弟が事大主義の典型として慨嘆した、「空道二通」の史実を引用しました。すると、仲原善忠は、「大田君、君は伊波先生を買いかぶっている。あれ（「空道二通」）は、沖縄の人間が進んでやったのでなく、薩摩が指示してやらせたことだ」と言って、それを裏付ける文献を示されたことがありました。

同祖論の裏側にあるもの

佐藤　実は私はいま、仲原善忠の読み直しを全面的にしていて、もう一度きちんと現代に紹介する必要があると思っているのです。『久米島史話』（潮音社、一九四〇年）は、短い作品ですが、ものすごくおもしろい。たとえば、「堂の比屋《ひや》」に関する解釈です。堂とは久米島の村の名前で、

（撮影＝ジャン松元）

「比屋（親方）」は村長、「堂村の村長」という意味です。

一五世紀に三山統一の時の影響で沖縄本島からおそらく戦いに敗れた按司《あじ》（大名）が入ってきた。「堂の比屋」は、按司に擦り寄って徴税請負人になります。ところが、第二尚氏ができて久米島討伐に来る。それで中城《なかぐすく》の按司は、自分の息子だけは頼むと言って逃れていくのですが、「堂の比屋」は按司の息子の髪の毛を結ってやると言って首を絞めて殺してしまう。それで首里城に行って「前の按司の一族は滅びましたから私を按司にして下さい」とお願いして任命してもらった。喜びいさんで帰って来たら馬から落ちて脇差が刺さって死んでしまう、という因果応報の物語です。これに対して仲原善忠は非常に肯定的ですね。

なぜかというと、按司は税金を取り立てに来た外来者であって「堂の比屋」もいやいや従っていたにすぎない。子どもを殺してしまう必然性はないのだけれども、われわれの共同体を守る観点からすると、按司などに忠誠を誓う必要はないのだとはっきり言っている。

しかもそれを、一九四〇年に言ったことの意味はとても大きいと思うのです。これが郷土の英雄なのだということです。だから、沖縄学というと過度に日本との同化傾向が強いと見られていて、仲原善忠はその典型と見られている。一昔前までの沖縄学は、伊波普猷の日琉同本論、同祖論に着目するわけですが、過剰なかたちでの同祖論や同化志向は、実は自分たちが外側の人間だという意識が強いからなんですね。その裏返しとして同化したいという意識が過剰になる。

また、仲原善忠はジョージ・H・カーの『琉球の歴史』(琉球列島米国民政府、一九五六年)を非常に批判的にコメントしています。ペリーの書簡に関して、アメリカが沖縄の人びとを奴隷から解放するような感覚だと言うが、これはまちがいだと。仲原善忠は、非常に複雑な心理をもった不思議な人だなと思います。

大田　仲原善忠と伊波普猷との最も際だった違いの一つは、「薩摩の琉球入り」についての受け止め方だと思います。伊波普猷は、一言でいうと、薩摩の琉球入り以後は、沖縄の人々の人格がまるっきり変わってしまったという認識です。すなわち、伊波説によると、薩摩入り以前は、沖縄人は非常に進取の気性に富んでいて、海洋を自由にとび回っていた。それが薩摩の琉球入り以後は、すっかり萎縮してしまって何もできなくなった、というのです。

ところが仲原善忠は、逆に、薩摩の琉球入りがあったからこそ、沖縄の近代化が進んだというのです。つまり、薩摩の琉球入り後は、琉球王府による奴隷制度的な苛酷な税制など、多くの封建的制度が改善されたのであって、それがなかったら、沖縄の近代化はずっと遅れたに違いないというわけです。かつて歴史教科書問題で、日本の中国への侵略について、「侵入」と書く人もいれば、逆に「進入」と書く人もいて、問題化したことがありましたね。それと同じように、伊波は「薩摩の琉球入り」を「侵入」と記述するのに対し、仲原は「進入」と書いているのです。

実は、近年、伊波普猷の業績に対する見方が若干変わりつつあるなと感じています。先日、博士課程で勉強しているイギリス人学生が私の事務所にやってきて、いま自分は金武《きん》町に住んでいるが、七〇〇年前の小さな集落からどのような過程を経て今日の金武町に至ったか、その歴史を書きたいと言うのです。彼が私に、「先生は沖縄の学者でどなたをいちばん尊敬していますか」と聞くので、「普通に言えば沖縄学の父といわれる伊波普猷だ」と答えました。すると彼は、自分は伊波普猷より、むしろ比嘉春潮の研究から多くを学んだ、という。琉球王国時代について、伊波普猷の本を読んでも抽象的過ぎてよくわからないが、比嘉春潮は、当時の制度や社会構造、政治行政などについて具体的に解明しているので、比嘉春潮の本の方が良いというのです。

また、それとは別に伊波普猷は、一八世紀に活躍した蔡温《さいおん》について、不世出のえらい政治家と高く評価しています。しかし、国場《こくば》幸太郎の『沖縄の歩み』(牧書店、一九七二年)という青少年向けの歴史本では、蔡温の宮古・八重山等に対する極端な差別や移住政策などを具体的にあげて、手厳しく批判しています。このように従来は、伊波普猷の著作というだけで、半ば無条件に高く評価するのが常でしたが、近年は、必ずしもそうではありません。伊佐眞一の『伊波普猷批判序説』(影書房、二〇〇七年)などが例示するように、少しずつ批判的な見直しがなされつつあります。とはいっても、今のところ若い世代の研究者が伊波ほどの学問的業績をあげているわけでもありません。

カー『琉球の歴史』をどう読むか

佐藤　先生は、ジョージ・H・カーの『琉球の歴史』をどう評価されますか。

大田　私は個人的にカーをよく知っているのですが、彼はもともとスタンフォード大学の歴史学の教授で、どちらかといえば台湾問題の専門家です。米軍部は、一九四三年に、コロンビア大学に台湾研究チームと沖縄研究チームを設置して、イエール大学やハーバード、プリンストンなど、アメリカの名門大学の有能な学者たちを集めて、徹底的に台湾研究と沖縄研究をやらせています。そこでカーは、台湾研究チームの主任でした。ところが、米軍が当初計画の台湾侵攻作戦を放棄して、じかに沖縄に攻め入ることになりました。そのためカーは、台湾研究チームから沖縄研究チームに移って、沖縄研究に専念するようになったのです。

佐藤　そうするとCIA（米中央情報局）の前身であるOSS（戦時情報局）とも関係が深いですね。

大田　ええ、OSSに関係していて、『Formosa Betrayed』（一九六五年。邦訳『裏切られた台湾』同時代社、二〇〇六年）という本を書いています。ところが、その本の内容が災いして、台湾に入れなくなりました。カーの『琉球の歴史』は、仲原先生、比嘉先生、東恩納寛惇《ひがしおんなかんじゅん》先生、高里良薫といった、東京在住の沖縄の優れた先達を集めてヒヤリングをした後に書いたものです。しかし、その日本語訳は、沖縄についてろくに知識もない人たちが数人で手分けしてやったようです。そのため訳文の統一もとれてない上、米民政府が同書を勝手に離日政策に利用したとして、カーは、自分の本ではない、と怒っていました。一方『Okinawa, the History of an Island People』（一九五八年）は、英文で書かれた琉球の歴史本ではとてもよくできていると私は見ています。

佐藤　日本語には訳されていませんが、英米圏では基本書ですね。

大田　そのとおりです。カーは、沖縄の歴史を勉強する過程で、いかに沖縄の人たちが日本政府によって虐げられてきたかを知り、日本政府に好意的でなかったのは事実です。それで沖縄人に同情的で、親身になって考えていた節があります。彼が収集した大量の歴史資料の多くは、琉球大学の図書館や県公文書館などに寄贈されています。

ちなみに、カーが沖縄研究に熱中できたのは、一つにはロックフェラー財団から資金援助があり、八重山や宮古沖合に沈没しているとされる進貢船から遺物を引き揚げることに関心を抱いていたからです。そんな関係から沖縄の文物や陶芸などにも惚れ込んでいました。

カーの描いた三つのシナリオ

佐藤　私はもともと情報（インテリジェンス）を担当していたので、『琉球の歴史』は非常によくできた本だと思いました。というのは、沖縄の今後に関して三つのシナリオを考えている。一つは、グアムのようにずっとアメリカの信託統治のままでいくというシナリオ。あるいは日本返還、もう一つは沖縄独立です。いずれに関しても理論的な裏付けになり得るようなつくりにしてある。

当時の時代状況において、沖縄の人びとの立場から考えるならば、つまり日本がやった過去一〇〇年の沖縄に対する所業、いや薩摩の進攻以降のことを考えるならば、いまのアメリカの信託統治というチョイスも悪いものではないぞという雰囲気は強く出てくるのですね。それは占領政策を単に正当化するというよりももっと深いところの問題です。

ただ、英文の『沖縄、ある島の人々の歴史』と民政府版『琉球の歴史』には、たしかに断絶がありますね。『琉球の歴史』には当局の見解を相当忖度《そんたく》しているところがある。

大田　それというのも、米民政府が彼の意志に反する形で、意図的に本を悪用していたことに起因します。

いまご指摘の信託統治の問題ですが、実は東京大学名誉教授の玉野井芳郎（経済理論、経済学史。一九一八～八五）が沖縄に赴任されて、たまたま私の家の近くに住んでおられました。玉野井さんは、沖縄で最初に地域主義を唱えられて、将来は独立を志向するべきと説いていました。

一時期、玉野井と沖縄タイムスの豊平良顕《りょうけん》、琉球新報の池宮城《いけみやぐすく》秀意《しゅうい》らが共同代表となって「平和をつくる沖縄百人委員会」を組織していたことがあります。私もそのメンバーの一人でした。

当時池宮城は、一般的な日本復帰論を横目に信託統治論を主張していました。おそらく、沖縄戦における表現を絶する自身の体験から、すっかりヤマト嫌いになったのかもしれません。ですから、沖縄がたとえ一時期は信託統治になったとしても、将来は独立に結びつけたいと考えていたようです。ところが豊平は、朝日新聞と緊密に結びついていた関係もあってか、信託統治論には真向から反対の立場をとっていました。一度、百人委員会の席で玉野井が将来展望として独立の話をしたところ、豊平がひどく立腹したことがありました。

豊平も沖縄戦の体験者でしたが、沖縄の日本復帰には一貫して賛同され、池宮城とは対照的でした。池宮城は、『沖縄人への遺言状』（琉球新報社、一九七六年）という本を書き残していますが、いま読み返してみてもいろいろと教えられるところがあります。同氏の岩波ジュニア新書の『戦争と沖縄』（一九八〇年）は、いまも多くの人に読み継がれています。

いまなぜ独立論か――「沖縄」に帰属意識を持つとき

佐藤　私は、大田さんは、最近、だんだん独立論に傾斜されているのではないかと観察しているのです。

大田　実はいま、なぜ独立論が表面化しつつあるのか、これまでの沖縄における独立論誕生の推移について整理しているところです(笑)。

佐藤　私は、ソ連の崩壊期にバルト諸国やトランスコーカサス諸国などを担当していました。国家というのは案外簡単に独立するものだということを自分の目で見ているのです。その時重要なのは、ものすごくシニカルな言い方ですが、県議会議長が国会議長になりたいと、県知事が大統領になりたいと、県議会議員が国会議員になりたいと思うと、案外早い。

大田　一般的には独立論の萌芽は、過去における日本政府の沖縄に対する数々の差別的処遇に基づいています。つまり多くの場合、日本の圧政下に呻吟せしめられたという歴史的背景が契機となって、一種の恨みつらみから独立論を唱える人たちが出て来ているわけですが、私はちょっと違うんです。

佐藤　歴史的な恨みつらみだけでは大きな広がりを持ちえない。しかし、現時点でもわれわれがバカにされている、不当に扱われていると思ったときの負の連帯力はものすごく強い。私のように日本の血が半分流れているとか、沖縄の出自を持つ二世、三世で、東京で編集者やジャーナリストになっている人間が結構いるのですが、彼らと会っていて一致するのは、いままで私たちは沖縄という単位での帰属意識はあまり持っていなかった。私で言えば久米島には強く帰属意識があるし、石垣島出身者だったら石垣島、北部の国頭《くにがみ》など、自分の島や地域には帰属意識がある。

そうではなくて、われわれが沖縄という帰属意識を持ち出したのはいつかといったら、一九九五年の米兵による少女暴行事件なのです。あの時の日本の報道のしかたに対してわれわれはカチンときたのです。それで、二〇〇七年の「集団自決」に関わる教科書検定問題になると、もうその段階ではなくて、みんな血が騒ぐのです。われわれのように遠隔地にいる人間が「祖国沖縄」を強く意識している状況は、まさに遠隔地ナショナリズムであって、冷静に見ても自治、さらに独立に向かう事態は、相当進捗していると思います。というのは、日本と沖縄の間にはもはや超えがたい壁がある。その壁を認めたところで共存の道を探さない限り、おのずから沖縄は離れていくでしょう。

ポジティブ・アイデンティティとネガティブ・アイデンティティ

大田　私の場合、振り返ってみますと、考え方に大きな影響を受けたのはハワイでの経験です。私は、一九七三年に、ハワイのイーストウエストセンターで教授・研究していました。当時、ハワイ大学に友人の比嘉正範《まさのり》という教授がいました。彼は、常々、ハワイの沖縄系移民が本土系の移民から「オキナワケンケン、ブタカウカウ」と、散々いじめられてきた、と憤然と語っていました。当初は豚肉を食べなかった本土系の移民が、豚を飼い食用にする沖縄系移民を侮蔑の対象にして、からかったというわけです。

当時、ハワイ大学では、カナダの先住民イヌイットの権利問題が話題になっていました。その影響を受けたのか、先住民の学生たちが、英語と同様にカナカ語も大学で教えるべきだと強硬に主張して、大学当局とやりあっていた。そんなこともあって私は、マイノリティ・グループのアイデンディディ問題について関心を持ち、ハワイ大学の教授たちとよく議論したものです。

一般にマイノリティのアイデンティティの確立については、ポジティブ・アイデンティティとネガティブ・アイデンティティの二通りの考え方(手法)があるといわれていました。一国内のマジョリティから抑圧や差別を受けているマイノリティ・グループが、自らのアイデンティティを確立するべく合法的な手法を用いるとすれば、それはポジティブ・アイデンティティと称される。ところが社会的に容認されない非合法的な手段に訴えるなら、それはネガティブ・アイデンティティとなるというのです。

そのような学説をゼミの学生たちに紹介したところ、フィリピンのミンダナオ島から来た高校の女性教師が、「それは違う。あなたの言っているのはむしろ逆だ」と声高に否定されました。彼女の言い分では、ミンダナオ島は、フィリピン中央から絶えず差別的処遇を受けているので、非合法的方法に訴えてでも自らを主張しないかぎり、一向に埒《らち》が明かない、というのです。したがって、それこそがポジティブ・アイデンティティだという。

つまり、ミンダナオ島民は独立を志向して長年にわたって合法的に闘ってきたけれど、彼らの主張は、もはや合法的手法だけでは実現のしようがない。いきおい、時には非合法な手段をも用いざるを得ない、むしろそのような手法こそがポジティブ・アイデンティティだというのです。

ハワイの老人の言葉

大田　ゼミの学生たちと、そのような議論をしているさなかに、私はハワイのコナの沖縄県人会から招かれました。その歓迎会の宴席で、当時八六歳の糸満市高嶺《たかみね》出身の賀数箸次《かかずはしじ》という老人が発言を求め、「君たちは大学の教官の職にありながら、沖縄の未来について考えることもせず、目先の利益に目がくらんで、どうして日本復帰なぞに賛成したのか」と詰問されました。彼は、日本が嫌いだから日本復帰に反対するのではなく、復帰後の沖縄の未来について考えると、好ましい選択ではない、と断ったうえで、こう説いたのです。

「人間が人間であるためには、自分の帰属先は、あくまで自分で決めるべきだ。それにもかかわらず沖縄では、日米両政府が人々の頭越しに勝手に決めるのを黙って見ているのではないか。牛馬のような動物だったら、その所有主について誰が勝手に決めてもしようがないかもしれない。だが、人間は牛馬とは違う。人間ならば、自らの帰属先については他人に勝手に決めさせるのでなく、あくまで自らが主体的に決めるべきだ。でなければ何ら動物と異なるところはない。沖縄人がそのような事態にいかなる抵抗もせずに、平気で黙認するなら、情けないかぎりだ。ハワイには、命を賭けてもそのような在り様を阻止する者が一人はいることを知ってほしい」

賀数は一八歳のとき、やがて徴兵されるのを恐れ、親戚を頼ってハワイに渡ったという。そしてコナのコーヒー園で働く傍ら、戦前から戦後にかけて、ハワイ島の『ヒロタイムス』という日本語新聞に投書するなどして、ずっと反戦運動をやってきたとのことです。その間、太平洋戦争勃発の危機が迫ると、絶対に戦争をしないでほしい、とスターリンやルーズベルト、チャーチルなど世界の主要国首脳に手紙を書いて訴えたりして、その何名かから返事をもらったというつわものです。小学校三年までしか出ていないと自ら話していましたが、戦争を憎む気持以外、特に思想的信条の持主ではない、と言いながら、その発言は辛辣《しんらつ》そのものでした。

賀数の予言によれば、日本復帰後の沖縄の未来は、日米両軍隊の共同管理下に置かれたも同然の、軍事的植民地という最悪の事態に陥るに違いない、とのことでした。それを聞いて、私はとても憂鬱になり、すっかり参ってしまいました。

賀数の話を聞きながら、私はふと、彼はアメリカの民主主義を買いかぶっているのではないか。つまり、ハワイや米本国のアメリカ人と、沖縄を占領しているアメリカ人とを同一視しているのではないのか。言い換えると彼は、本国の米軍人とは違って、在沖米軍がいかに非民主的であるかを知らないからあんなことを言うのではないか、と思ったりしました。

ところで、私に対して厳しい苦言を呈した賀数は、その後はえも言われぬにこやかな表情に戻って私を歓待した後、帰り際にいつの間にか、私のポケットに二〇ドル紙幣が突っ込んでありました。いかにも沖縄人らしいと思いましたよ。

佐藤　当時の二〇ドルといったら大きいですね。

大田　大きいですよ。ですから、後に彼がホノルルに出て来られたとき、中華料理店にお供してお礼をしました。ハワイから帰った後、私はずっと、賀数の言葉を反芻《はんすう》せずにはおれませんでした。遺憾ながら、復帰後三〇年余の沖縄の現状は、まさしく賀数が予言したとおりになりつつあるのではないか、と懸念しています。すなわち、米軍と自衛隊が共同で基地を使ったり、訓練したりするのを見ると、いつか沖縄は、日米両軍の共同管理下に置かれたも同然の治外法権的状態に陥るのではないか、と今さらのように苦い思いで、嘉数の苦言を思い出しているのです。

沖縄戦で生き残った女性たちの苦境

大田　当時、私は、自らが日本復帰に賛成した理由をこう説明しました。

復帰が近づき、沖縄返還協定の内容が明らかになるにつれ、一部にはそれに反発して、復帰に反対する人たちがいるのを知らないわけではない。また沖縄の教職員や組織労働者たちが、復帰運動のスローガンに、「平和憲法の下に帰る」と掲げているが、私が大学を卒業した一九五四年には、早くも自衛隊が誕生するなどしていて、すでに肝心の平和憲法そのものが空洞化している。そんなことを承知しているだけに、自らの戦争体験を踏まえ、いかなる意味でも、日本国家に幻想を抱いているわけでもない。にもかかわらず、あえて日本復帰に反対しなかったのは、ひとえに次のような考えからだった。

敗戦直後、様々な統計を見ていたところ、沖縄戦から生き残った男性と女性の比率に極端な差があることを知った。生存人口のうち、前者を三〇％とすれば後者は七〇％であった。つまり、生き延びたのは、女性が圧倒的に多かったのです。

しかし、私は、沖縄戦の過程で、戦場を右往左往する女性たちの艱難辛苦《かんなんしんく》の実情を毎日のように目の当たりにしていた。高齢の女性たちが猛烈な砲爆撃下で飢餓に苦しみながら、幼い子どもや足腰の不自由なお年寄りを抱え、生死の境目でなすすべもなく立ち尽くし、絶望に打ちひしがれて路上に座り込んでいる姿は、文字通り言語に絶するものであった。

そして、辛うじて命は生き永らえたものの、戦後は戦後で、女性たちは日夜、敵兵の暴行に脅えながら、杖とも柱とも頼む夫や父親を亡くした結果、またもや子どもたちから舅や姑の世話に至るまで、すべて女手一つで、その世話を見なければならなかった。しかも、米軍占領下の極端に厳しい状況のさなかで、女性たちは、家族の世話のみか、教育や社会の復興など、ありとあらゆる負担を背負わねばならなかったのです。それなのに、沖縄は日本から分離され、米軍占領下に置かれたあげく、日本国憲法も適用されなければアメリカの憲法も適用されなかった。そのため、女性たちの辛苦の数々に報いるいかなる手だてもないばかりか、急速に高齢化が進んでも、老人医療や年金類等、何らの保障措置も講じられない始末。いきおい、まず何よりも先に、その手当が必要であった。そのためには憲法を適用させ、法的措置を講じさせることが不可欠だった。そうするためには、好むと好まざるとにかかわらず復帰するしかないと思ったのです、と。

佐藤　そうすると、むしろ胃袋の話なんですね。

大田　いや、胃袋の話という以上に、人間としての基本的人権の問題が絡んでいたのです。私は一九五四年に大学を卒業してアメリカへ行ったのですが、ちょうどその頃、伊江島や宜野湾《ぎのわん》、小禄《おろく》などで、米軍の強制的土地接収に抵抗する、県民による未曽有の土地闘争が燃え上がっていた。その最中に沖縄にいたオティス・ベルというアメリカ人宣教師が、『クリスチャン・センチュリー』という雑誌に"Play Fair with Okinawans!"（沖縄人を平等に処遇せよ！）という論文を発表しました。私は、それを読んで強く心を揺さぶられました。後にこの論文が、アメリカ自由人権協会理事長で国際人権連盟議長も兼ねていたロジャー・ボールドウィンの注目するところとなった(この人は伊江島までやって来て、土地を失った地主たちを激励した)。すると、彼はすぐに、日本弁護士連合会の人権部会に、沖縄の苛酷な人権侵害について調査を依頼した。その調査報告を、一九五五年一月一三日付の『朝日新聞』が、「米軍の『沖縄民政』を衝く」という見出しで、大々的に公表しました。これが、戦後初めて、沖縄の実態が全国に知れ渡る契機となりました。

復帰は人権回復のすべだった

大田　この「島ぐるみの土地闘争」として知られる土地問題に例証されるように、当時沖縄ではあらゆる面で基本的人権が丸ごと奪われていました。戦争被害者の戦後補償どころか、土地を奪われた農民たちは生きていくすべもなく、集団で南米のボリビアに移住させられたのです。一方、労働権を奪われた土地労働者たちは、人間以下の理不尽な生活を強いられていました。ですから、人間らしく生きるためには、何としても、法的保護が必要だったのです。

佐藤　アメリカの施政権下にあって沖縄の人々の要求を実現する方向ではなく、日本復帰の方がより法的に沖縄の人々の権利が担保されるという認識だったということでしょうか。

大田　そうです。沖縄県民の米軍に対する態度は、土地闘争が始まる以前の一九五三年頃までは非常にフレンドリーでした。戦争中に米軍によって命を救われた人たちがたくさんいただけでなく、戦後も一年間ほどは通貨もなくて、衣食住のすべてを、米軍の無償供与に頼っていたからです。そんな事情もあって、県民の多くは米軍に対して感謝の気持さえ抱いていました。ところが、朝鮮戦争が始まって、米軍が基地を拡大強化する必要から、農民の土地を、有無を言わさず銃剣を突きつけて、強制的に収用するようになったので、それ以後、県民の米軍に対する態度は急激に変わるようになったのです。沖縄の産業別構成を見ると、七〇％から八〇％ほどは農家が占めていたので、土地を取り上げられた農家の苦難は、まさに深刻そのものでした。

佐藤　農民にとって土地は特別なものですね。

大田　そうです。沖縄の場合、とりわけ土地への愛着は非常に強いものがあります。土地は単なる土壌ではなく、祖先との紐帯《ちゅうたい》ともいえるもの。ですから一時期、軍事基地への土地の提供を拒否する、いわゆる反戦地主たちは三〇〇〇人を数えたほど。彼らは、祖先から受け継いだかけがえのない土地は、戦争とじかに結び付く軍事基地に貸すのでなく、人間の幸せに結び付く生産の場にしたい、として土地の貸与に反対したのです。しかしその反戦地主の数も、日米両政府のあの手この手の籠絡《ろうらく》によって、今では一〇〇人前後に激減しているありさまです。

（二〇〇九年一月）

第2章　独立／復帰　基地という重石の下で

日本復帰運動の経緯

佐藤　先生は、いまどのようなかたちで独立について考えておられますか。

大田　独立論に入る前に日本復帰運動がどのような経緯を辿ったか、一言紹介しておきたい。

佐藤　わかりました。教えてください。

大田　「沖縄復帰運動の父」と称される元首里市長の仲吉良光《なかよしりょうこう》は、沖縄戦で捕虜となり、本島南部知念村《ちねんそん》の捕虜収容所に収容されていました。そこで彼は米兵が捨てた英字新聞や雑誌を拾い読みしているうち、一九四一(昭一六)年に発表された大西洋憲章に、米英両国は新しい領土を求めない、だから関係国民の自由に表明する希望と一致しない領土変更を行なおうとは欲しない、と謳っているのを知って、それなら沖縄人も希望を表明すべきと考えました。そして、同四五年八月四日に沖縄本島中部の東恩納にあった米軍政府に沖縄の日本復帰について誰よりも先に陳情文を提出して、それをワシントンの米政府に伝達してほしいと依頼しました。彼は、その中で、いわゆる日琉同祖論を踏まえ、「血は水よりも濃い」と言って、日本への復帰は同一民族としてごく自然な願望だと主張したのです。

するると、担当の米軍将校から、在沖戦闘部隊は政治、外交の問題には関わりがないから、東京のマッカーサー司令部なり、日本政府なりに訴えるのが本筋だと言われました。そこで仲吉は、意を決して翌四六年七月に上京する。当時、沖縄には琉球諮詢委員会（四六年四月に沖縄民政府に移行）というものが設置されていた。そこの大半の諮詢委員が、仲吉の日本への復帰提言は、米軍を刺激するので沖縄にとって好ましくない、と批判したあげく、彼を首里市長職から解任しました。それも、彼が上京した理由のひとつでした。

彼は、上京すると、直ちに本土での復帰運動に取り組みました。同年一〇月には漢那《かんな》憲和《けんわ》（海軍軍人・衆議院議員。一八七七〜一九五〇）や神山《かみやま》政良《せいりょう》（官僚・社会運動家。一八八二〜一九七八）ら在京の著名な県出身者一二人の連署でマッカーサー司令部に復帰を陳情するとともに、「沖縄諸島日本復帰期成会」を結成して日米両政府首脳だけでなく、諸外国首脳にも陳情書を送付しました。さらに『毎日新聞』などに投書したりしたため、今度は逆に在京の沖縄人連盟の一部革新派から、戦前流の保守反動呼ばわりされ、非難されたりした。

佐藤　当時は、沖縄の知識人の間で復帰論が保守反動と見られたんですね。

大田　しかし彼自身は、国家主義者でもなく、むしろアメリカ帰りのリベラルな思想の持主でした。そのため国際感覚にもすぐれ、同六一年には、国際連合の植民地解放宣言に基づいて、「沖縄返還九九か国への訴え」を公表するなど、むしろ革新陣営に刺激を与えたほどでした。

五一年の講和会議が近づくにつれて、米国による沖縄の信託統治論が表面化すると、仲吉は、いちだんと声高に復帰についての考え方をつぎのように主張しました。

「信託統治は、該地域住民に将来の独立を保障、後援するのを眼目とするのであるが、小笠原、沖縄は、日本から離れて、独立せんとする希望や野心はいささかも持っていない。戦前同様に日本の一地方として復興せんとする一念のみである（後略）」（『沖縄祖国復帰運動記』沖縄タイムス社、一九六四年。傍点引用者、以下同）

ここには、「血は水よりも濃い」という彼の復帰に託する考え方が牢固として貫かれているように思います。このように復帰運動は、つとに敗戦前後から湧き起り、その後、対日講和条約を目指して、徐々に盛り上がりをみせました。そして全国知事会議をはじめ、沖縄群島議会の決議を経るなどして、有権者の七二％が復帰に賛成したほか、二二万人に及ぶ署名運動も展開された結果、ついに一九七二年五月一五日に実現するに至ったのです。

一方、独立論も復帰論に負けず、敗戦後間もない頃から唱えられていました。独立論は、一般の個々人が唱導しただけでなく、戦後に登場した複数の政党の政策や綱領にも出ています。また特定の政党人が主張している場合も少なくありません。ここでくわしく述べるゆとりはないので、大まかにかいつまんで紹介します。

さまざまな人々が独立論を唱えた

佐藤　沖縄独立論の系譜については、いろいろな文献を読んでも、人間関係や主張が錯綜しているのでよくわからないのです。

大田　まず、四五年七月二五日に、捕虜収容所内の沖縄人捕虜世話人代表山田孝、青木一夫他代表一同の連名で、同地区の米軍司令官宛に嘆願状が出されています。その中で、彼らは、六十余年前に、第一八代米大統領U・S・グラントが日本に立ち寄った際、沖縄の独立を斡旋《あっせん》してくれるよう懇願したけれども、日本政府の反対で希望が実らなかった、と次のように訴えたのです。「沖縄人捕虜全員をハワイへ連れて行き、米国人の生活を理解させ、日本人以上の沖縄人たらしめてほしい」つまり、自らをあくまで沖縄人として日本人とは区別しているわけです。おそらくこれが戦後沖縄における独立論の萌芽かもしれません。

徳田球一の独立メッセージ

大田　その後、じつに多種多様な独立論に関する言説が登場しました。その中でもとりわけ有名なのが、四六年二月二四日に沖縄出身の共産党書記長、徳田球一が中心となって発表した「沖縄民族の独立を祝して」というメッセージです。これは本土在住の県人によって結成された沖縄人連盟の大会に際し、日本共産党第五回大会の名で「党のメッセージ」として送付されたものです。その中で、こう述べられています。

「数世紀にわたり、日本の封建的支配のもとに隷属させられ、明治以後は日本の天皇制帝国主義の搾取と圧迫とに苦しめられた沖縄人諸君が、今回民主主義革命の世界的発展の中に、ついに多年の願望たる独立と自由を獲得する道につかれたことは諸君にとっては大きい喜びを感じておられることでしょう」

「たとい、古代において、沖縄人が日本人と同一の祖先からわかれたとしても、近世以後の歴史において、日本はあきらかに沖縄を支配してきたのであります。すなわち、沖縄人は少数民族として抑圧されてきた民族であります。諸君の解放は世界革命の成功によってのみ真に保証されるのであります」（四六年三月六日付『アカハタ』）

この頃はまだ講和条約も結ばれていないので、独立を祝うというのは早とちりとも言えますが、当時の沖縄人連盟の幹部たちも、当初は沖縄の解放を目指し、独立を志向していたこともあって、このようなメッセージが送られたと思います。

佐藤　徳田球一が沖縄独立を主張したのはなぜでしょうか。沖縄独立が当時のソ連の世界戦略にあったとは思えない。日本共産党独自の戦略だったのでしょうか。

大田　徳田は、個人的理由から、沖縄の独立を志向したと見られます。共産党沖縄対策責任者だった高安（旧姓高江洲）重正によると、徳田は独立を主張したのではなく、米軍の軍事占領という厳しい条件の下では、能《あた》うかぎり高度の自治を獲得し、復帰という観点からではなく、対等の立場で結合する道を進むべきであるということにあった、ということです。

ところで、徳田に限らず独立論を唱えた個々人は少なくありませんでした。四九年七月二五日に千葉県在住の湧上和郎（琉球国独立研究所代表）が連合軍総司令部最高司令官マッカーサー元帥宛に「第二回琉球国独立問題陳情書」なるものを送付しています。その中で彼は、陳情書を出すのは二回目と断わった上で、こう要請したのです。

「琉球諸島は、昔は琉球王国として一独立国家であったが、侵略国家日本のために完全に亡ぼされてしまった。しかも吾等琉球民族の祖先は、幾百年の間、半独立国、半植民地の地位へ蹴落され日本の為に酷使されてきた」

「琉球共和国育成の為に、戦災孤児とも言える琉球民族愛護の為に、人道的立場よりリンカーンの奴隷解放運動にも比すべき幾百年間日本の奴隷に等しかりし琉球民族の解放と救済の為に基督教国として神聖にして且つ偉大なる愛の精神を以て土地を住民に与え、その開発に要する資金をも貸与せられたい」

その他、個人で独立論を唱えた人たちに大浜孫良、崎間敏勝、野底《のか》武彦、新垣《あらかき》弓太郎、大宜味《おおぎみ》朝徳、山里永吉、仲宗根《なかそね》源和《げんわ》、喜友名《きゆな》嗣正《つぐまさ》、山城善光《ぜんこう》、祖根宗春、大山朝常《ちょうじょう》ら古い世代のほか、表面にはあまり名前が出ない人たちも少なからずいました。しかし、すべてをなげうって独立運動に生涯を賭けたのは、せいぜい五、六人程度でした。

現在も活動を続けている若手では琉球独立党（現・かりゆしクラブ）党首の屋良朝助《やらちょうすけ》がいて、市長選挙や知事選挙に毎度名乗りをあげています。また学問的立場から琉球独立を唱導して止まないイリノイ大学名誉教授の平恒次《たいらこうじ》がいます。

佐藤　共産党以外に独立論を主張した政党はどれですか。そしてこれらの政党が独立を主張する論理は何だったのでしょうか。

大田　では戦後、一九四七年から誕生した各政党の独立論をごく簡単に振り返って見ます。最初に登場した沖縄民主同盟（同年六月一五日結成）という政党は、その結党宣言で、つぎのように述べています。

「我等は沖縄人による沖縄の解放を期し、新沖縄の先駆として行動する者なり。沖縄は、日本政府の圧政と侵略主義の為にかくも惨憺《さんたん》たる運命に遭遇せり。焦土沖縄は、沖縄人の沖縄なりとの自覚によってのみ再建する」

この他、スローガンには「沖縄人の沖縄確立」とか「内外全沖縄人の連絡提携」「日本政府による戦災の完全補償」などを掲げていました。同党は、結成二年後には、党員二〇〇人を擁する最大政党でした。しかし、その後、仲宗根源和委員長の変節などもあって住民の信用を失い、四九年一〇月には事実上解党しています。

つぎに浦崎康華《うらさきこうか》や瀬長亀次郎（沖縄の政治家。立法院議員、那覇市長、衆議院議員を歴任。一九〇七～二〇〇一）らが率いる沖縄人民党（四七年七月二〇日）が誕生しました。同党は、復帰後、日本共産党に合流しますが、当初は党の目的に「自主沖縄の再建を期す」とか、「全沖縄民族の解放を期す」、「人民自治政府の樹立」、あるいは「自主憲法の制定」などを謳っていました。それが後に復帰運動を推進する側に変わっています。

三番目にできた沖縄社会党（四七年九月一〇日。党首、大宜味朝徳）は、綱領の第一に「我等は米国支援の下、民主主義新琉球の建設を期す」と謳い、基本政策の第一項に「速《すみやか》に南北琉球を統合し国家体制の整備を期す」と明記して日本からの分離を表明しています。しかし、同党は、米国の信託統治とか「アメリカの保護による独立」を唱えていたので、ろくに信用されることもなく終わりました。

とはいえ、四九年五月に開催された三党の合同演説会では、三党が一致して決議文を採択し、その冒頭で、「琉球民族の自主性を確立し、平和琉球建設のため活動する」と、離日独立志向を三党の共通方針にしています。

ところで、ハーバード大学教授ライシャワーは、「一九四六年の時点で、もし世論調査がなされていたら、沖縄の世論は、独立を選んだに違いない」と述べていますが、何を根拠にそう言及したのか、必ずしも定かではありません。

対米感情の反転

佐藤　この頃の沖縄の政治エリートは、復帰か独立かについてどう考えていたのでしょうか。

大田　ちなみに四七年七月四日に、当時の沖縄民政府の志喜屋孝信《しきやこうしん》知事は、アメリカの新聞記者から沖縄の帰属問題について聞かれこう答えています。「少数の者は、日本に帰属したい希望を持っていたのもあるが、大部分は米国の保護の下に平和な国を築いていきたいと思っています」

日本の敗戦後、一九五三年頃までは、沖縄住民の米軍に対する感情や態度は、比較的良好でした。それは、戦時中、米兵に命を救われた住民がじつに多くいたことに加えて、敗戦直後の一年間ほどは通貨も流通せず、衣食住のすべてを米軍が無償で提供していたこと、さらには「鬼畜米英」と徹底的に洗脳されていたにもかかわらず、米兵は実際につき会ってみると、思いのほか親切で朗らかな人柄の者が多くて親しみやすかったからです。

それだけでなく、米軍と友好的関係を保てた背景には、またつぎのような理由もありました。戦時中、米軍の各戦闘部隊には、「軍政要員」と称される兵士たちが何人かずつ必ず付き添っていて、戦闘をするのでなく、もっぱら戦火に巻き込まれた地元住民の救出に当たっていました。その数は、ピーク時には五〇〇〇人を数えたほどです。

佐藤　私も母から「一九四五年九月に摩文仁《まぶに》で私が捕虜になったとき、ハワイ出身の日系二世兵が説得してくれた」という話を聞きました。「軍政要員」だったのでしょう。

大田　きっとそうでしょうね。しかも、彼らは沖縄戦の開始に先立ち、わざわざサンフランシスコから船を仕立てて沖縄の非戦闘員一〇万人分の衣類や食糧、医薬品を持参して戦闘に臨んだのです。それのみか、沖縄には方言しか話せない高齢者も多くいることを察知し、ハワイや米本国の沖縄系の二世たちの中から方言のできる人たちを選んで約三〇人編成の特別チームを沖縄に派遣。彼らは各地の壕《ごう》に潜んでいた地元住民に方言で話しかけて救出に当たったのです。こうして二世兵士の比嘉太郎は、一人で一〇〇〇人ほどの住民の命を救っています。

そんな事情もあって、五三年に米軍が農民の土地を強制収用し始めるまでは、住民は米軍に対し、とても友好的態度をとっていました。それが、朝鮮戦争が始まり、米軍基地の強化、拡充が必要となると、同じ米軍兵士とは思われないほど、苛酷な方法――すなわち「銃剣とブルドーザー」を用いて情け容赦もなく、次から次へと農民の土地を強制収用しました。それに伴い住民の米軍に対する感情や態度が一変したのです。

ことのほか祖先崇拝の念が強い沖縄の人々の土地に対する執着心は、異常なほど強いものがありました。彼らにとって、土地は、たんなる土壌とか、売買の対象といったものではなく、祖先が残してくれたかけがえのない貴重な遺産、つまり祖先と自分たちとを結び付ける心のきずな、との思いが強いのです。

ところが、アメリカ文化の特質の一つは、モービリティ、すなわち「移動性」です。米国人は、自分の土地が高くで売れさえしたらそこを売り払って簡単に別の場所へ移り住むのです。しかしそれは、広大な大陸だからできることで、沖縄のような狭小な島嶼《とうしょ》社会ではできない相談です。だが、米軍将兵は、そんな実情を理解する配慮に欠けていました。

こうして米軍に土地を奪われた農民たちは、生きるすべもなく、一度に五〇〇人規模で、南米のボリビアに集団移民させられる始末でした。このような背景から、住民の対米軍感情は、急激に悪化したわけです。それに伴い、日本復帰派が急速に勢いを増すようになりました。

「見果てぬ夢」としての独立

佐藤　一九六〇年代末の学園紛争の時期にも、沖縄の知識人の間で反復帰論や独立論が議論されましたが、主流は復帰論でしたね。

大田　まさにその通りです。その一方で、独立への胎動は敗戦直後に始まり、とりわけ六〇年代末から七〇年代初めにかけて、いわゆる「反復帰論」を中心に、「沖縄の自立」や「独立」がかまびすしく論じられるようになりました。それは、従来とはやや趣きを異にして個々人や政党に限らず、各種の市民団体や組織労働者などからも、さまざまな見解や主張が提起されたのです。

とはいえ、自立論にしても独立論にしても、何も敗戦後に急に噴出したのではありません。戦前から沖縄が直面させられてきた種々の問題の解決に日本政府がきちっと対応してくれない場合には、必ずと言っていいほど、一種の絶望感や怨嗟《えんさ》に打ちのめされた形で何度も表面化した、いわば「見果てぬ夢」の様相を呈してきたのです。

佐藤　よくわかります。

大田　とりわけ、沖縄が軍事基地化されたり、明治以来、現在まで続いている全国最下位の貧困の問題、さらには全国平均の約二倍にも及ぶ失業率の問題等々が一向に改善されないこともあって、人々の政府に対する不満は、つのる一方だからです。

こうして基地問題をはじめ、何らかの深刻な事件や事故が発生し、その解決に向けての政府の不誠実な対応が目立つ度に、自立論や独立論がむし返されてきました。その都度、かつての復帰推進論者たちは、「反復帰」論者や「独立論者」たちから「それ見たことか、だから言わんこっちゃない」と、非難の声を浴びせられてきました。

要するに、敗戦以来、日本復帰を唱え、その実現に向けて運動を進めてきた人たちは、まるで先見の明のない、いわば「単細胞の人たち」だとそしられる結果となったわけです。

ついでに言いますと、すでに独立に関する著作なども二〇冊余を数えるほどです。その主要なものを挙げると、たとえば、新里金福『沖縄解放闘争の未来像』(新泉社、一九七三年)、平恒次『日本国改造試論』(講談社現代新書、一九七四年)、太田竜『琉球弧独立と万類共存』(新泉社、一九八三年)、なんくる組編『沖縄が独立する日』(夏目書房、一九九六年)、「沖縄独立の可能性をめぐる激論会」実行委員会編『激論・沖縄「独立」の可能性』(紫翠会出版、一九九七年)、大山朝常『沖縄独立宣言』(現代書林、一九九七年)、助安由吉『沖縄は独立国家へ』(エイト社、一九九七年)、上野

健一『沖縄独立宣言』(心泉社、二〇〇二年)、比嘉康文『「沖縄独立」の系譜』(琉球新報社、二〇〇四年)、琉球独立党教育出版局東京新宿区支局編『琉球独立党文書資料集』(築地電子活版、二〇〇六年)、竹中労『琉球共和国』(三一書房、一九七二年)、柘植久慶《つげひさよし》『沖縄独立す』(KKベストセラーズ、一九九八年)、屋良朝助『新沖縄独立論』(文化経済社、二〇〇六年)等々。

加えて沖縄タイムス社の『新沖縄文学』という雑誌や在東京の沖縄人有志が刊行している『うるまネシア』という雑誌も、しばしば独立論を特集しています。これらの中でかつて復帰運動のリーダーだった元コザ市(現沖縄市)の市長大山朝常の『沖縄独立宣言』は、地元でベストセラーになるほど注目を浴びました。比嘉康文『「沖縄独立」の系譜』は、大いに参考になる本です。さらに沖縄の独立に関する小説、たとえば、比嘉正則『沖縄県、独立宣言す』(新風社、一九九八年)といったのも何冊か出ています。

それらの著書とは別に、沖縄の独立を模索する形で沖縄の自治や自立に関する著書なども近年ずいぶんと増えてきています。さらに県民世論調査や若者を対象にしたアンケート調査なども何度か実施されていますが、その結果を見ても独立に関心を抱く人たちが大幅に増えつつあり、このような潮流がじわじわと目立ってきています。

私は、独立論については、畏友《いゆう》の平恒次の活動に注目しています。彼は、宮古出身の傑出した経済学者です。平は『日本国改造試論』の中で、復帰後間もない頃から北海道と沖縄の独立を唱え続けています。沖縄のインテリの中には、沖縄の独立を希求する者が少なからずいますが、彼らが公然と独立論を唱えてこられなかったのは、一つには経済的自立に自信が持てなかったからです。しかし、平は、専門の経済問題についても知悉《ちしつ》しているので、彼の主張には、とても説得力があります。

しかし古い独立論者の中には、独立とは言いながらも事大主義者さながらにアメリカを庇護者にして、沖縄を日本のくびきから解き離そうと主張している者もいて、信用されていませんでした。しかも彼らの中には、戦時中、大政翼賛会の支部長をつとめるなど日本軍部の手先となって権勢をふるった人たちもいたので、彼らに戦線に駆り出された戦中派の人たちはまるで聞く耳さえ持たないという塩梅です。その点、平のような独立論は、そうした前科がないだけにとくに注目を浴びました。

小国の安全保障とは

佐藤　その場合、米軍基地はどうしますか。

大田　私たちより古い世代の独立論者は、その点については言及を避けている風がありました。その一方では基地賛成の人もおれば、縮小・撤去を強く求める人たちもいてまちまちです。ただ前にお話ししたハワイの賀数箸次らは、つぎのように説いていました。

すなわち、沖縄は、琉球王国時代から平和の追求を「国是」にしてその手段として近隣諸国との交易を行なってきた。交易が目的というより平和の確立、維持が目的だったのである。ちなみにそのことは、郷土史家として著名な元拓殖大学図書館長東恩納寛惇《ひがしおんなかんじゅん》が、明言している。このように琉球は、尚真王(一四六五〜一五二六)が人々に武器の携帯を禁止して以来、伝統的に非武の思想を培ってきた。その上、圧倒的に農家が多いところだから、そもそも軍事基地は似合わない。農家は土地がなければ、生きてはいけないからだ。とは言っても米軍は、すぐには基地を手放そうとはしないだろうから、独立したらまず初めに基地の地代を一〇倍から二〇倍ほどに引き上げるよう日米両政府に要求する。そして応じなければ、かつてない規模で基地反対運動を起こす。その一方で、この問題を国連の場に持ち込んで、国際世論に訴える。

つまり沖縄は一国家として声を大にして、軍事基地は要らない、という立場をとり続けるというのです。果たして賀数説の可能性はあるのか、という問題はありますが、少なくとも考え方としては、共感する人も少なくないように思います。

私なども自らの戦争体験を踏まえ、「基地のない平和な沖縄の創出」を目指す立場ですから、賀数の主張には、大いに考えさせられます。

佐藤 沖縄の人口は一四二万人です。これは独立国として十分やっていける人数です。政治、経済、文化の分野でエリート層があるので、能力としては十分独立できると思います。私は、ソ連の解体過程で、エストニア、ラトビア、リトアニア、モルドバなどの小国が独立する過程を見ているので、国家独立は条件だけ整えば、案外、簡単に実現できるという実感をもっています。

大田 現在、たしか世界には沖縄より人口の少ない国が四十余りもあります。それらの国々が自らの安全保障問題にどう対処しているのか、きちっと具体的に研究する必要があります。今の琉球独立党(かりゆしクラブに改称)は、政策の一つに独自の軍隊を設置する旨を謳っているけれど、県民の多くは、そのような主張にはついていけないし、望んでもいないと思います。

海洋資源をどう生かすか

佐藤　国連海洋法条約が批准されて以降、排他的経済水域（ＥＥＺ）の意味合いが変わってきていますね。沖縄の海洋面積を考えると、海洋大国、海洋資源大国になります。

それから、東シナ海でのガス田開発について、人口一四二万人の沖縄と中国が対等で開発することになった場合、沖縄に与える経済効果は相当なものになりますね。

大田　じつは、そのような資源開発の考え方が過去の独立論には欠けていました。沖縄は、東西およそ一〇〇〇km、南北四〇〇km、総面積は、二二八一km²あります。一見したところ、いかにも狭小な島ですが、実際は広大な海域にあって東京都や大阪府よりやや大きく、ほぼ神奈川県の大きさに匹敵します。

ご指摘のとおり、資源開発については、地理的条件に恵まれていて、大きな可能性を秘めています。ところが、従来は尖閣諸島など領土問題も絡んで、一部の人を除いては、ほとんど開発計画の対象とは考えていませんでした。それが今では独立論との絡みで、大きな関心を呼んでいます。六一年頃のことですが、米軍政府がアメリカの大企業二社を招いて八重山群島の西表島《いりおもて》の開発を仕向けたことがありました。それは、九七〇〇万ドルの資金を投じてそこに銅鉱山の精錬工場を作り、一日五万トン、年間一五〇〇万トンの鉱石から九万三〇〇〇トンの銅を生産する計画でした。それが、いかなる理由からか、中途半端な形で計画倒れに終わってしまいました。ですから最近の独立論者は、これまでなおざりになっていた海洋資源の開発に向けて積極的に議論するようになっています。

佐藤　沖縄が直接、外国との関係を強化していくシナリオも重要ですね。

大田　私は、知事時代に「基地返還アクションプログラム（行動計画）」を作りました。と同時に、県が策定した国際都市形成構想に基づいて積極的に経済の自立を図りました。そのため香港やシンガポールのほか、中国の経済特区やアメリカのシリコンバレーなども見て回りました。国際都市形成構想の主眼は、従来は、日本だけに着目していたのを改めて、アジア諸国との交流をより緊密にすることにありました。

そのため一国二制度の下で関税を自由化、もしくは安くすることによって、沖縄をシンガポールや香港に負けない大交易拠点にすることを図ったのです。そして国内外に県の物産を売り込む「わしたショップ（わたしたちの店）」を十数か所設立するなど具体的政策を案出し、実施しました。

たとえば、対外的には、最初に琉球王国時代に進貢使の北京への経路として琉球とは不可分の関係にあった福建省や福州との関係をより密接にすることから始めました。そして将来の緊密な交易関係の発展を目指して、福建省にその拠点となる「福建・沖縄友好会館」を建設しました。福建省政府に土地を提供してもらい、沖縄側が建設費を負担して一二階建のビルを作ったわけです。その一階では、沖縄の物産を展示販売するほか、上位階には沖縄の企業の中国進出へ向けてたくさんの事務所を設けました。

また国際都市形成に不可欠な各国の言葉の習得を目指して、英語、中国語、韓国語、ポルトガル語（もしくはスペイン語）、タイ語、フランス語の同時通訳の育成にも取り組みました。これには、国費で補助するなどして、橋本龍太郎元総理も惜しみない応援をしてくれました。

佐藤　確かに語学要員の育成は重要です。いいところに予算をつけましたね。

国際都市形成と基地返還は表裏一体

大田　私たちの国際都市形成構想は、「基地返還行動計画」と表裏一体の関係のものでした。御存じのとおり、基地を返還させるためには、基地で働いていた約五万人の労働者（米占領初期、現在は約九〇〇〇人）の雇用問題が最大の課題でした。そのため、県内各地域の基地の実情をあらゆる面から調査したうえで、基地返還に伴うメリットとデメリットを詳細に把握して、それを地域住民に公表するように努めました。ある地域では、基地返還跡地が民間企業に利用されると従前とは話にならないくらいメリットがあります。かと思うと、返還跡地が活用されない地域では、地主にとってデメリットの方がはるかに大きいことも判明しました。高齢化しつつある地主たちの収入源が奪われるからです。

そのいい例が、リゾート地として有名な恩納村の恩納通信所跡地なんです。同地域は、海に面したとてもいい場所で、約六二haの広大な土地です。そこがうまく利用されたら、理想的な街作りができ大きなメリットがあると予測できます。ところが、返されてから十数年経った今も約四ha位しか利用されていない。そのため地主は甚大な損失を被っています。同跡地は、米軍から返還された後、ＰＣＢなど数種の毒物に汚染されていることが判明、それが未利用の一つの理由でした。

それで県は、政府にお願いして汚染された汚泥を八〇〇本程のドラム罐《かん》に入れて近くの自衛隊基地に預ってもらいました。その一方で、議員立法によって「軍用地転用特別措置法」を制定してもらいました。それまでは軍用地の返還後、地主には、地代の三か月分相当の金額を管理費という名目で補償していました。ところが、基地跡地が再利用されるまでには、少なくとも数年から十数年もかかるので、同法律によって、補償期間を辛うじて三か月から三年に延長できたのです。それでも、十分ではない。多くの場合、軍用地はコンクリートで固められているので、場所によっては、再利用したくても復元するまでには長期間かかるからです。

たとえば、県都那覇市近郊の新都心一帯も、その一好例です。いきおい軍用地主たちは、土地の再利用が遅れるのを懸念し、多くの県民の意思に反して土地の返還に反対するわけです。地主たちが日米両政府に返還反対の意思表示をなすのをくい止めるためには、できるだけ早く土地の再利用を実現するとともに、可能なかぎりの補償措置を講じることが不可欠となります。

ちなみに沖縄の全市町村のほぼ半分が、基地を抱えています。そのため私は、年に一回の県と市町村長との懇談の席で、各自治体が基地収入を丸ごと使い切るのでなく、せめてその一部だけでも不時に備えて基金として積み立ててほしいと、口をすっぱくして訴え続けてきました。現状のように軍用地転用特別措置法で三年間分の地代補償があっても、それだけでは足りないのです。そのため万一の場合には、積み立てた基金でいくらかでも地主の損失を補填できるようにと思ったからです。そうでもしない限り、いつまで経っても地主たちは、経済的な思惑から基地返還には首を縦に振らない懸念があります。

ところが、残念ながら基地所在市町村の首長たちの多くは、過去の安易な支出に慣れ切ってしまい、基地収入を残らず使い果たして、その一部でも貯えようとはしないのです。

佐藤 それが日本の政策ですからね。私も外務官僚でしたから、官僚の論理はよくわかります。裏返すと経済カード以外に地主や基地所在市町村をつなぎとめる知恵が中央政府の官僚にないということなのでしょう。

いま、中央政府の官僚としては神話をつくる必要があるのです。要するに、基地区は破格の値段で借り上げている、これを返してゴルフ場なんかに使っても絶対に儲かりませんよと言っているわけで、失敗してくれないと困るのです。

大田 しかし実際はどうかといえば、たとえば那覇市の新都心地域を見ても、基地跡地が再利用されると、基地時代とは比較にならないほど破格のメリットがあることは、誰の目にも明らかです。同地域は、基地として使われていた時は、地元からの雇用はせいぜい一〇〇〇人足らずでしたが、今では一万人を超す人々が働いていて、所得の面でも税収の面、また雇用面においてもはるかに有利となっています。

永世中立国という思考実験

佐藤 労働価値説に変えれば簡単にわかります。人間は、土地と労働力そして環境があれば、それ以上のものを産出する動物なのです。

たとえばエストニアの独立をみんな批判していた。人口はわずか二〇〇万、そのうち一〇〇万人がロシア人だ、一〇〇万人のエストニア人に何ができるか、と。いまはもう立派な北欧並の国になっていますよ。ラトビアもリトアニアも同様です。

繰り返しになりますが、沖縄の人々の見識、団結力、情勢判断力によって独立国家を運営することは十分可能です。実際に沖縄国家が独立すると決まれば、それに適応してすぐに人材も生まれます。ただ問題は、アメリカ帝国主義と日本帝国主義と中国帝国主義――中華人民共和国も帝国主義国ですから――という三つの帝国主義国に囲まれたかたちで、小国である沖縄が外交をテコとして生き残っていくのは、なかなか大変だと思うのです。そのような選択が沖縄にとっていいのかどうか。

もっとも私の場合、母は大田先生と同郷の久米島の出身ですが、父は東京出身です。私には、父の国と母の国が一つであった方がいいという偏見があります。それだから、独立論になかなか踏み切れない。しかし、沖縄独立論を聞くと血が騒ぐんです。

思考実験としては、永世中立国宣言をして、それに成功したトルクメニスタンの事例を研究すると面白いと思います。永世中立国というのは、隣接国家から認められなければならないわけですから、沖縄の場合その該当国は、日本と中国とアメリカとフィリピンでしょう。

沖縄が独立宣言と共に永世中立国宣言をしたらどうなるか。多分、フィリピンと中国は賛成すると思います。日本とアメリカはどういう態度をとるでしょうか。いずれにせよ、沖縄には独立する潜在的能力はあるが、それを行使しないという態勢を整えることが、沖縄が日本の一地方として名誉と尊厳を維持するためにも重要と思うのです。

（二〇〇九年二月）

第3章　正義闘争から政治闘争へ　「勝つ」ということ

沖縄はなぜ軍事基地化されたか

大田　永世中立国になりうるかという問題と関連して二つの点をお話ししたい。一つは、何故に沖縄が軍事基地化されたか、という問題です。一般に国際政治学者の見方も含め、沖縄が日本から切り離されたのは、日本の敗戦の結果と理解されています。しかし事実は、必ずしもそうではないのです。私が米国務省や国防総省などの関連資料を調べてみると、米軍部は、早くも一九四二年夏の段階から、沖縄を日本から切り離す計画を立てていたのです。その後幾多の紆余曲折を経た後、この計画は、四三年一一月の「カイロ宣言」によって実を結びました。すなわち、「カイロ宣言」で沖縄と明示はしていませんが、次のように規定しています。

「(前略)右同盟国の目的は、日本国より一九一四年の第一次世界大戦の開始以後において日本国が奪取し又は占領したる太平洋における一切の島嶼を剥奪すること、並びに満州、台湾及び膨湖島の如き日本国が清国人より盗取したる一切の地域を中華民国に返還することにあり。日本国はまた暴力及び貪欲により日本国が略取したる他の一切の地域より駆逐せらるべし(後略)」(傍点

は引用者、以下同じ）

ちなみに日本本土の学者の中には、沖縄は日本が「暴力及び貪欲により略取した地域」ではないから、同宣言は沖縄とは無関係という者もいます。しかし、欧米や中国の学者や研究者の多くは、沖縄はここでいう日本が「暴力及び貪欲により略取した地域」だからまさしく「カイロ宣言」の文言に当てはまると主張し、これによって沖縄は日本から丸ごと切り離されると見ていました。たとえば、米国務省政策企画局長のジョージ・ケナンは、沖縄は「カイロ宣言」によって日本から分離された、と一貫してこう断言していました。

「（ポツダム宣言でいう）この〝われらの決定する諸小島〟の最終的解釈がいかようなものになろうと、われわれ（注＝米国）は、いつでも沖縄及び琉球列島の他の島々は、〝諸小島〟ではない、との立場をとることができるし、琉球諸島を日本から除外することは、カイロ宣言の『日本国はまた暴力及び貪欲により日本国が略取したる他の一切の地域より駆逐せらるべし』という文言によって明確に示されていることだ。しかも北緯三〇度線を国連軍最高司令部の権限の及ぶ領域の最南端の境界として受諾したことは、琉球諸島は、もはや日本の一部とは考えられないことが、国際的にも暗黙の了解がえられたことを示すものだ」と。

こうした観点からケナンは、琉球諸島の将来の地位について「アメリカは国際的に議論を始める必要はない」とか、この問題は、「平和条約の討議事項の一つとする必要もない」と主張したのです。もっとも彼は、アメリカが沖縄を長期的に管理し基地化することについては、国際的な承認を受ける必要があるので、国務省はその線に沿って直ちに検討すべきである、とも付言しています。

佐藤　国際法は、その時点での強国にとって有利な組み立てがなされるものです。アメリカが沖縄を長期的に管理し、基地化するという目的がまずあって、それに則して法解釈が行われたのだと思います。また、当時の日本にはアメリカの法解釈を変更させる力はなかった。

大田　同感です。ちなみに日本の国際法学者、高野雄一教授も、「カイロ宣言」について解説した中で、ケナンと同様に「これによって、日本に対しては本土のみを残し、その他をすべて剝奪しようとする連合国の意思が明らかにされた」と述べ、沖縄の日本からの分離を認めています。

　改めて指摘するまでもなく、この「カイロ宣言」の条項は、後に続く「ポツダム宣言」において再確認されます。すなわち、「ポツダム宣言」は、その第八項で、「カイロ宣言の条項は履行せらるべく、また日本国の主権は、本州、北海道、九州、及び四国並びにわれらの決定する諸小島に局限せらるべし」と定めています。

　そこで果たして、沖縄は、ここでいう諸小島の中に含まれるのか否か、ということが問題になりました。つまり、沖縄が諸小島に含まれているなら、沖縄の日本からの分離は想定されていないことになるからです。

　この点について著名な国際法学者の横田喜三郎教授は、こう述べています。

「沖縄が日本の主権に属するとすれば、その『諸小島』に入るわけであるが、この規定は、四つの島とその附近の諸小島という意味と解せられるので、沖縄や千島がここの中に入ると見るのは、疑問があるとおもわれる。すくなくとも、この規定から、沖縄が日本のものだということは、はっきりいえない。むしろ、この『諸小島』というのは、これらの四つの島の付近の島と解すべきで、そうすると、沖縄が日本の主権に入るということは、いえないわけである」（「沖縄と日本の主権」国際法学会編『沖縄の地位』有斐閣、一九五五年）

蔣介石、ルーズベルトの沖縄非軍事化構想

大田　実はカイロ会談で、ルーズベルト米大統領は、中国の蔣介石総統に対し、中国が沖縄の返還を要求すれば、沖縄は中国に返す旨、提案しています。それに対し蔣介石は、沖縄については、米・中両国の共同管理下に置いて非軍事化し、将来は国際機関に管理を委ねたい。その上で二五年毎に軍事化の有無をチェックさせたい、と答えました。

佐藤　その話は知りませんでした。ルーズベルト、蔣介石の双方が沖縄の非軍事化に関心を持ったのが興味深い。

大田　では、なぜ沖縄の非軍事化を提起したのか。実は、彼らには沖縄が日本の中国やアジア侵略の踏み台にされたという共通の認識があったからです。事実、米政府国務省の政治問題小委員会の委員の一人、ヒュー・ボートンは、四三年四月八日付の「日本――放棄せしめられる領土」と題する討議文書でこう述べています。

「安全保障の観点からすれば、日本がそこからアジア大陸や西南太平洋へ侵出する踏台にした、すべての領域を放棄せしめ、日本が再び太平洋の海空路を脅かしたり、支配したりするのを防止しなければならない。政治的見地からいえば、日本帝国の中、日本人とは異なる人種が圧倒的に

多く、しかも彼らが日本との政治的結び付きを絶ちたいと望んでいるのであれば、日本はそれらの領域から駆逐される必要がある。（中略）一方、経済的観点からすれば、太平洋において永続的な平和を保証する上で、日本の存在それ自体にとって不可欠な領土は日本に保有せしめなければならない、ということになる」

また同年七月二日付未公刊文書では、初めて「琉球」が日本領土のうち分離の対象となる領域として独立した項目に分類されています。

あまつさえ、四二年一一月五日に中国の外務大臣、宗子文（T. V. Soong）が、新聞向けに声明を出し、中国が日本の敗戦後に日本に返還を期待している領土の中には、満州や台湾とともに琉球も含まれる、と語っています。それより先、同年七月七日付の『重慶大公報』には、孫科（Sun Fo）立法院長が同様の主張をしたともあります。

ちなみに明治の「琉球処分」の過程で、中国外務省代表の李鴻章《りこうしょう》は、日本が軍事力を以て琉球諸島を強制的に併合した、と激しく抗議しました。その時、彼はこう予言していました。すなわち、沖縄を奪った日本は、次は台湾をとり、続いて朝鮮を占領した後、中国に侵略するにちがいない、と。後に、まさしく彼の予言通りに事が運びました。そのような歴史的背景を踏まえて、中国は、沖縄が日本のアジア侵略の踏み台だったと言うのです。そして日本が再びアメリカの脅威にならないよう、またアジア侵略を犯すことがないようにするために、その踏み台となった沖縄を切り離して、非軍事化しようと考えたわけです。

一九四七年に連合軍最高司令官マッカーサーは、折から訪日中の米新聞人一行に対し、「米国の沖縄占領に対して（どこも）反対しているようなことはないようだ」と、こう語っています。

「琉球諸島は、民族学的にいっても、日本国有の領土ではないし、また同諸島は、日本の経済繁栄に寄与することもなければ、日本国民は、その領有が許されると期待してもいない。アメリカによる同諸島の保有は、基本的な戦略上の問題であり、もしアメリカが同諸島の獲得管理に失敗すれば、それはとりもなおさず軍事的破壊を招くことを証明するだろう」

こうして、沖縄を分離してアメリカの基地化することについては、米政府部内でも方針が二転三転したあげく、ついに対日平和条約において〝法的怪物〟と酷評された曖昧な内容の第三条の規定、つまり米軍部と国務省との一種の妥協案が提出されるに至ったのです。

「ビンの蓋」論はなぜ生まれたか

大田　日本の完全かつ恒久的非武装を目指していたマッカーサーも、最初は、沖縄の非軍事化の趣旨に賛成していたようです。

ところが、マッカーサーが日本に進駐したとき、連合国軍は、総勢四〇万人足らずでした。当時、日本にはまだ四三四万人の軍隊が残っているといわれ、連合軍首脳の間では、万一日本軍が反乱を起こしたらどう対応するのかという不安が浮上しました。するとマッカーサーは、当初の非軍事化の方針を一八〇度変えて、沖縄に米軍を置いてさえおけば、いかなる事態にも即座に対応できるとして、いとも安易に沖縄の軍事化に切り替え、それが今日まで尾を引く結果になったのです。もっとも、アメリカ本国の軍部は、当初からいずれ沖縄を基地化する構想を練っていた節もあります。

一方在沖米軍の目的については、一九九〇年に、はしなくもスタックポール在沖米海兵隊司令官が、「ビンの蓋《ふた》論」、すなわち在沖米軍は、日本や沖縄を守るためというより、日本の自衛隊が現状以上に拡充、強化されないように看視するため、つまりビンの中に閉じ込め、蓋をするために駐留している、という趣旨の発言をして物議をかもしました。こうした歴史的背景から見ても、沖縄を非軍事化した方が、合理的と思いますがね……。

佐藤 話が前後しますが、日本による沖縄の併合で先島問題はどう考えたらいいのでしょうか。沖縄を同じ国民と見ているならば、先島を切り離して清との国境線を確定するというような発想は出てこないはずですね。

大田 まさにそのとおりです。ですから植木枝盛《えもり》などは、日本政府が琉球処分の過程で、「分島改約」論に基づき先島(宮古、八重山)を切り離そうとするのは、まるで人間の身体から手足を切り離すのと同じだ、と批判したのです。一八八〇年の日清修好条規の改定をめぐる前交渉で、琉球諸島の二分割論や三分割論が日清間で議論されました。そのような史実からも、日本政府が沖縄をどう見ていたかが判明します。つまり、せっかく沖縄を日本の一地方として併合したにもかかわらず、沖縄人を同胞とは見做さず、いつでも切り離して他国に譲っても構わない存在としてしか見ていなかったのです。

こうしたいびつな歴史的背景に基づいて、多くの研究者が沖縄の現状をアメリカの軍事的植民地とか日本の国内植民地と見ているしまつです。要するに、現在も政府の対沖縄政策は、明治時代のそれとほとんど何にも変わっていないのです。

佐藤　日本政府が沖縄県民を同胞と見ているか否かが問われている。このことに日本の中央政府の官僚は、あまりに無自覚です。

沖縄だけが安全保障を担うのか

大田　アメリカの世界的規模での軍の「再編問題」が起こったわけですが、それとの関連で理解し難いことがあります。

現在、最も危険視されている普天間基地の早期返還問題が議論の的になっています。わが沖縄県が「基地返還アクションプログラム」を策定して政府に出したことは第2章で述べました。橋本龍太郎総理から、二〇〇一年までに返してほしい一〇の基地のうち、最優先に返してほしいのはどこかと聞かれたので、私は「それは普天間です」と答えました。周辺に一六の学校のほか市役所や病院があるだけでなく、滑走路の延長線上はクリヤー・ゾーンといって建物を作ったり人が住んではいけないようになっているのですが、そこに現在普天間第二小学校があり、三六〇〇人余の人が住んでいて、いちばん危険だと申し上げたのです。すると橋本総理が同九六年二月の訪米時に、クリントン大統領に初めて普天間問題を持ち出し、そして帰国後の同年四月一二日にモンデール駐日大使と話し合って、普天間返還が合意に至ったのです。

ところが政府は、その代替施設をあくまで県内の大浦湾、辺野古《へのこ》のキャンプ・シュワブ沿岸部に作ろうとしています。これに対し県と名護市は、沿岸部でなく沖合を主張して対立しています。

しかし大浦湾一帯は、エコツーリズムのメッカで、しかも県の環境指針で、「現状のまま保全すべき地域」の第一位にランク付けされている場所です。そこに新たな基地を作ることは、たんに県の環境指針に反するだけでなく、県が依拠している観光産業に大打撃を与えるのです。

また基地を新設するには、経済不況下にある現在、国民の税金から、在沖米海兵隊のグアムへの移転費七〇〇〇億円に加えて、さらに一兆円をこすともいわれる巨額の建設資金を負担しなければなりません。

ですから沖縄は、すでに日米両政府間で、一万数千人の在沖米海兵隊の中から八〇〇〇人とその家族九〇〇〇人のほか、海兵隊司令部もグアムに移すことが合意されているので、その八〇〇〇人の中に真先に普天間基地のヘリ部隊を含めてグアムに移してしまえば、宜野湾市民の安全を保証できるだけでなく、何も自然を破壊してまで辺野古に基地を新設する必要はない、と主張してきました。ところが、まるで聞き入れてもらえない。沖縄県内にはこれ以上、基地を新設する余地は、まったくないにもかかわらずですよ。

ちなみに日米両政府間で「再編」によって嘉手納《かでな》以南の基地の大部分は返されることが合意されています。しかし、それがすべて完了したとしても、沖縄にはいぜんとして在日米軍専用施設の七〇%は、残るのです。つまり、現在の七五%からわずか五%しか減らないわけですよ。これでは、とても沖縄の未来に明るい展望を切り拓くことはできません。こうした実情を国民の皆さんにぜひ理解してほしいですね。

佐藤　ここが重要なポイントだと思います。沖縄県だけが日本の安全保障のために過重な負担を負っているような状況は変えなくてはならない。

代替基地なしに普天間は返還できる　キッシンジャーの言葉

大田　元米国防次官補のジョセフ・ナイがかつて「東アジア戦略報告」で書いたように、日米両政府は、絶えず沖縄に基地がなければ、東アジアの平和と安全が危機に陥ると公言しています。しかし私は、ペンタゴンへ行く度にこう議論したものです。すなわちアメリカは、フィリピンのスービック、クラーク両基地がなければ、アジアの平和と安全は保てない。したがって両基地の維持は不可欠だと言い続けてきた。だが、九一年に両基地とも閉鎖されたにもかかわらず、その後、何事も起こっていないではないか。つまり、沖縄の場合だって同じではないか、と。

こうしたアジア情勢との関連で沖縄の基地問題を適切に主張するため、私が知事在任中、知事室の隣に知事公室を設けました。そしてアメリカ留学経験のある職員を配置して、徹底的に情報の収集に当たらせました。軍事評論家の論文やアメリカの新聞や雑誌の海外基地関連の資料なども可能な限り集めて分析した上で、政策を作って対米折衝に臨んだのです。

また、グアムに行ってじかにアンダーセン空軍基地などを見て回りました。そこは嘉手納基地より大きく、B52爆撃機の基地でしたが、B52はすべて米本国へ引き揚げ、ガラ空きの状態でした。ですからグアムの住民が反対しないのであれば、普天間の基地機能は、そこへ移すことが最善、最短の解決策ではないかと考えました。元米国務長官のキッシンジャーは、日本政府が正式に要求さえしたら代替基地を作らなくても普天間基地は返還できると、論文で明言していました。

ですから私は「グアム住民が受け入れるのであれば」という条件付きで、普天間基地のグアム移転について、グアムの知事や議会議長の他、グアム選出の米議会下院議員らと会って打診しました。すると、三者とも喜んで受け入れたい、と応じたのです。それもアンダーウッド下院議員（当時）は、最初は、三五〇〇人程引き受けましょうと具体的人数まで提示してくれました。当時、普天間基地には二五〇〇人ほどしかいなかったので、全員をグアムに移しても、まだ一〇〇〇人分のゆとりがあると喜んだものです。それが後でどこかから横槍が入って、二度目にアンダーウッドに会ったときには、「邪魔が入ったから、今後は具体的数字を出すのは止めよう」と、言われました。それで中途半端な形で話が中断したのです。

またこんなこともありました。私がホワイトハウスの安全保障担当官と会う約束をして車で途中まで行ったら、突然在米日本大使館員から、会見は相手側から取り消された、といわれて会えずじまいでした。このように在米日本大使館は、沖縄側に立って対米交渉をしようとはせずに、逆に米側の意向を当方に受け入れさせることに熱心で呆れ果てましたよ。

壁の向こうに仲間を作る

佐藤　日本の外交官が、アメリカ側に大田さんとの会見をキャンセルしてくれとお願いしたのですね。私は、いま闘いのやり方を変えないといけないと思っているのです。

沖縄の若者たちを外務省と防衛省にたくさん送り込むことを考えた方がいい。水が合わなければ五年、一〇年で沖縄に帰ってくればいい。また、外務省や防衛省の幹部になるならば、その立場から沖縄のために何かできるはずです。沖縄出身の官僚をつくりだしていくことも、問題解決のために重要と思います。

大田　まったくそうですね。私たちが政府と折衝する時に、相談相手になれる沖縄出身の高官が、ほとんど一人もいないことの弱みを痛感しました。他の都道府県は、それぞれ大臣や次官など、政府高官をいくらも輩出しているけれど、沖縄は日本から切り離されていたこともあって、有能な若者でも国家公務員試験を受けることができなかった。その結果、中央省庁に県出身の上級公務員は皆無の実情だったのです。

知事時代に、一度、政府の沖縄出身官僚を集めてみたら、一〇〇人ほど集まったのですが、ほとんどが係長以下の人たちばかりでした。アメリカ統治下での三〇年近くに及んだブランクは、そんな点でも大きな損失をもたらしたわけです。

佐藤　だから、ほとんどの沖縄のリソースは野党側に行ってしまう。しかし、与党側や政府の機関に行かないと、「権力の文法」がわからないのです。留学のようなものと考えて、特に琉球大学はがんばって学生を送り出さなければいけない。特に、外務省、防衛省、警察庁といった暴力装置と近いところに人材を送ることが効果的です。

大田　つくづくそう思います。以前にイタリアの有名な社会運動家ダニーロ・ドルチと対談したことがあります(『世界』一九七一年五月号)。彼はシチリア島の労働組合のリーダーで、非暴力抵抗の闘士でした。彼の同志がマフィアに殺されるとその家族を引き取って養うなど、優れた社会改革運動が認められてレーニン賞を受賞した人物です。

私が彼に「もしあなたが沖縄のリーダーだとしたら、基地問題をはじめ沖縄が抱えている解決困難な問題にどう対処しますか」と訊くと、彼はこう答えました。どの国でも政府権力の壁は厚くて強力です。それを正面から突き崩そうとしても、無理です。だから壁はそのままにしておいて、壁の向こう側に友人をたくさん作る方が効果的です。それができたら壁は存在しないのにひとしくなる、と。まるでベルリンの壁が崩壊するのを予言するかのような話し振りでしたよ。その意味でも政府部内に県出身が多くいると助かります。

佐藤　二〇〇八年五月、沖縄の独立をテーマとするシンポジウムで、詩人でありジャーナリストでもある川満信一さんや元沖縄タイムス社長の新川明さんたちと同席したのです。驚いたことが二つあり、まず、いまだに川満さんが一九八一年に起草した「琉球共和社会憲法C私(試)案」が土台になって議論がなされることです。

もう一つは、あえて言いますが、闘争についてはいまだに全共闘型の戦略・戦術の発想が支配的であることです。全共闘の学生たちは、ロックアウトされている大学に突入するときに正門からしか突っ込んでいかないのです。しかし正門は機動隊が守っているから絶対に入れない。大学の中に入るということが目的ならば、横の塀を乗り越えて入ればいい。

もっとも学生たちの論理としては、「自分の大学に入るのだから、正々堂々と正門から入る」ということなのでしょう。これは正義闘争です。

これに対して、政治闘争は具体的な成果をあげなくてはならない。政治とはその本質において妥協を必要とします。原理原則さえしっかりしていれば、それ以外の部分では大胆な妥協ができる。先程、大田さんが述べられた海兵隊のグアム移転はその一例と思います。

大田　辺野古の基地新設問題では、防衛省はできるだけキャンプ・シュワブの沿岸部に作りたい、という。なぜ沿岸部かというと、そこは米軍基地と接していて立入禁止区域になっているので、基地建設に反対する人たちの抗議行動ができないからですよ。沖合に出すと、反対派がボートに乗って邪魔しますからね。呆れてしまうほど政府権力はしたたかです。

佐藤　その辺は、ほんとうにしたたかです。

非武装中立の島、オーランド島から何を学ぶか

大田　前回あなたは、周辺に強大国がひしめいているときに、はたして非武装中立が守れるか、と提起されましたね。以前に私は、社民党の土井たか子元党首らと共に非武装中立国として世界的に有名なコスタリカを訪問して、多くのことを学びました。また二〇〇四年には中央大学法学部の古城《ふるき》利明教授が中心となって開いた、フィンランド自治領のオーランド諸島と沖縄とを比較研究した学術シンポジウムに参加したことがあります。その際オーランドからは同島政府長官エリザベート・ナウクレール、沖縄から私が招かれました。

シンポジウムのテーマは、「二一世紀の沖縄はどうあらねばならないか。復帰三〇年、沖縄のドラスティックな地域変動を検証するとともに、沖縄の経済社会のありかたを展望し、フロンティアとしての沖縄の地域振興、自立や自治について徹底討論する」というものでした。

ご存じのとおり、オーランド島の住民は、ほとんどがスウェーデン系で公用語もスウェーデン

語ですが、フィンランドの管轄下にある非武装・中立地域です。一九二一年にスウェーデンとフィンランドの間で帰属問題が持ち上がったとき、国際連盟の事務次長新渡戸稲造が、非武装中立の島として裁定を下したことで日本でも有名です。それから現在に至るまでオーランド諸島は、非武装中立を守り続けています。

佐藤　それはおもしろい例ですね。現在の日本や沖縄にそれが適用できるかどうかは別として、現実に非武装中立の島があるということを知ることでわれわれの発想が豊かになります。そこから何か新しいものが生まれてくる可能性がある。

沖縄の現状を見て私が思うのは、軽々に対案を出すことはしないほうがいいということです。もっとも大田さんが出されたグアムへの海兵隊移転のような、実効性が担保され、沖縄側もアンダーウッド下院議員というパートナーを得ているような場合は別です。この場合は、対案を推進する方策を考えるべきです。

ただし、原理的に基地の存在を一切拒否している状況での闘争は難しい。日本政府とまったく嚙み合わない闘争方針を打ち出すと、中央政府の官僚は、「過激派みたいだ。話にならない」といって、沖縄の声にまったく耳を傾けなくなります。

沖縄から基地問題について発信する場合、たとえば辺野古でなければどこにすればいいというような対案を出す必要はないということです。ボートで抗議の意志を表明する市民の行動を含め、反対だけでいいのです。

沖縄は「現実的」になる必要はない

佐藤　原則として基地を認めないならば、基地を認める人びとの土俵には乗らないほうがいいと思うのです。沖縄の人びとが受け入れるメニューは東京が出してくるべきです。沖縄が発信すべき案は、いま言われたような非武装中立の島であるとかまったく新しい自治の形態であるとか、海洋国家として沖縄をどう構築していくかというグランドデザインだと思うのです。

私の場合、外務官僚としての生活が長かったことと、軍事力を国家の基本と考えるロシアを担当していた関係で、どうしても日本の防衛のためには武装が必要だと考えます。この点について大田先生と見解が対立するのは仕方のないことです。しかし、沖縄のことを真剣に考えるならば、どこかで新しい何かが生まれるはずです。

カントが言った永遠平和だって、当時、戦争が続いているのに誰も実現するとは思わなかった。しかし、カントが永遠平和を唱えることによって、少なくとも二〇世紀には不戦条約もでき、国際連盟から現在の国連ができて確実に進んできているのです。だから、夢や理想を絶対に軽視してはいけない。

沖縄を守るためには、現実的になってはいけないと思うのです。現実的になると日本の総人口のわずか一％強の沖縄に、数と力の論理でしわよせがすべて来てしまいます。特に若い世代にもっと大きな夢の絵を出してほしい。そのためにも、大田先生の発言はとても重要だと思います。

その場合に、沖縄人という主体をどう考えればいいのでしょうか。日本の中の少数派、つまり日本人として組み立てていくか、それとも別の民族と考えていくのか、あるいは、その問題はあまり詰めないで進んでいくか。

大田　それらの問題解決の一つの過程として、昨今は、地方分権とか道州制問題が盛んに議論されていますね。現状のような極端な中央集権制の弊害は誰しもが承知しているけれど、沖縄にとって問題となるのは、戦前のように九州の尻尾みたいなかたちになるのか、それとも単独の独立州として認めてもらうかだと思います。

佐藤　連邦制にならない限りは、私は最終的には沖縄は単独の州になると思います。そうしないと基地負担を押しつけることができないからです。

大田　まさにそのとおりで、痛しかゆしですね。

佐藤　沖縄が独自の州になるのは決まっているから、議論の入口では逆説的に九州と一緒がいいと言って、九州の各県に平等に基地を負担してもらう。それで、中央からお願いされるかたちで沖縄を独自州に持っていったほうがいいと私は思っています。最初から沖縄は独自の州にと要求すると、ほら、あなたたちの思いどおりにしましたよということになる。基地負担を人質にとるわけです。

「勝つ」闘争を組織しよう

大田　ただ、参議院外交防衛委員会に六年間もいてつくづく感じたのは、本土の政治家というのは、一切自分のところに基地を引き受けようとはしないということです。

その点は、アメリカ側もよく知っていて、『ジャパン・アズ・ナンバーワン』(一九七九年。邦訳は同年TBSブリタニカ)を書いたエズラ・ヴォーゲルとハーバード大学で会ったとき、この事実を話したら彼は、アメリカでも同じだ、と、NIMBY《ニンビー》(Not In My Back-Yard—自分の裏庭にはよこすな)という言葉がある、と言いました。結局、どちらも総論賛成、各論反対というわけ。日本の場合、基地に関する限り、戦前の一部の基地所在県は別として、「ニンビー」が徹底していますからね。政府や与党の政治家は、口を開けば、日米安保条約は国益にかない不可欠だと言いながら、自分たちは一切その負担を引き受けようとはしない。

共同通信の久江雅彦が『米軍再編』(講談社現代新書、二〇〇五年)で、米軍再編を巡る日・米両政府間のやりとりを具体的に書いていますが、米側が北海道への基地移設を提起したところ、町村信孝官房長官(当時)が自分の選挙区に移すのは絶対反対、といって潰してしまったとあります。

佐藤　海兵隊の実弾射撃訓練にしても、沖縄からの自分の地元への移転を引き受けたのは、当初、北海道選出衆議院議員の鈴木宗男さんだった。

大田　ほんとうにそうですね。しかも、対日平和条約を結んだとき、沖縄の在日米軍専用施設は全体の五三%だった。それが、日本が独立したら逆に本土から海兵隊を沖縄に移したのです。そのために現在の七五%に増えたのですよ。

佐藤　『産経新聞』で外務省北米局の課長だった外交評論家の岡本行夫さんと対談したとき、彼が子どもの頃は米軍の基地がいたるところにあったが、その負担が沖縄に行っていると明確に指摘していました。こういうことがわかるように中央官庁の沖縄理解を強化する必要があります。

大田　沖縄から中央政府に優秀な人材を送り込んで、政府の内部事情や政策を十分に理解させることは、とても大事だと思います。それで私は常々、地方自治体は、金がかかっても東京に一人でも人材を置いて情報収集に当たらせる必要があると言っているのです。

佐藤　要するにインテリジェンス、情報収集をしておかなければいけないんですね。外務省は沖縄事務所を置き、沖縄大使がいるでしょう。外国に対してと同様に特別の通信施設をつけて連絡をしているのですから。

しかし、沖縄県議会の野党会派で構成する要請団が新基地断念の要請で、外務省の沖縄事務所を訪れた際に、今井正大使が来客中を理由に面会しなかった、という事態がありましたが、ふざけた話です。これは外務省が訓令を出しているのでしょう。そういうときは代理の事務官には陳情書を渡す必要はない。われわれは県民の民意を受けた代表であって、陳情書を渡すのはこちらの仕事だ、会うのは大使の仕事だろう、来客中ならいつなら時間があるか答えよ、と帰ってくればいいのです。官僚の文法からすれば、県議会議員というのは民意を受けた存在でありえらいわけです。外務省の沖縄事務所に行って、あるレベル以下の役職が出てきたら、むしろ対応してはいけません。

ところで、沖縄県のイメージカラーは何色ですか？

大田　革新はオレンジで、保守はブルーでしょうか。

佐藤　ではオレンジの街宣車をつくって、「こらァ出てこい、大使ッ」とか言って合同庁舎の周りをグルグル回るんです(笑)。沖縄側の対応は、文書では激しいことを書いたりしますが、面と向かってはあまり厳しく言わない傾向がありますね。元気のあるところもおとなしいところも両方あるような感じでないと、外務官僚からなめられます。

それともう一つ、情報公開法を使うことです。何月何日に来客中だったのは誰が相手だったのか、この一か月の交際費を明らかにせよと徹底的にやる。何もないときは動かないで、陳情団に会わないようなことがあったら、三か月とか期限を決めて、徹底的に情報公開請求をやるのです。

沖縄はそもそも理不尽な状況に置かれているのです。それを少しでも解消するためには知恵を働かせる必要がある。「勝つ」闘争を組織すべきです。もちろん、そもそもの要求が、ほんとうに理不尽な状況を解消するところからすべて始まっているのですから、いくら勝ってもこれで十分だということはないのです。

しかし、沖縄には力がある。二〇〇七年の集団自決(強制集団死)をめぐる教科書検定問題で、あれだけ官僚的で硬直した文部科学省を沖縄世論の力で動かした。これは基本的に「勝利」と総括すべきだと思うのです。「勝利だったが、まだ至らない点もあった」とすべきだと思うのです。

正義闘争にとらわれて、満点だけを追求していると、日本政府の壁が実態以上に大きく見えてしまいます。沖縄には相当の力があるという事実を、まず沖縄県民が自覚することが重要だと思います。

(二〇〇九年三月)

第4章　歴史の闇に隠された沖縄戦

「守礼の民」の抵抗の力

佐藤　沖縄は自らがもつ力を過小評価しているように思えてなりません。

大田　おっしゃる通り、沖縄の民衆が、三〇年近くに及ぶ異民族軍隊の統治下にあって、粘り強く培ってきた自らの力を認識し、自信を持つことは、とても大事なことです。しかしその点、遺憾ながらまだ十分ではありません。

戦前、沖縄は、日本本土と比較して「百姓一揆のない所」として知られていました。あるいは、カーが指摘しているように、沖縄の人々が「守礼の民」と称されていることに、本土では、権力に抵抗できない「意気地のない人々」として、逆に侮蔑の対象とされたりもしました。

佐藤　「意気地のない人々」ということではないと思います。権力に直接対峙するような形の抵抗では、かえって権力側の弾圧を招きやすいので、日常生活の中に抵抗を潜り込ませるというような、「知恵」を働かせたのだと思います。それから、実際には抵抗があっても、それが大きく報じられなければ、抵抗として認知されません。

大田　たとえば、一九一八（大正七）年に富山県から発生し、全国的に拡大した「米騒動」も、沖縄にはなかった、などと言われていました。しかし、当時の八重山の新聞には、一年遅れで宮古の方で「米騒動」があったと報じられています。またよく調べてみると、「百姓一揆」同様の事件も、沖縄本島中部の中頭《なかがみ》郡の方で尚家（王家）の土地の小作問題をめぐって頻発していたことが分かりました。

一方、権力に対する抵抗にしても、けっしてなかったわけでもなく、大正時代初期に他県から赴任した当時の中頭郡長が、沖縄住民を馬鹿にし、差別したとして、公憤に駆られた一人の青年が、県庁に放火する「県庁焼討事件」なども起こったりしています。

それが、戦後は、沖縄の人々は、異国の軍隊による占領統治下で、アメリカ憲法の適用はおろか、大日本帝国憲法から生まれ変わった日本国憲法の適用も受けられずに、米軍が勝手に公布する布告・布令などによって、がんじがらめにされていました。

佐藤　米国の恣意によって支配される無権利状態に置かれていたわけですね。

大田　こうしてまったくの無権利状態から、沖縄の民衆は、ひたすら自治権の拡大とあらゆる面での民主化を図り、一つびとつ、人間としての基本的権利を獲得してきたのです。その意味からすれば、本土では、どちらかと言えば「民主憲法」が上から付与されたのと対照的に、沖縄では、民衆が自らの手で獲得したもの、と言えなくもありません。それだけに、平和と民主主義を基本原理とする現行憲法への執着は、他よりもいちだんと強いように思われます。

佐藤　憲法を巡る闘争の意義が、沖縄と沖縄以外で異なることは、いま、大田先生の指摘で初めて気づきました。沖縄復帰運動は、自らの権利を日本国憲法という媒介項を通して実現するものとして位置づけるという、リアリズム（現実主義）なのですね。現実に可能性があるなかで、着実にその可能性を実現していく。それは、空虚な言葉遊びとは異なります。沖縄にとって憲法がもつ特別の意味がようやくわかりました。米軍の占領によって、国家が暴力装置であるということが沖縄では非常によく見えたのですね。

占領下の大衆運動の系譜

大田　敗戦後、米軍政府は、住民をそれぞれの旧集落に戻そうともせず、各地の収容所に隔離して、沖縄の土地の大半を占領し、軍事基地に使用しました。それで、民衆による運動は、まず最初に、瀬長亀次郎らの主導で、「土地の借地料を支払え」という運動から始まりました。やがてそれが農民と労働者の結束を促し、労働権の獲得とか労働者の組織化などを要求する両者合同の大会が繰り返し開かれました。

さらに、それらの要求に基づき、自治権の拡充を求める大きな潮流が生じました。と同時に、教育権の獲得から「主席（知事）公選」運動へ拡大、発展するに至ったのです。これらの大衆運動は、日本復帰運動と表裏一体の関係で、相乗効果を上げながら強化されました。

その運動の中心となったのが、農民や組織労働者に加え、とりわけ戦前、住民を戦争に誘導して多数の犠牲者を出したとして自責の念にかられた、新聞人や学校の教員たちでした。

佐藤　大政翼賛会で活動した人々が復帰運動に参加し、それを運動の側が受け容れたことも興味深いことです。沖縄の寛容性とともに、人口からして政治、学術、メディアのエリート層の数が限られている。過去を巡って人々を仕分けしていたら、有効な運動が展開できないというプラグマティズムもあったのでしょう。

大田　こうした民衆の蜂起の中でも、一九五三年から五八年頃にかけて、基地に奪われた土地を取り戻すために、離島も含め、全県的に燃え上がった「島ぐるみの土地闘争」は、沖縄史上、未曽有の大衆運動と言えます。その他にも、五〇年代半ばの「人民党事件」をめぐる民衆の決起、米軍の事件・事故に対する抗議行動や、六〇年代に米民政府が教職員の政治活動を禁止するため提起した「地方教育区公務員法」、「教育公務員特例法」といった、不当な法案を廃止すべく闘われた「教公二法闘争」などは、特筆に値します。

佐藤　今日もその伝統が生きているのですね。

大田　さらにまた、九五年九月の少女暴行事件を契機に展開された県民総ぐるみの大会のほか、基地縮小・撤去運動も、かつてない規模と勢いで燃え上がりました。二〇〇七年の慶良間諸島における住民の「集団自決」(強制的集団死)問題にからむ「教科書検定」撤回を求める抗議県民大会は、一〇万余人の県民が馳せ参じて開催されました。このように、近年の民衆運動の高揚には目を見張るものがあります。それも、特に女性たちの不屈の活動が光彩を放っています。

このように、沖縄の民衆による支配権力や政治権力に対する度重なる抵抗や抗議行動は、敗戦後、戦前とは比較にならないほど強まっていき、それだけでなく、しばしば全県的な拡がりを見せています。

民衆の力といえば、こんなことがありました。一九九六年に沖縄国際大学で国際平和シンポジウムが開かれたとき、世界的に著名な平和研究家、ヨハン・ガルトゥング教授(オスロ国際平和研究所所長、一九五九〜六九年)をお招きしたことがあります。その際、もし彼が解決困難な問題を数多く抱えている沖縄の最高責任者だとしたら、どう対応しますか、とアドバイスを求めたところ、彼は、唯一言、「民衆を信用しなさい」、と言ってくれました。

私は、近年の民衆運動の高揚について知ってはいるものの、恥ずかしながら、沖縄が直面する諸問題が、あまりにも解決困難を極めていたので、それほど一般民衆の動きに期待していませんでした。ですから、「民衆を信用しなさい」と聞いて、一瞬、ほっぺたを叩かれたようにハッとしたものです。たしかに、世の中を変えていけるのは、世のリーダーたちというより、むしろ無名の民衆だということは、戦後沖縄の歩みを振り返ってみれば判然とします。

私を含め、多くの人々が民衆の力量について十分に認識し得ていないのには、今一つ大きな理由があるように思います。

いまだ確定しない沖縄戦の実相

佐藤　どういうことでしょうか。

大田　それは、いわゆる「沖縄問題」の内容が複雑多岐にわたり、一般の人たちの共通の理解が得られにくいことに起因しているのではないか、と考えています。たとえば、沖縄の人々に回復不能な致命的とも言えるほどの災難をもたらした沖縄戦についてさえ、戦後、半世紀以上経った今以て、その実態が人々の共通の認識とはなっていないのです。つまり、それほど沖縄戦の実相は、奥が深く、重要な事実が曖昧で、学問的に真実が確定されていないことが少なくないのです。そのことは、二〇〇五年から裁判沙汰で争われた、慶良間住民の「強制的集団死」問題からも窺えます。この問題と関連して、一言しておきたいことがあります。

曽野綾子は、「沖縄戦集団自決をめぐる歴史教科書の虚妄」(『正論』二〇〇三年九月号)という論考の中で、ガリ版刷りの『渡嘉敷における戦争の様相』(渡嘉敷村、座間味村共編、発行期日は不明)、『鉄の暴風』(沖縄タイムス社編、一九五〇年)、『慶良間列島、渡嘉敷島の戦闘概要』(渡嘉敷島村遺族会著、一九五三年)の三つの資料を挙げ、次のように述べています。

「第一資料『渡嘉敷における戦争の様相』と第三資料の『慶良間列島、渡嘉敷島の戦闘概要』は、その自決の場面などには、偶然とはとうてい思えない多くの同一表現が見られる。とりわけ私にとって決定的に思えたのは、この三つの資料が、米軍上陸の日、一九四五年三月二十七日、を、どれも三月二十六日と一日間違って記載していることであった。何しろ悲劇の始まった日なのだ。生き残った村民にとっては父母兄弟たちの命日の日である。それを三つの資料とも書き違って平気でいるということはないだろう。これは、三つの資料共、直接体験者でない人々が、後年、伝聞証拠を元にして、前の資料(注=『鉄の暴風』)を下敷きにしながら書いて行ったという証拠であろう」

彼女は、まるで鬼の首でも取ったかのように、このようなとんでもない間違いを犯すような『鉄の暴風』だから、その内容は、信ずるに足りない、といわんばかりです。

しかし、戦争の記述にあっては、この種のミスは、ごく普通に起こりうることです。沖縄守備軍司令部だけでなく、沖縄戦について最大の責任を有する大本営でさえ、慶良間諸島への上陸日を三月二五日と間違って報道したほどだからです。

「慰霊の日」はなぜ六月二三日とされたか

佐藤　そういえば、以前、お会いしたときに、大田先生が、摩文仁《まぶに》で沖縄守備軍司令官の牛島満《みつる》中将と参謀長の長勇《ちょういさむ》中将が自決した日付を確定するのも、なかなか難しいとおっしゃっていたことを思い出しました。

大田　沖縄守備軍司令官牛島満中将と長勇参謀長の肝心の自決の日付にしても、また自決の手段、方法にしても、まだ真実は、明確とは言えないのが実情です。

この日付については、二〇〇八年五月に私がワシントンの国立公文書館で改めて調査したところ、驚いたことに、アメリカの数種の新聞に、四つの日付がそれぞれ記載されていました。すなわち、六月一六日、二一日、二二日、二三日の四つです。これら四つの日付のうち、アメリカの諸記録では、六月二二日説が多数を占めています。

ところが、日本で刊行された一〇〇種の沖縄戦関連の本や論文などでは、逆に、六月二三日説が大半を占めています(一〇〇のうち五五が二三日説で、二二日説は、推定するものも含め二二、二一日以前という説が四、二一日説が四、六月三〇日説が一、その他、となっています)。このように、正確な日付は曖昧模糊のまま、今もまかり通っているのです。

ちなみに沖縄県は、日本復帰前の琉球政府時代の一九六一(昭和三六)年六月六日に、立法院議員(現在の県議会議員)が「住民の祝祭日に関する立法案」を発議し、審議した結果、八月一五日を、終戦を記念し平和を祈る「平和の日」に制定すると共に、六月二二日を沖縄戦の戦没者の霊を慰める「慰霊の日」とする原案を、「平和の日」を削除・修正して可決、同年七月二四日に公布しています。その結果、「六月二二日は、全住民が亡き人々の尊い犠牲を無駄にせず、二度と残酷な戦争が発生しないように祈念しつつ、戦没者の霊を慰める日」とする趣旨で、「慰霊の日」と定められたのです。

しかし、その後、一九六五(昭和四〇)年に「住民の祝祭日に関する立法」の一部が改正され、慰霊の日は「六月二二日」から「六月二三日」に改められたのです。なんでも、沖縄観光協会事務局長の山城善三らが、牛島と長の自決は、二二日ではなく、二三日だと証言したため、変更された、とのことです。ところが、その証言の依拠する根拠は、何も示されていません。

佐藤　初めて知りました。驚きです。

大田　にもかかわらず、それ以後、一九七二(昭和四七)年五月の日本復帰まで、六月二三日は、「慰霊の日」として行政機関をはじめ民間企業まで、休日として定着するようになりました。それが、同年の日本復帰に伴い、今度は沖縄にも「国民の祝日に関する法律」が適用されることになり、それまでの「慰霊の日」の制度的根拠が希薄になったとして、改めて「沖縄県慰霊の日を定める条例」が制定されました。それによって、引き続き六月二三日が「慰霊の日」として存続しました。しかるに、同八八(昭和六三)年に地方自治法が改正されたため、県の定めた「慰霊の日」の休日が、危うく取り消されそうになりました。しかし、県民の強い反対で、同九三（平成五）年四月二日の地方自治法の改正で、六月二三日の「慰霊の日」は、従前通り県の休日として維持され、現在に至っているのです。もっとも慰霊祭が戦場跡の摩文仁の戦跡公園で催されるようになったのは一九六四（昭和三九）年からで、それ以前は、琉球大学広場や那覇高校校庭などで催されていました。

佐藤　私の母は、当時一四歳で、日本軍の軍属として働いていました。そして、摩文仁で米軍の捕虜になりました。捕虜になる二～三週間前に、井戸で水くみをしていると、牛島司令官、長参謀長の当番兵がやってきて、二人が「自決するので、お前たちは出て行け」と言われ、追い出されたという話を伝えたということです。そこで母は、自分の持ち時間も限られていると感じたといいます。

牛島、長の自決をめぐる様々な記述

大田　では、実際に沖縄戦に関わった守備軍首脳は、牛島や長の自決の日付や方法についてどう認識し、記録しているのでしょうか。改めて確認してみましょう。

まず、大本営から沖縄に派遣された神直道《じんなおみち》という航空参謀がいました。彼は、沖縄戦最中の五月三〇日に六名の糸満漁民が漕ぐサバニ（小舟）で敵中を突破して本土に帰還、大本営に出頭して、沖縄への支援部隊を派遣するよう要請しました。

しかし、受け入れられず、一時は長参謀長の怒りを買い、責任をとって自決せよ、と命じられる寸前に危うくそれを免れ、その後は本土に居残ることができました。

彼は、何に依拠したかは触れていませんが、自著の『沖縄かくて潰滅す』（原書房、一九六七年）で、守備軍首脳の最後について、こう記録しています。

　二十二日夜（二十三日黎明）

　上弦十二日の月は残っていた。

　牛島、長両将軍は最高責任者としての責めを古式にのっとる切腹によって負われた。牛島軍司令官は通常礼装で身をととのえられた。長参謀長は白の肌着に墨痕鮮やかに、「忠則尽命　尽忠報国」長勇、と大書し、相共に談笑しつつ摩文仁の岩上に坐す。

　暗中、刀光ひらめき、さっと腹をつんざけば、副官坂口大尉の豪刀一閃して見事に介錯を了す。

　続いて長参謀長も見事自裁せらる。

　軍司令官専属副官吉野中尉は司令官の首級を敵に渡さじと、これをかかえて岩上を走る。艦砲の一弾は中尉諸共、摩文仁の空中に粉砕したと言う。かくて軍は終りを告げた。

佐藤　映画の脚本のような情景描写ですね。

大田　ところが、私が入手した別の記録には、吉野は生きて捕虜になったとあるのですよ。

佐藤　伝聞は、物語として脚色されていきますからね。神さんの記述の信憑性には問題がありますね。

八原博道の記録

大田　県や日本側の資料に六月二三日説が多いのは、おそらく沖縄守備軍の八原博通《やはらひろみち》作戦参謀が、自著『沖縄決戦』（読売新聞社、一九七二年）で、自らの目撃談として六月二三日を唱えていることが、多くの文献にそのまま引用されたのではないかと思われます。じつは、私自身も彼の説に依拠して、自著に「二三日」と書いたこともあります。というのは他でもなく、八原参謀は、かつてワシントンの日本大使館付武官を務めたことがあり、英語も達者で、沖縄守備軍の中では最も知性的な人物として知られていたので、彼の手記こそが信頼できると思ったからでした。

佐藤　『沖縄決戦』は映画になり、八原参謀の役を仲代達矢さんが演じたので、多くの人々の印象に強く焼き付いていると思います。私も母に連れられて、映画館に行った記憶があります。『沖縄決戦』は絶版になってから久しく、入手が難しい本です。ときどき古本屋に出ていても一万円近くする（二〇一五年五月に中公文庫から復刊され、容易に入手できる）。

大田　ちなみに防衛庁戦史室には、八原参謀のペン書きの回想録のコピーが収蔵されています。恐らくこれが彼の最初の記録と思われますが、それには、つぎのように述べられています。

六月二十二日

正午後摩文仁部落の銃声止む　同地守備の衛兵全滅せるものの如し　時既にして司令部洞窟垂坑道上山頂衛兵敵に急襲せられて悉く《ことごと》く殪《たお》る。敵手榴弾爆雷洞窟内に落下し、参謀長室附近に在りし将兵十数名死傷す。凄惨の気洞窟内に溢る。

軍砲兵隊司令部は既に昨夜総員斬込せるの報あり。軍司令部は本部司令部生存者を以て八九高地山頂を奪還明二十三日黎明を期し全員摩文仁部落方向に突撃。此の間軍司令官・参謀長は山頂に於て自決するに決す。

司令部将兵は予定の如く十七日夜の月未だ上らざるに乗じ海岸に面する坑道口より山頂に向い相互に訣別しつゝ断崖を攀《よ》じ登り突撃す。突撃功を奏せず。

依って予定を変更し軍司令官・参謀長は月既に南海に没せんとする頃坑道口外海面に屹立する断崖上に於て古武士の型により自決し終りぬ。

時に昭和二十年六月二十三日四時三十分なり。

八原は、一九四五(昭和二〇)年七月一五日に捕虜になり、同年八月六日に米第一〇軍司令部情報部(G2)の訊問を受けていますが、その後、四七(昭和二二)年四月初めと同四九(昭和二四)年四月一五日にはGHQ戦史課の訊問も受けています。

最後の訊問の際、八原は、古川成美《しげみ》著『死生の門』(中央社、一九四九年)は彼自身の記録か、その内容は八原の供述として戦史資料として公式に引用することが可能か、と聞かれ、同書は彼自身が書いた回想録を古川が編集したもので、その内容中の史実は真実であることを保証し得たので公的に引用しても差し支えない、と述べています。

佐藤　どのような内容なのでしょうか。

大田　『死生の門』には、つぎのように記述されています。

二十三日午前三時ごろ、軍司令官の命です、と伝令が三原(注＝八原のこと)を呼んだ。

いよいよ最後の時がきたのである。

牛島中将は、略綬《りゃくじゅ》を佩用《はいよう》して服装を正し、膝を組んで坐り、長中将は瓢箪《ひょうたん》型の洋酒の瓶を前にして既に頰を赤くほてらしていた。三原は両将軍に敬礼し、何かあいさつを、とあせつたが、咽喉がひきつつて遂に言葉が出なかつた。(中略)長がまた、「切腹の順序はどうしましよう。私がお先に失礼して、あの世の御案内をいたしましようか。」と、切り出すと、

「いや、それは吾輩がさきだよ。」

「閣下は極楽行き、私は地獄行きですから、なる程御案内にはなりませんな。」

こんなことを淡々と話し合つた後、二人は二、三辞世の詩歌を応酬したが、三原にははつきり聞きとることができなかつた。

いよいよ時間がせまり、洞窟内に残つた者が全部一列になつて、つぎつぎと司令官に最後のあいさつをした。最後まで将兵とあけくれを共にした平敷屋、仲本などの女性もきた。仲本が、

「閣下のお焼香もすまさないで、先に洞窟を出てゆきますのは、まことに申訳ございません。」

と、述べた時、長少将《ママ》はかすかに苦笑をもらした。(中略)

尽きせぬ別れのあいさつのうちに、遂に自決の時刻がきた。軍司令官は静かに寝棚から降り立ち、参謀長は軍衣をぬいでこれに従い、経理部長もそのあとに従つた。

一本の蠟燭《ろうそく》の灯を先頭に、粛々として死の行列は洞窟の出口に向つた。(中略)

洞窟出口より約十歩のあたり、司令官は海に面して座につき、参謀長と経理部長がその左側に位置をしめて、介錯役坂口大尉がその後方に立つた。やや前かがみに坐つた参謀長の白いシャツの背に、辞世

の一詩が、墨痕淋漓《ぼっこんりんり》と大書してあるのが暁暗《ぎょうあん》のうちに望まれた。

剣道五段の坂口大尉が、つと長刀を振りかぶつたが、何故か力なくためらつて、

「まだ暗くて手もとが決りません。しばらく猶予をねがいます。」

と、いつた。自決の人々は、一同が立つ洞窟の入口に引きかえした。（中略）

三原が人ごみを分けてようやく出口に顔を出そうとするせつな、轟然《ごうぜん》一発の銃声が起つた。あまりに騒然たる状況なので、米軍の射弾かと思つたが、それが佐藤経理部長自決の拳銃の音であつた。殆んど同時に、坂口大尉は両将軍着座の瞬間、白刃をふるつた。停止させられていた将兵は、堰《せき》を切つたように断崖を走りおりた。高級副官、坂口大尉、三原の三人が、出口にころがつていたドラム缶に、黙然と腰をおろした。やがて坂口は三原に、「やりました。」と、ため息をはき出すようにいつて、蒼白な顔に薄い笑いをもらした。そして三人は、一切の力が抜け果てたようにぐつたりとして、白々と明けゆく空を眺めていた。

六月二十三日、午前四時半であつた。

それから二日目のま夜中、（中略）月の光に照されながら一歩一歩、東へ東へとはい進む男たちがあつた。

先頭の一人は薄いゴルフジャケツに、背広のズボンだけ、あとの二人は沖縄特有のあら目の縦縞の浴衣《ゆかた》を着ていた。ゴルフジャケツが三原、浴衣は勝山と新垣であつた。（中略）

軍司令部洞窟に、米軍が乗りこむ直前に、危くぬけ出した彼らは、東海岸を伝つて米軍の戦線を突破し、（中略）機をみて船で島伝いに本土にかえる計画であった。（傍点は引用者。以下同じ）

佐藤　その情景は、映画『沖縄決戦』で再現されています。もう四〇年くらい前に見た映像なのに、印象がはっきり残っています。母がその情景を見ながら、泣いていたことも覚えています。

対照的な米軍の記録

大田　ところが、米第一〇軍司令部情報部（G2）の四五年八月六日付の八原参謀に関する訊問報告書を見ると、その調書には、こう記載されているのです。

> 捕獲状況…
>
> 牛島軍司令官と長参謀長の自決に先立つ最後の晩餐（注＝六月一八日）に参加したあと、地元住民の衣服で装った八原大佐は、「最後の沖縄防衛戦を戦ったあと、八原高級参謀は本土防衛のために前進せよ」という長参謀長の命令を遂行するために壕を出て行った。（注＝他の参謀たちは、翌一九日の晩に壕を出た。）
>
> 彼は、似つかわしくない奇妙な出で立ちで摩文仁の壕を発ち、うかつにもピストルを撃ちながら崖を転がるように行くのをブルー部隊に目撃されている。
>
> これは明らかに、八原は摩文仁で戦死した、という噂を立てようと目論んだものであろう。この崖からの退却で傷を負いながらも生き延びた八原大佐は、地元住民の壕に潜り込んだ。住民たちと行動を共にしつつ、ついには日本本土へ小舟で渡ろうと、北部を目指していた。
>
> ブルー部隊がその壕に近づくと、八原は住民たちを促し壕の外へ出て、彼らとともに屋比久の民間人収容所に収容され、そこではうまく教師を装った。三日間の作業の後、すでに弱り切っていた彼は疲労

で倒れ、二週間ほど寝込んだ。そのような態でありながら不平を言う彼に、注目していたひとりの地元住民が反発して、彼に何者かと説明を求めた。八原は身分を明かすとともに、その住民の愛国心に訴え、黙っていてくれるよう懇願した。

しかし残念なことに憤ったその住民は、すぐさま八原の存在を同地域のCIC(民間情報部員)に報告した。悲憤に駆られた八原は、しかし抵抗することなく、拘束された。

佐藤　愛国心に訴えれば何とかなるという発想は、作戦参謀としてあまりに甘いですね。

大田　一方、「第七歩兵師団訊問記録第四五　牛島中将と長参謀長の死に関する三人の捕虜訊問」によると、次のような証言がなされています。

一人は、NAKAMUTA　TETSUOと称する軍属で、司令官付料理人。彼は、一九四五年六月二三日に摩文仁で捕虜にされた。いま一人は、水島八郎という名前の軍属。軍司令官所属の映写技師で、六月二三日に摩文仁で捕虜となった。さらにもう一人は、濱川昌也という者で、彼は、守備軍首脳を護衛する衛兵下士官で、六月二二日に具志頭《ぐしかみ》で捕虜となっています。

ちなみに米軍情報部は、これら三人の証言について次のような評価を下しています。

右記の捕虜に対しては、牛島と長両首脳の死に関する詳細についてのみ訊問した。NAKAMUTAは、博多で一二年間コックとして働き、一九四五年一月に徴用され、司令官とそのスタッフの料理人として沖縄に送られた。一月一八日以来料理を作る任務に従事。彼は単なる料理人で正規の軍人ではない、と述べた。彼は両首脳の自決の目撃者である。

水島は映写技師で、その仕事のために徴用された。機器やフィルムが砲撃で焼失し、以来司令部に配置されて、「自決」が行われた時、司令部にいたが、自決は目撃していない。

濱川は、先の二人より一日前に捕虜となった。彼は第三二軍司令部壕の確認に際し手助けをした。その事件の日付と時間についても手助けをした。彼は衛兵の一人で、二一日の二三時三〇分に、壕から去るように告げられて、壕を離れた。

他に訊問した捕虜は、ヨシノ　モリタケとフクダ　トモアキである。

以下は、右記の捕虜全員の訊問証言で、各証言は確認のためにそれぞれが相互に照合された。そのため彼らの証言は信頼できるであろう。牛島と長の自決の件に関しては、殆んどがNAKAMUTAの証言に基づいている。


そのナカムタ証言は次の通りです。

一九四五年六月二一日夕刻、料理人NAKAMUTAは、特別な晩餐をその晩二二時頃に供するように指示された。料理人は、その重要な意味を、その時は気付かなかった。米飯、缶詰の肉、ジャガイモ、魚のフライ、鮭、味噌汁、新鮮なキャベツ、パイナップル、茶、酒が準備された。料理人はいつもどおり、すぐに翌日の朝食と昼食の準備にかかった。通常昼間にはそれができなかったからである。六月二二日午前三時頃、料理人は、司令官の当番兵から、両首脳が「切腹」する、と聞いた。午前三時四〇分頃、軍服に階級章を着装した両首脳が副官たちを従えて、海側の出口を出て行った。料理人は付いて行き、その様子を出口から見ていた。当番兵が、出口から約一〇ヤード離れた地面に掛布団を敷き置いて、それを白布で覆った。牛島司令官は古式に則って座し、その左側に長中将が座した。両首脳とも海側に向いていた(南東方向)。(捕虜に、なぜ彼らは皇居の方向を向かなかったか、訊くと、そうするには十分な空間が無かったと答えた。）両首脳は、上着を開く前に、少し会話した。吉野中尉が持っていた二本の短刀を渡し、坂口大尉が刀剣を持って牛島司令官の右側に立った。牛島司令官が短刀を突き刺すと同時に、刀が振り下ろされ、司令官は倒れた。長参謀長がそれに続いた。

ここで料理人は壕へ戻ったので、遺体がどのように処理されたのか見ていない。捕虜全員が、遺体は壕の外に埋葬された、と信じている。三人の当番兵が遺体の処置を行なった、と捕虜たちは証言した。

また、これとは別に、六月二六日付の第二四軍G２報告書にも、NAKAMUTAのほぼ同様の証言が記載されています。

重要な史実が解明されていない

大田　同四五年六月二五日付の米第七歩兵師団情報部（G２）から米第二四軍団の情報部（G２）に送られた文書によると、当日、沖縄守備軍の牛島満司令官と長勇参謀長の遺体が発見された、とあります。

それによると、牛島は切腹し、首も副官によって切り離され、海に面した壕の入口から七五ヤード程離れた小さな洞窟の岩の下に横たわっているのが見付かった、とあります。着けていた勲章と階級章で牛島の遺体と判明した、とのことです。ちなみにこれには、死亡日時は、六月二二日午前三時四〇分と明記されていますが、この点については、誰の証言かは、不明です。

一方、長参謀長の死体も、牛島司令官のそれから数フィート離れた小さな洞窟で見つかった、とあります。牛島司令官は、完全な正装で、自決した時に敷いていた白布に包まれて埋められていたというのです。

佐藤　長参謀長の遺体はどうなっていたのですか。

大田　一方の長参謀長の死体は、白い絹の衣装を着て、それには、彼自身の次のような墓碑銘が記されていたとのことです。「昭和二〇年六月二二日、私長勇(五一歳)は何らの悔いも恥も恐怖もなく別れを告げる。この場所(土)この時間に前記の記述が真実なることを証明する」と。

以上のことは、捕虜になった氏名不詳の日本軍将校によって確認され、米軍沖縄島嶼司令部のバートン中尉によって検証された、とあります。

私は牛島司令官と長参謀長が自刃した日は六月二二日が正確ではないかと思っています。牛島司令官のお孫さんに伺ったところ、牛島家では、その日を命日にしているとのことです。また、私がアメリカから持ち帰った写真に牛島と長の墓標が写っていて、それには、六月二二日と明記されているからです。これらの墓標は坂口副官が用意したものと記録されているから信憑性は高いと思われます。また、長勇参謀長が大本営に電報を送って、六月二二日の金曜日に自決する、と報告しているのも、その日付を裏付けているように思われるからです。

佐藤　G2の尋問記録に対しては、この日本軍将校は、自分の役割を低く見せるような作為を働かせたということでしょうか?　尋問は終戦直後ですから、戦争責任を追及される可能性がありますね。

大田　おそらくそうだと思います。しかし、壕を六月一九日に出たと書いてあるのですが、その日の午後八時頃私は、木村、薬丸、三宅参謀らと千早隊隊長の益永大尉らが、沖縄の女性が着るような黒色の着物に着替えて、壕を出ていくのを見送っていました。私の同級生の比嘉盛輝君と一期上の仲眞良盛君、伊豆味雋君らが、一行の道案内として同行したからです。だが、不運にもみんな戦死して、仲眞君一人だけが生き残っています。

佐藤　それは大本営に報告に行くためですか？　参謀たちの任務は何だったのですか。

大田　薬丸参謀と木村参謀の二人は、本島北部でゲリラ戦を戦う一方、三宅参謀と長野参謀は、東京へ帰って沖縄戦の教訓を踏まえ本土防衛に当たれ、という命令を受けていたようです。

このように、沖縄戦における重要な史実がいまだ十分に解明されていない事態は、放置すべきではないと思います。

佐藤　私も母から聞き取った記録をまとめ、できるだけ早く本にすることで、この作業の一端に加わりたいと思っています。

（二〇〇九年五月）

第5章　日本の差別偏見が噴出した沖縄戦

「武士道」と「命ど宝」

大田　牛島、長の二人の司令官の最後については、アメリカ側の記録にはNAKAMUTAという牛島司令官の料理人の証言が目撃談として引用されているのが多いけれど、じつは彼も実際には目撃していない、と否定している記録もあるので、真実は必ずしも明白ではありません。

佐藤　大田先生の話をうかがってほんとうに驚きました。伝聞によって、さまざまな「物語」が作られていくのです。史実の確定がどれくらい難しいかということを痛感しました。

大田　ところで、牛島と長の自決の日付が未確定なだけでなく、また両首脳の自決の方法についても、大いに疑問があります。話が長くなって恐縮ですが、大事な点ですので、振り返ってみたいと思います。私が米国立公文書館から持ち帰った、自決場面の写真から判断する限り、通説どおりの「武士道に則《のっと》り見事に割腹、坂口副官が介錯した」とは、思えないのです。写真には、首も付いているし、腹を切った形跡も見られないからです。

佐藤　私が同志社大学神学部の二回生（一九八〇年）のことと記憶していますが、大田先生が編纂した『写真記録　これが沖縄戦だ』（琉球新報社、一九七七年）を買いました。牛島司令官、長参謀長の死体に首がついているのを見て、驚きました。

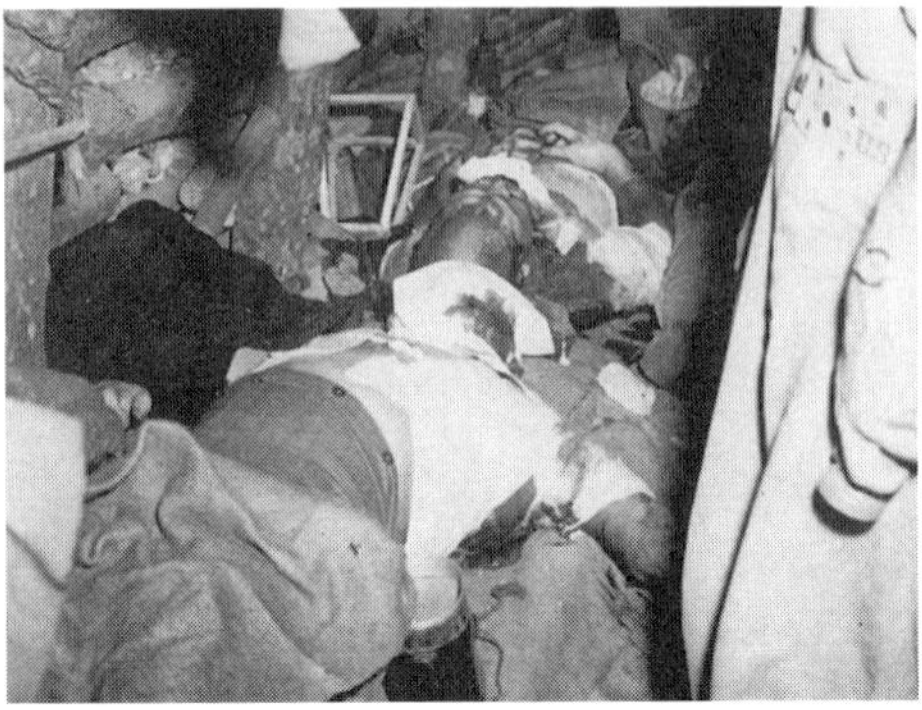

守備軍司令部壕内で自決した牛島，長（『写真記録　これが沖縄戦だ』琉球新報社，1977 年より）

大田　最近、本屋には武士道の本が目立って増えてきていますね。日本古来の文化は、「武士の文化」、武力を尊ぶ「尚武の文化」と言われ、山本常朝の「武士道とは死ぬ事と見付けたり」という言葉が世人の間に浸透しています。つまり、国家や大義のため命を捧げる行為こそが人間としての正しい道、だとして賞賛されます。こうして、ともすれば、「死を鴻毛《こうもう》の軽きに比す」傾向が現出しがちです。

敗戦後七〇年を経て、過酷な戦争体験がまるでなかったかのように右傾化が進むのと併行して、再び武士道の復活を唱導する言説が世上に溢れつつあります。昨今のこうした潮流に、私は違和感と一種の危機感さえ抱いています。

佐藤　一九三七年に文部省が刊行した『国体の本義』においても、武士道こそが日本の道徳であると賞賛されています。具体的には、〈即ち主従の間は恩義を以て結ばれながら、それが恩義を超えた没我の精神となり、死を視ること帰するが如きに至つた。そこでは死を軽んじたといふよりは、深く死に徹して真の意味に於てこれを重んじた。即ち死によって真の生命を全うせんとした。個に執し個を立てて全を失ふよりも、全を全うし全を生かすために個を殺さんとするのである。生死は根本に於て一であり、生死を超えて一如のまことが存する。生もこれにより、死も亦これによる。然るに生死を対立せしめ、死を厭うて生を求むることは、私に執著することであつて武士の恥とするところである。生死一如の中に、よく忠の道を全うするのが我が武士道である。〉(『国体の本義』文部省、一九三七年、一一〇～一一一頁)と記されています。

大田　沖縄の人々は昔から、本土とは違って、逆に「命《ぬち》ど宝」、すなわち「何物にも増して命こそが大切」という言い伝えを大事にしてきました。沖縄の文化は、本土のそれとは対照的に、「非武の文化」「文の文化」「優しさの文化」として知られています。それだけに、二度と再び命を軽視しがちな風潮に呑み込まれることのないよう、心掛けたいものです。

「武士道に則って」といえば、こんなこともありました。沖縄が復帰する前に京都産業大学の若泉敬《けい》教授が、佐藤栄作総理の密使として、「ヨシダ」という偽名を使って当時のヘンリー・キッシンジャー米大統領補佐官(国家安全保障問題担当)と核密約を結んだことが明らかになっています。どういう密約かと言いますと、日本には非核三原則がありますが、返還後も沖縄には核兵器をいつでも自由に持ちこめるようにする、というものです。

佐藤　若泉氏については、内地の保守派の間では、国士であるという神話ができています。

大田　若泉は、一九九四年に『他策ナカリシヲ信ゼムト欲ス』(文藝春秋)という本を書いていますが、その中で、沖縄を早く復帰させるためには米側の核兵器の持ち込み要求を受け入れるしかない、これを容認することで復帰が早まるなら、沖縄県民にとってもその方がよいだろう、と考えたからだ、と述懐しています。そのような内容の一種の告白本を、死ぬ前に書いたのです。そして彼は、沖縄県民と当時知事をしていた私宛に、遺書を遺していたのです。それが二〇〇五年に公開されたのですが、そこには、核兵器を持ち込んででも沖縄復帰を早めた方がいい、ということで、あの時は密約を交わした。が、その後、政府は基地問題にまじめにとりくまず、依然として沖縄の人々は苦しんでいる。自分は、県民に対し、大変、申し訳ないことをした、と彼は自責の念にかられたのか、その遺書には、「結果責任を取り、武士道に則って摩文仁の国立墓苑前で自裁する」ということが書いてありました。

一九九六年に病気で亡くなったとされていましたが、実は服毒自殺だったといいます。彼は亡くなる前の数年間、毎年六月には身分を隠し、ひそかに沖縄を訪れて、慰霊碑に手を合わせていたとのことです。核密約を結んだことは評価できないが、交渉過程を公表し、沖縄県民に謝罪し、「結果責任」を果たしたことで、人間としては信頼できると思います。一方、密約を指示した佐藤栄作総理は、ノーベル平和賞をもらったのですからね、皮肉なものです。

佐藤　そんな話があったとは、初めて知りました。驚きです。

牛島、長は切腹したのか

大田　では、つぎに牛島と長の自決の模様に関連して、まず最初に、沖縄守備軍司令部付憲兵大尉萩之内清の証言から見てみます。彼は、「牛島満、長勇、両中将の自決状況」(防衛研修所戦史室所蔵)と題し、次のように記述しています。ちなみに、米軍記録のいくつかは、この証言をほぼそのまま引用しています。

二十三日午前一時頃いよいよ最後の数刻だ。牛島軍司令官、長軍参謀長の両中将閣下の和やかなる会談は窮屈なる洞窟内で尚続いている。軍司令部各部に於ては先任者を中心に遥かに東方を拝し天皇陛下万歳の声が岩を伝って聞えてくる。或る組は砲声の間に間に「海行かば」の荘重なる歌が……ああ何たる荘厳ぞ……

各人は何物とも知れぬ感激の涙が伝って戦塵に汚れた戎衣《じゅうい》を濡らして居る。凡《およ》そ三時頃各首脳部始め残余僅《わず》か一傭人迄両閣下に暇乞の御挨拶を申上げたが両閣下は自分の子を労《いたわ》る如く今迄の労苦を謝しておられた。

いよいよ四時だ。軍司令官閣下は茲《ここに》九句の戦闘衣を通常礼装に着替えられた。薄暗い「ローソク」の光に純白の手套は神々しさを漂わして居る。参謀長閣下は純日本式の白の肌着に、自筆にて墨跡鮮かに「忠則尽命　尽忠報国　長勇」の八字を記して着用され無帽だ。

「さぁ軍司令官閣下、先は暗いかも知れませんから長が御先に参りましょう」と参謀長閣下は先に立たれた。軍司令官閣下は「頼みましょう、これから後は暑くなるから、団扇《うちわ》でも使いましょう」と沖縄製の例の「クバ団扇」を御持ちになり静かに扇ぎながら「ニコニコ」して歩かれる。

今や人事を尽し天命を俟《ま》たれ自決される将軍。ああ何たる偉大なる心境ぞや。死を見ること帰するが如きはこのことだ。微笑しつつ残余少き部下の前を通られる姿……ああ人か神か、今迄照らして居た月は没した。夜明けは未だし。

御前四時十分洞窟開口部に姿を現わされた。潮の香が高く吹いて来る。

頭上約三米の岩上には占拠し馬乗りして居る米兵が手榴弾や自動銃を以て構えて居る。開口部より十歩位の個所には布団の上に白布を敷いてある。両閣下の自決の場所だ。先《ま》ず参謀長閣下座され軍司令官閣下も座された。

薄暗の遥東天に冥目《ママ》最敬礼され、Y副官が御渡した軍刀を取られた。いよいよ古式に則り切腹だ。米兵は足下の物音を察したか自動銃は火を噴き手榴弾は落下して来る。

「ヤッ」介錯者の気合と共に暗に一閃又一閃遂に両閣下は立派なる自決だ。

悲憤の涙にくれた幕僚はいと静かに危険を排し現場より約七十米下方の巌下に仮埋葬した。専属副官は軍司令官の御首を捧持して退散し約百米去った時、艦砲飛び来り四散した。

二十四日両閣下の霊体は米兵の発見する処となったので、自分は御仕末の為現地に急行した。ああ御見事なる御自決御最後だ。

長参謀長閣下は平素使用された敷布に雄渾なる墨書で記されたる左の如きものがあり、参謀長閣下の自決寸前迄の豪快なる様を察せられた。

「昭和二十年六月二十二日　逝　去
軍参謀長　陸軍中将　長勇　行年　五十一
寸前自認之」

ああ憶出《おもいで》は深き摩文仁89高地、幾多尊き生霊は草蒸す屍《かばね》又は水漬《みづ》く屍今や砲煙絶えて満月は南海の波を照らして居る。

（※原文のカタカナをひらがなに、漢字は一部ひらがなにして引用。傍点は引用者。以下同）

佐藤　そのまま映画の脚本になるような記述ですね。

大田　まるで本人が現場で目撃したかのような書きぶりだが、彼はその時、現場にはいなかったことが判明しています。ちなみにピュリッツァー賞を受賞した作家のジョン・トーランドは、この萩之内証言をほぼそのまま引用した一人です。彼はその上で、さらに次のように付言しています。「牛島将軍は、沖縄の人たちは私を恨みに思っているに違いないと述べた」と。

さまざまな自決の描写

大田　それとは別に、米軍の准機関紙『星条旗新聞』は、一部次のように報じています。

沖縄方面根拠地隊の司令官・大田実海軍少将は四人の部下とともに破壊され尽くした那覇港を臨む壕の中で「ハラキリ」をしたのが発見され（六月一八日付。注＝事実は、拳銃による自決）、米第九六歩兵師団司令官のクラウディウス・M・イーズリー准将も戦死した（六月二〇日付）。

二二日の早朝には、第三二軍の牛島満司令官と長勇参謀長が自決した。米軍の歩兵たちを両将軍の自決現場まで案内した料理人の話として、二人は午前三時過ぎ、制服姿のまま司令部壕入り口の岩棚に敷かれた白い布の上に座り、まず牛島が切腹、介添えが刀を振り下ろし、長が彼に続いた（六月二八日付）。

チェスター・W・ニミッツ米太平洋艦隊司令長官は、グアムで「六月二一日に日本軍の組織的抵抗が終了した」として米軍の勝利を宣言した。（中略）沖縄の米兵たちが戦闘終結を知ったのは、二二日、ラジオ放送を通じてであった。六月二五日、大本営は、同日、沖縄戦の敗北を認めた。

（吉田健正『太平洋版星条旗：解説』より一部抜粋）

奥田鑛一郎《こういちろう》著『沖縄軍司令官　牛島満』（芙蓉書房、一九八五年）によると彼は自決直前次のような命令を発しています。

六月十八日、第三十二軍の組織ある戦闘は不可能と判断した牛島軍司令官は、最後の命令を下達した。これは決死の伝令及び無線によって各兵団長、直轄部隊長を経て、全軍に伝えられた。

『親愛なる諸子よ。諸子は勇戦敢闘実に三か月、すでにその任務を完遂せり。諸子の忠誠勇武は燦《さん》として後世を照らさん。

今や戦線錯綜し、通信また途絶し、予の指揮は不可能となれり。自今諸子は、各々その陣地に拠り、所在上級者の指揮に従い、祖国のため最後まで敢闘せよ。さらば、この命令が最後なり。

諸子よ、生きて虜囚《りょしゅう》の辱《はずかし》めを受くことなく、悠久の大義に生くべし……』

『戦陣訓』の呪縛

大田　ちなみに、この命令文は、長野参謀が起案し、最後の一項を長参謀長が加筆、牛島軍司令官は、黙ってそれに署名したとのことです。

この点と関連して、稲垣武は、著書『沖縄　悲遇の作戦　異端の参謀八原博通』（新潮社、一九八四年）において次のように述べています。

牛島軍司令官は自決の四日前、六月十九日に軍の組織的戦闘はもはや不可能になったとして、次のような軍命令を下達した。

全軍将兵の三カ月にわたる勇戦敢闘により遺憾なく軍の任務を遂行し得たるは同慶の至りなり。然れども今や刀折れ矢尽き軍の運命旦夕に迫る。既に部隊間の通信連絡杜絶《とぜつ》せんとし軍司令官の指揮は至難となれり。爾今《じこん》各部隊は各局地における生存者中の上級者之を指揮し最後まで敢闘し悠久の大義に生くべし。

　この命令には「降伏するな」との文言はないが、最後まで徹底抗戦することを命令している。第二十四師団長も二十日、指揮下の部隊に今後の指針について訓示しているが、このなかで、

「各部隊は現陣地付近を占領し最後の一兵に至るまで敵に出血を強要すべし。いやしくも敵の虜囚となり恥を受くるなかれ」

と『戦陣訓』を引用して明確に投降を禁じている。しかし軍司令部や各兵団の司令部が消滅してしまった六月下旬以降の状況は、一部で歩兵第三十二聯隊のようになお部隊としての指揮系統が確立していたところもあったが、大半は上官の指揮を離れた生き残りの兵が三々五々、あるいは洞窟に潜伏して米軍の掃蕩《そうとう》作戦の犠牲になり、あるいは北部国頭《くにがみ》地区への脱出を図って米軍の警戒線にひっかかり、多数が無為に倒れた。

　この過程で、住民と共に洞窟に潜んだ兵の一部が、米軍に発見されるのを恐れて、泣き声を立てる赤ん坊を親に殺させたり、自ら殺害する、また避難して来た島民を、疑心暗鬼のとりことなって、米軍のスパイと思いこみ殺してしまったという悲劇が続発した。

『戦陣訓』の呪縛は、兵に無用の死を強いたばかりではなく、住民を巻きこんだ沖縄戦では同胞である島民を虐殺するという、いまわしい結果まで招いたといえよう。（中略）

　とかく降伏のみを考える戦意のない軍隊は問題外であろうが、降伏を完全にタブー視し考慮の外にお

く軍隊もまた、文明国の軍隊としては一種異様な存在であろう。

佐藤　『戦陣訓』は軍人のための規律なので、それに民間人を従わせるのは、カテゴリー違いです。戦時であっても認められません。ただし、陸軍士官学校や海軍兵学校では戦時国際法を教えているので、捕虜になることができると知っていた将校は少なからずいたはずです。私の母も、将校や大学を卒業した兵士から、「米軍は女子供には危害を加えないから、捕虜になれ。命を無駄にするな」と言われた由です。

戦時中から現在に受け継がれる植民地扱い

大田　一方、戦時中、沖縄県庁の人口課長だった浦崎純は、当時の守備軍と民間の関係について、次のように記録しています。

沖縄の防衛軍の駐屯は、かなり大規模なものとなった。最初に着任した軍司令官渡辺中将は、各地をよく講演してまわったが、彼の講演は例外なく、県民の玉砕を示唆した悲壮な調子で、終始していた。県庁職員を集めての講演でも玉砕を説いて問題となったが、戦局の容易でないことを強調するあまり、戦争の恐怖を誘ったばかりか、敗戦への諦観と、玉砕を強いる印象をあたえてしまった。講演の目的は県民の士気を鼓舞して、奮いたたせることにあった筈《はず》だが、結果は逆に、県民の間に盛りあがりつつあった必勝不敗の信念を、動揺させるものになった。識者はもちろん一般からも厳しく非難されていたが、やがて彼は沖縄を去った。

軍の政策上の配慮からであった、といわれている。

浦崎によると、当時の沖縄守備軍の中には、軍閥横暴の時世を反映したすさまじい将校もいて、行政への不当な介入もさることながら、まるで中国大陸や南方の占領地とでも錯覚したかのように、軍政をしくなどと放言するなど、一部の将校の言動には目にあまるものがあったようです。

佐藤　まさにその姿勢が問題なのです。問題は、霞が関官僚に沖縄を「植民地」と見なすような感覚が、潜在していることです。なぜ日本国内であるにもかかわらず、沖縄には大使がいるのでしょうか。

また、外務省の沖縄事務所には、モスクワやワシントンにあるのと同じ暗号電報の機械があります。そして暗号電報を用いて、那覇に駐在する外務官僚が東京の外務本省と連絡をとっている。まるで外国の日本大使館とほぼ同様の態勢を沖縄において外務省はとっているのです。

大田　事実、戦時中に八重山の石垣市長が亡くなったら、選挙によらず、石垣市に駐留していた旧日本軍司令官が市長を任命したとのことです。当初、沖縄守備軍は、沖縄全域に「戒厳令」を敷くことを考えていたけれども、実際には施行されませんでした。

しかし、戦後に防衛研修所戦史室の人たちが、戦争から生き延びた新聞社社長とか沖縄の有力者にインタビューをしたところ、当時の那覇警察署長具志堅宗精《ぐしけんそうせい》は、事実上、戒厳令が敷かれたも同然だったと証言しています。

佐藤　ふざけた話です。聞いているだけで腹が立つ。

大田　沖縄守備軍の好ましからぬ言動について、第二次近衛内閣の首相秘書官、細川護貞《もりさだ》の『情報天皇に達せず　細川日記』(同光社磯部書房、一九五三年)の、一九四四(昭和一九)年一二月一六日付の日録は、次のように記録しています。

昨十五日高村《こうむら》氏を内務省に訪問、沖縄視察の話を聞く。沖縄は全島午前七時より四時まで連続空襲せられ、如何なる僻村も皆爆撃機銃掃射を受けたり。而して人口六十万、軍隊十五万程ありて、初めは軍に対し皆好意を懐き居りしも、空襲の時は一機飛立ちたるのみにて、他は皆民家の防空壕を占領し、為に島民は入るを得ず、又四時に那覇立退命令出で、二十五里先の山中に避難を命じられたるも、家は焼け食糧はなく、実に惨憺たる有様にて、今に至るまでそのまゝの有様なりと。而して焼け残りたる家は軍で徴発し、島民と雑居し、物は勝手に使用し、婦女子は凌辱せらるゝ等、恰も占領地に在るが如き振舞にて、軍紀は全く乱れ居り、指揮官は長某にて、張鼓峯《ちょうこほう》の時の男なり。彼は県に対し、我々は作戦に従ひ戦ひをするも、島民は邪魔なるを以て、全部山岳地方に退去すべし、而して軍で面倒を見ること能はざるを以て、自活すべしと暴言し居る由。

こうした守備軍側の言動がいつしか県庁職員を刺激するようになり、感情問題も絡んで小競り合いが絶えなくなったのみか、やがてそれが昂じて軍官民の間に微妙な対立を生むに至りました。

日本軍が流した悪質なデマ

大田　その点と関連して、戦時中、沖縄県庁の中頭郡事務所長を務めていた伊芸徳一は、こう語っています。

その頃（戦時中）、しきりに奇妙な情報が軍から流された。それが県庁にも公式情報として提供された。降伏した中部地区の婦女子が米軍に媚びているとか、国民学校の女教師が、米軍のダンス相手になっているとか、はては村の幹部連中が米軍を先導して、友軍の陣地爆破にひと役買っているなど、悪質きわまるものばかりだった。

伊芸は、県の部課長会議の席で、こうした軍情報を真っ向から否定し、無念のあまり涙をながしながら、激しく軍に抗議をしたとのことです。

こうした悪質な軍情報はどこから出たものかは定かではありません。当時の阿南惟幾《あなみこれちか》陸軍大臣が「一億玉砕」の合言葉で国民を叱咤《しった》したのに従って、米軍上陸後の戦況が悪化の度合いを増していくにつれて、現地守備軍は根も葉もない悪質な情報を流し、すべてを捧げて軍に協力した住民を不信の目でみるようになったのです。

また、前引の浦崎は、こうも記録しています。

私たちが洞窟へ降りるところへ、先きほどの部隊長が現われた。県庁も軍に協力してくれというのである。何事かと聞くと、彼は赤鉛筆で書いた書面を見せた。それにはこう書かれていた。「この附近にスパイが潜入している。沖縄出身の妙齢の婦人で数は四、五十名と推定される。彼らは赤いハンカチと小型手鏡をもっていて、陰毛をそり落しているのが特徴である」。

部隊長は、まじめな顔でその書面を私たちにみせると、スパイ逮捕に協力してくれといった。気が狂っているのかと思ったが、態度は真剣で、くりかえし重要な部隊情報であることを説明したから、気はたしからしかった。

馬鹿馬鹿しいので取りあわずにいると、彼の顔が険しい表情になった。気味悪くなった私たちは、そうそうに洞窟を飛びだした。

なぜ日本軍は沖縄県民をスパイと見なしたのか

佐藤　沖縄に対して日本人がもっている差別偏見が、戦争という非常事態の下で具体的な形をとった。なぜ日本軍が沖縄県民をスパイとみなすに至ったかの心理については、きちんと調査しなければならない。同胞をスパイとみなすようになった、腐った思想の内在的論理を明らかにする必要があると思います。

大田　戦時中大本営船舶参謀を務め、復員後、厚生事務官となった馬淵新治という元陸将補がいますが、彼は、一九五五年から五八年まで総理府事務官として、日本政府沖縄南方連絡事務所に派遣され、戦争中の住民の動きを非常に詳しく調査しています。彼は、それを元に防衛研究所戦史室の依頼で、「住民処理の状況」（陸上自衛隊幹部学校発行『沖縄作戦における沖縄島民の行動に関する史実資料』所収）を執筆しています。

さらに一九六〇年には沖縄戦史図上研究会における講話をし、その内容は陸上自衛隊幹部学校一九六一年発行の『沖縄戦講話録』に収録されています。その中で、特に防諜対策について次のように述べています。

沖縄戦の場合、沖縄県民が戦前から多くの海外に雄飛していた関係上、海外の二世乃至《ないし》は敵側の情報蒐集に利用される立場にある人が存在していたことに着意する外は、比較的防諜対策は容易であったと思われます。即ち沖縄には島外より潜入する要注意者（私が聞いたところによると潜水艦によって諜者を潜入させた事実もあるようです）の外は殆んど専門的に海外に向って諜報勤務をしようとするもの等は到底考えられないのでありまして、住民の不用意な海外への連絡が思わぬ結果を招来する虞《おそれ》のあることに着目すれば、相当の成果が期待出来たのであります。

しかし、彼は、また、こうも語っています。

　ただ沖縄の場合、軍と住民との接触が一般外地作戦地と異なり同胞であることに問題があります。軍もこの点に着目して、精神教育の高揚、軍民雑居を厳禁しましたが、兵舎施設の不完全な環境は、勢い住民との接触の間に軍の秘密が漏洩し戦後の調査によりますと、住民が比較的明確に軍の行動を知悉していましたことは、将来余程戒心を要する点であると思います。

馬淵のいう「住民が比較的明確に軍の行動を知悉していた」というのは、いつ、どこでのことか定かではありません。

佐藤　私も外務省ではインテリジェンス業務に従事したことがあるので、この世界の内在的論理ならばだいたいわかります。いま大田さんが述べた馬淵さんのカウンターインテリジェンス（防諜）の論理は、本国におけるものではなく、植民地を対象としたものです。

大田　私などは、守備軍司令部の壕内に出入りしながらろくに内部の様子もわからなかった実情から推して、その真偽については、疑問視せずにはおれません。個人的体験に即していえば、沖縄住民が軍の機密を漏らしうるような戦場の情況ではなかったからです。最近公開されたばかりの米軍側の訊問記録をみると、むしろ日本兵の、しかも東京帝国大学卒の将校クラスの人たちが捕虜になって、幾多の機密情報を漏らしていたことが判明しています。したがって、沖縄住民が機密を漏らしたというのであれば、彼は、具体的にその証拠を提示すべきです。

佐藤　インテリジェンスの世界では、証拠が出てこないことがむしろ通常であるという常識があるので、馬淵さんは、こういう言い方をするのでしょう。ただ、私が恐ろしいと思うのは、現在でも、日本のインテリジェンス専門家の間では、馬淵さんのこの論理が通ることです。公安警察の沖縄観はまさにこのようなものだと思います。

〈外地〉に他ならなかった沖縄

大田　馬淵は、また慶良間列島の「集団自決」についても論及し、「当時、戦闘至上主義に徹したものとして已《や》むに已まれぬ事情のあったことは想像に難くないが、敵上陸前より『住民に対して恩威並び行われていたならば、たとえ同じ運命を辿ったとしてもかくも悪名は残らなかったと思います』」と言い、さらに、つぎのように付言しています。

結局、敵上陸の虞のある小離島の非戦闘員で戦闘に関係のないものは事前に島外疎開を断行する以外に方法はなく、島に残留するものに対しては最悪の場合に対処するための覚悟と行動の準拠を敵上陸前より徹底させる必要があったと痛感します。

なお残留人民は最悪の場合には、守備部隊と運命を共にするものでありますから、平素より住民と部隊との間に血の繋《つな》がりを持つことが必要であり、この観点に立っての対住民対策が緊要であったと思います。

以上の文言からみても、軍隊は民衆の守護神たりえなかったことは、判然とするのではないでしょうか。

佐藤　久米島でも住民は日本軍に頼らず、自らの知恵と力で、身を守りました。日本軍は、食料や物資の供出を要求し、根拠薄弱なスパイ容疑で住民を虐殺した。久米島の人々はこのことを今でも覚えています。久米島が、無意識のうちにアウタルキー（自給自足）経済を思考しているのですが、その底流にはあの戦争の記憶があると思うのです。それだから、できるだけ他者に依存せずに生き残ることを久米島の人々は、無意識のうちに志向しているように私には見えるのです。

大田　ちなみに、前引の細川護貞は、役人から聞いたとして、こんな出来事を、前に触れた彼の日記に書いています。「梅田の憲兵司令は年寄りの女性が空襲中に窃盗をした疑いがあるとして駅の黒板の下につなぎ、黒板にその旨を記した」

彼は、さらに、大阪の陸軍の一将官の、つぎのような発言も書きとめています。「食糧が全国的に不足し、かつ本土は戦場となる由。老幼者及び病弱者は皆殺す必要あり。これらと日本とが心中することはできぬ」

これが戦争における実相の一面ではないでしょうか。

「外地の戦場でやってきた慣習」を沖縄に持ち込んだ

大田　ところで、馬淵は、また、沖縄戦における〈友軍〉による住民の殺害問題と関連して、現地部隊長の責任を問うだけでは、たんなる個人非難に終わるだけで、将来のための戦訓は得られないとして、次のように述べているのです。

沖縄戦は明治以来、外地ばかりで戦争してきた日本軍が、はじめて経験した国土戦でした。戦争が始まる前に国土戦のやり方を決めておくべきだったが、それがなかったので、外地の戦場でやってきた慣習をそのまま国土戦に持ちこみ、沖縄戦の悲劇がおこったのです。

佐藤　問題の本質がここで明らかになりました。

大田　これは、おそろしい言葉です。だが、沖縄戦の特徴の一面を端的に物語る証言として、銘記しておく必要があります。沖縄守備軍は、日本軍が外国の戦場で非戦闘員になしたような数々の非人道的所業を自国領土内でもやっているからです。そのことは、つまり、守備軍将兵にとって、沖縄は〈外地〉に他ならなかったと証言しているに等しいからです。むろん、外地での悪行自体、許されるべきことではありません。沖縄住民が、大宅壮一から「動物的忠誠心」と評された過去一〇〇年の〈皇民化〉の歩みの中でつちかってきた忠誠心は、いざ戦場では、なんら効用もなかった。

言いかえると、沖縄住民が〈忠良なる日本臣民〉として認めてもらおうと躍起になって証し立てたにもかかわらず、結果は裏切られるだけであったのです。

それというのも、沖縄守備軍の地元住民に対する疑心暗鬼と不信感の強さに起因しています。このように、地元住民にスパイがいるなどといった根も葉もない風説がひんぱんに軍から流されたのは、一つは、次のような事情によるかも知れません。

佐藤　どういうことなのでしょうか。

大田　牛島満司令官は、一九四四年三月二二日に配下部隊に対して最初の訓示をした中で、

「現地自活に徹すべし」とか「地方官民をして喜んで軍の作戦に寄与し進んで郷土を防衛する如く指導すべし」と述べた上で、とくに「防諜に厳に注意すべし」と警告していたからです。
ところで二〇〇八年五月に、アメリカの国立公文書館を漁《あさ》っていたら、まったく偶然に、私が所属していた千早隊の益永隊長に宛てた、「最後までゲリラ戦を戦え」という、牛島司令官直筆の訓令（命令）文書がみつかりました。私たちは、そんな命令文があるなどとは、夢にも思っていませんでした。ですから、ひょっとしたら、現在その有無が問題になっている、慶良間における住民の「強制的集団死」に関わる命令文も、出てくるかもしれません。

佐藤　徹底して探してみる価値がありますね。

大田　ちなみにそれは、牛島司令官が、日本軍の組織的抵抗ができなくなって後も沖縄本島北部においてゲリラ戦（敵の指揮官の殺害、弾薬庫の破壊、敵兵舎の食糧品への毒物の挿入等）を戦え、と守備軍司令部情報担当の益永大尉に命じたものです。

佐藤　戦闘員だけの硫黄島と同じように、日本軍が沖縄を本土防衛のための「捨て石」と考えていたということですね。

（二〇〇九年六月）

第Ⅱ部　沖縄の自己決定権

第6章　「反沖縄」ビジネスに対抗する知的闘争力を

南京事件から沖縄戦へ

大田　南京の「侵華日軍南京大虐殺遇難同胞記念館（南京戦争記念館）」を訪れた際、そこに、沖縄守備軍首脳の牛島満と長勇《ちょういさむ》の名前が刻銘されているのを見て、アッと驚くと共に、なるほどと、妙に納得させられたものです。つまり、両将軍とも南京事件に関わっているのですね。長参謀長などは自分が南京事件の殺戮《さつりく》の口切りをしたのだと自慢話をしていたという記録もある。

牛島は、一九三七（昭和一二）年、歩兵第三六旅団長として、中国北部や中国中部を転戦、南京攻略戦に参加しています。一方長は、クーデターによる国家改造を目指す陸軍将校グループ「桜会」の最急進派のメンバーで、一九三六（昭和一一）年漢口《ハンコウ》に駐在、三七年に日中戦争が勃発するとともに上海派遣軍参謀兼中支那方面軍参謀となり、同年一二月の南京虐殺事件に大きな責任を負わされていました。

佐藤　長勇さんは、桜会の主要人物ですね。ソ連事情にも通じた陸軍の統制派将校です。また、住民を全部巻き込んだ全面ゲリラ戦というのは八原博通作戦参謀が考えたものです。八原さんは沖縄戦当時、四二歳で、ビルマ攻略戦に従事したが、それ以外に実戦の経験を数多く積んでいたわけでもない。牛島司令官にしても、具体的な戦争指導のプログラムを書けるような人たちではなかった。航空決戦を担当するはずだった神直道《じんなおみち》参謀は、米軍が上陸した後の一九四五年五月に東京に戻る。牛島司令官の命令で、航空作戦に関する連絡と戦訓を大本営に伝えることが目的だったという話です。いずれにせよ神参謀は部下と最後まで現場で戦ったわけではない。

大田　私たちは彼をまるで一種の神様みたいに思っていました。大本営直属の参謀で、しかも若いのに中佐でしたから。ほんとうに雲の上の人でした……。沖縄戦の直前、台湾沖海戦で日本海軍が壊滅的打撃を受けましたね。

佐藤　台湾沖航空戦を当時大本営は大勝利と発表したのですね。船が一隻沈んだといったら、十何か所から報告がくるので、それ全部を合算してものすごい数の大勝利だと言った。

大田　その頃のことですが、首里城の守礼門をくぐり抜けると左手に国宝に指定されていた園《その》比屋武御嶽《ひゃんうたき》という石門の拝所があります。その前で神参謀が、戦局の悪化を懸念する私たち千早隊員に、沖縄のようなたかが一〇〇万足らずの所が玉砕したところで日本にとっては何でもないことだ、と言うのを、事の重大さを感得できず、私たちはただ無邪気に聞き入っていたのを、いまでも憶えています。

ともあれ、これまで長々と見てきたとおり、牛島司令官と長参謀長の自決の日付やその手段、方法にしてもまちまちで、正確を期すのは至難の業ですよ。何しろ肝心の八原作戦参謀の回顧録と米軍情報部の訊問記録の食い違いには、八原を信頼していただけに本当に驚かされました。戦後私は、彼から墨筆の長文の手紙をもらったことがあっただけに、とてもがっかりしました。

八原作戦参謀と大本営から派遣された神航空参謀とは、沖縄戦の戦略戦術をめぐって、常々対立していました。八原が戦争は空軍だけでは決着がつかないとして、持久作戦に固執したのに対し、神航空参謀は、空軍を糾合して積極的に攻撃に打って出るべきだ、と主張していました。こうして両者の対立は、戦後まで尾を引き、論争が繰り返されました。

そこで私が、両者の主張をバランスよく自著で紹介したところ、八原参謀が喜んで手紙をくれたのです。彼は、私が両者の説を公平に扱ったと讃辞を呈した後、「しかし、君はあまりにも沖縄人過ぎる」と書いて寄こしましたよ。

佐藤　そう言われても、大田先生は生粋の沖縄人ですから、「はいそうです」と答えるしかありませんね。

大田　戦後、私が東京の大学三年のとき、同級生の外間《ほかま》守善《しゅぜん》と安村昌享《やすむらしょうきょう》の三人で、戦争で生き残った学友たちの手記をまとめて『沖縄健児隊』(日本出版協同、一九五三年)という本を出版したところ、それが松竹から同名の映画になって公開されました。すると、その映画を観て、今度は、当の神参謀が私に会いに来たことがあります。当時、沖縄では読谷《よみたん》や嘉手納《かでな》で、飛行場建設のため土地を収用された地主たちが、所有権の返還を求めて裁判にかけていましたが、政府の壁が厚く、未解決のままでした。それを知って彼は、「自分が土地を接収した責任者の一人だった」と言い、「軍事最優先の時期でやむを得なかった。土地代は、後日決定することにして、飛行場を緊急に整備し、戦争が終って飛行場が不要になった時は、むろん地主に土地を返すことになっていた」ので、必要とあれば、自分が法廷で証人に立ってもよい、と口約束してくれました。しかし、その所有権返還問題は、今以て未解決のままで、裁判は続行中なんですよ。

佐藤　口約束だけであれ、神さんがそういう気持になったのは興味深いですね。ちなみに神さんは戦後、宗教学者になりました。『景教入門』（教文館、一九八一年）という中国におけるキリスト教ネストリウス派に関する優れた本を刊行しています。

解明されない住民虐殺事件

大田　ところで、沖縄戦の実相が容易に把握できない今一つの例に、かの悪名高い「久米島事件」があります。この事件は県都那覇市の約九〇km西方の海上にある久米島で、同島駐留の海軍守備隊が二〇人余の地元住民にスパイの嫌疑をかけ、虐殺した事件です。この事件については、何人かの地元民も直接・間接に関わっていた、と書かれたりしていますが、真実はまだ不明です。久米島守備隊のトップ、鹿山正《かやまただし》兵曹長の部下に地元出身の海軍兵が三人いたことは事実ですが、彼らが実際に殺戮に関与したか否かは、今以て定かではありません。

大島幸夫著『新版　沖縄の日本軍　久米島虐殺の記録』（新泉社、一九八二年）は、よくぞ調べたものだと感心するほど数多くの関係者に会い、調べ上げて書いています。

佐藤　この本の初版は一九七五年に出ています。このとき私は高校一年生ですが、熱中して読んだ記憶があります。そして、高校三年生の冬休みに久米島に行って、親戚を訪ねて鹿山隊の虐殺について話を聞きました。

大田　ただ彼の著書には、当時鹿山の部下だった仲原善助の名をあげて、殺害事件に関係があるかのように疑惑視した部分がありますが、私がじかに当人に会って話を訊いたところ、彼は殺害には一切関係していない、と強く否定していました。その後仲原は、疑問視されている諸点については、私宛の手紙で、逐一詳細かつ具体的に反論してきました。それによると、鹿山隊長とは壕が別々で、同隊長がどこにいるか所在さえ分からない場合が多かった、と述べています。

大島本が書かれて以降、特に新しい事実は、ほとんど出てきていませんが、この事件については、佐木隆三『証言記録沖縄住民虐殺　日兵逆殺と米軍犯罪』(新人物往来社、一九七六年)も参考になります。それとは別に、屋嘉《やか》捕虜収容所で鹿山をとっちめたという久米島出身の者が、二、三人存命しています。

佐藤　その話は、私も母から聞いたことがあります。ところで、各島々や北部には、陸軍中野学校出身者はどれぐらいいたのですか？　それなりの人数が残置調査として置かれていたのではないでしょうか。

大田　久米島にも二名の残置諜報員がいて、それぞれ島の女性と同棲して子どもまでできた者もいます。ちなみに戦時中、沖縄には中野学校出身の残置諜報員が一一名いて、偽名を使っていたけれど、今では一人を除けば全員の本名がわかっています。

佐藤　アメリカが心理作戦用の連絡員を潜水艦で送ってきていたという話がありますが、事実なのでしょうか。中野学校の記録を見ると、米軍の艦船に対して光で連絡を送っている者がいたとありますね。

大田　馬淵新治もそう書いていますが、事実関係については疑わしいですね。スパイだったという人の名前さえ明らかになっていないし、どこでスパイを働き、捕まったかも書いていません。八原博通の『沖縄決戦』には、地元住民でスパイとして処刑された者がいたが、その根拠はなかった、とはっきり書いてありますよ。

集団自決の証言だけでもずいぶんあるし、軍の命令を聞いたという人の証言もあります。私の後輩の弁護士が書いた記録では、守備軍司令部壕には朝鮮人慰安婦が三〇名ほどいたのですが、同司令部壕の裏側で、四、五名の慰安婦に鉢巻きをさせて、スパイとされた女性を銃剣で突かせたのを見ていたとあります。

佐藤　ひどい話です。

大田　私は一九八二年に『総史沖縄戦』という本を岩波書店から出しましたが、当時は県内の五三市町村の半分ぐらいしかそれぞれの市町村史に戦争のことを取り上げていませんでした。それが今では、ほとんど全市町村が字誌《あざし》まで出していて、それらの記録には、びっくりするほど多くの住民の証言が収録されています。「集団自決」の証言だけでもずいぶん沢山あるし、軍の命令を聞いた、という人の証言なども少なくないのです。

戦場の命令は口頭が常識

大田　座間味《ざまみ》島での日本軍指揮官梅澤裕《うめざわゆたか》と渡嘉敷島での指揮官赤松嘉次《あかまつよしつぐ》が住民に自決を強いたと記述し名誉を傷つけたとして、梅澤および赤松の弟が、岩波書店と大江健三郎を訴えましたが、この大江・岩波裁判について考える場合、軍部におけるタテの関係を重視する必要があります。すなわち大本営や陸軍大臣が配下部隊にどういう命令を下したか。またその配下部隊は、さらに下級部隊にどういう命令、指示を出したかについて、上から末端に至るまで順を追って見なければなりません。

すなわち、大本営の命令が、在台湾の上級機関、第一〇方面軍を経て、沖縄守備軍にどう下達され、それがまた沖縄守備軍から下級部隊に順を追って各離島の守備隊、さらに下級の守備隊にどういう命令が出されたかをチェックすることが大事です。

私が調べたところ、米軍が上陸する直前、首里の沖縄守備軍司令部から配下部隊に対し、重要な文書類は焼却せよ、との命令が出され、慶良間諸島などでも命令に従って書類を焼き払ったと記録されています。

『W・i・L・L』とか『正論』といった雑誌には、軍隊が直接民間に命令を下すことは、絶対にあり得ない、などと書いてありますが、事実に反します。実際に私たちは、守備軍司令部からやってきた野戦築城隊隊長の駒場縑少佐から口頭で命令を受けて、戦場に駆り出されたのです。ですからその証拠となる命令文書はない。かと言って、命令自体がなかった、ということにはなりません。私の手許には防衛研究所に所蔵されている各部隊の陣中日誌があります。その多くは、冒頭で、命令の下達について、口頭を以てすべしと、やむを得ないときには文書を以てすべし、と書いてあります。

佐藤　その通りです。私は、現役外交官時代、上司から命令を受けて、いかがわしい場所に国会議員を連れて行けであるとか、新聞記者に対して渡す偽造領収書を作成しろという汚れ仕事を何度も引き受けたことがあります。そういう仕事に対する命令書は存在したためしがありません。上司は「うまくやれ」という指示を口頭でした。従って、皮膚感覚として、命令書がない命令があることに特に違和感はおぼえません。

歴史を振り返ってみても、ヒトラーのユダヤ人虐殺だって命令の書類一つもないですよ。私の母親だって、手榴弾を二つ渡されたときに、いざというときには自決しろと口頭で下士官から言われたと話しています。これは、中世の哲学者のオッカムが「オッカムの剃刀《かみそり》」で言っているように、一つ何か挙証されれば他は挙証する必要がない。事実があったかなかったかということに関しては、一件あればいいのです。

歴史修正主義に包囲された沖縄

佐藤　ただし、歴史修正主義の問題は位相が少々違うと思います。かれらの議論は、実証的な歴史学から考えると箸にも棒にもかからない話です。ところがそのめちゃくちゃな議論でかみついてくる。かれらは、こちらが土俵に上がったというかたちだけが必要なので、反論すると、あとは一方的に自分たちの主張をしてきます。そこには誠実な対話はまったくない。

また相手にしないでいると、自分たちが正しくて怖いから上がってこないのだろうと言って終わりです。常に、自分たちが勝利したという結論しかないのです。

いままで沖縄の知識人は、あまりにもかれらを軽く見過ぎていたと思います。沖縄の中では問題ないのですが、沖縄の外側から包囲されているのです。沖縄県内においては、集団自決にしても、実証性に基づいた共通感覚でとらえている。ところが、一九八〇年代半ば以降、日本の知識人たちがものすごく弱体化してしまいました。

ポストモダンといわれる流れの中で、小さな差異こそ重要であって大きな物語は意味がないのだという風潮が強くなった。反戦や平和、戦争という大きな枠組みよりも、均質な集団内の小さい暴力の集積こそ重要なのだという話で、国家が犯した犯罪や歴史に対する責任を等閑視してしまった。そこに学術的には箸にも棒にも引っ掛からないような水準の輩が大手を振って歩くようになって、気がついたらかれらが政治言説をつくってしまっている。その言説がなかなか崩れないという状況です。

ウソも一〇〇回言えばほんとうになる。そういった人たちが主な論客となる特集を『WiLL』が行うということは、いま沖縄攻撃で部数が伸びるということ。もっと端的に言うとカネになるということなんですね。資本主義社会なのですから、商業雑誌が金もうけをすることを禁止してはなりません。『W・iLL』が確固たる政治方針があって沖縄問題を取り上げているのではない。曽野綾子さんや小林よしのりさんと明らかに傾向が異なる爆笑問題も連載している。私も猫に仮託した論評を連載しています。「反沖縄」という編集方針で編集部が固まっているのではなく、それが世論で受け、ビジネスになるから、そうした特集が組まれるのです。

沖縄を蔑視するような本や雑誌は、たとえ東京で売れても沖縄ではまったく売れないとなれば、あっという間に消えますよ。資本主義システムのなかでは消費者というのは強いわけですから。

悪書追放ポストみたいに、冷静に口コミでボイコット運動をやることです。論文ならば立ち読みですませてもいい。

大田　そうした個人の活動が確立していないのが沖縄の運動の弱いところです。すぐに大きな組織に頼ろうとしがちだからです。

佐藤　それと、学生が意識をもっと研ぎ澄ますようにするべきだと思います。

大田　九州大学のある教授が、九州地域の大学生の意識調査をしたところ、もっとも先鋭的と思われていた琉球大学の学生が、逆にいちばん保守的だったという結果が出たと言ってきました。一九五〇年代には、琉大生が基地反対闘争など、あらゆる問題について労働組合や大衆運動の先頭に立っていました。それが最近は、様変わりしてそういうことは滅多にありません。全駐労（全駐留軍労働組合）なども以前は、自分の首をかけて基地反対闘争に取り組んでいましたが、いまは、むしろ基地は就職の場として大事だと、逆に基地賛成論の方向に論調が変わってきているのです。

公共圏での闘争を構築する責務

佐藤　あえて思考実験として暴論を唱えます。沖縄から基地を追い出すいちばんいい方法は何かといえば、自爆テロリストを一〇〇〇人つくって、自爆テロが三か月に一回、数件ずつ連続で起きる。それが三年続けば米軍は逃げていきますよ。しかし、そういう基地反対闘争はそれ以上の禍をもたらすと私は考えます。だからテロリズムによる問題解決に私は徹底的に反対します。

そうではなくて、公共圏の回路を通じた基地反対闘争をやれるようにしないといけないのです。琉球大学の学生というのは沖縄社会のエリートなのだから、社会構造的に弱い立場に置かれた人々に対して、やさしく目配りをしないといけない。琉大生が保守化しているというのは、自分の立身出世しか考えていないということです。

大田 たしかに自分が生まれたときから基地があって、親は基地で働いている者が少なからずいて、自分の学資や生活費なども基地収入でまかなっているという事情なども絡んで、学生たちの意識が変わってきている。そのこと自体が、いわば一種の基地被害といえなくもありません。ただ、私が大学に勤務していた時代のことを思い出すと、どちらかといえば、軍事基地のほとんどない宮古や八重山群島出身の学生たちが沖縄本島にやって来て直に基地問題に触れるようになると、かえって基地のある本島出身の学生たちより、ずっと先鋭的になったものです。いまはそのようなことも見られず、ずいぶん変わってしまったな、と思います。

佐藤 沖縄における土建型政治の問題も大きいですね。

「世界中に沖縄があります」

大田 その通りです。オーストラリア国立大学のガバン・マコーマック教授がいみじくも日本を「土建国家」と名付けていました。近年は、外国人学生の方が日本本土や沖縄の学生たちより沖縄問題についてよく勉強しているのが目立ちます。つい最近、石川県の金沢大学の博士課程の女子留学生がやってきて、博士論文に沖縄問題をテーマにしていると言って、いろいろと質問を受けました。その時、なぜ、グルジア人のあなたが沖縄をテーマに論文を書くのかと聞いたら、「世界中に沖縄があります」というのです。つまり、沖縄のように一国内のマジョリティ・グループ（多数派）からマイノリティ・グループ（少数派）が絶えず偏見をもたれ、差別的処遇を受けているような事態は、世界中に見られる現象だというのです。だから沖縄のことを勉強したら自分たちの国のことがよくわかる、というわけです。たしかに最近のグルジアの不幸な事態を見ると、沖縄とよく似ていますね。

佐藤　大田先生が啓蒙的な役割をどう果たされるかは大きな鍵です。いま日本では、啓蒙的な役割や通俗化がとても悪い意味で取られますが、結局、民衆のなかに思想が入っていかないとだめなのです。また思想は空白を嫌うので、有識者がきちんと役割を果たさないでいると、本来そこに入ってきてはいけないものが入ってきてしまう。

大田　以前、曽野綾子の『ある神話の背景』（文藝春秋、一九七三年）の問題点を指摘して批判したところ、彼女に、大田は日本が嫌で中国に帰りたいのだと週刊誌に書かれましたよ。雑誌『WiLL』の記事などに沖縄戦をめぐる教科書検定問題は、中国が背後で糸を引いている、と書いていましたね。その理由として稲嶺惠一《いなみねけいいち》、仲井《なかい》眞《ま》弘多《ひろかず》といった歴代知事も、かつて中国からの移住者たちが住んでいた久米村の出身だということを自慢にしているほどだから、というわけです。呆れて物が言えません。

佐藤　久米三十六姓は中国系ですから。日本が沖縄に対して現在のような態度を取り続けるならば、沖縄の人々の気持が東京の中央政府から離反して、結果として中国を利することはあるかもしれません。その場合、責任は無定見で場当たり的な沖縄政策しか持たない中央政府が負わなくてはなりません。

大田　中国や台湾と沖縄の関係は、歴史的にとても緊密なもので、台湾ではいまでも空港では、一般の渡航者と沖縄からの渡航者は、入口が別になっています。かれらは、われわれのことを「琉球人」と言って、沖縄人とは言わないのですよ。

第3章でお話ししたようにカイロ会談（一九四三年）では、ルーズベルトが蔣介石に対して、中国が沖縄を返還するよう希望するなら返すと明言していました。蔣介石がその申し出を受け入れていたら、その後の沖縄の歴史はまるっきり違っていたかも知れませんね。

沖縄と「民族」

佐藤　大田さんは「民族」についてはどうお考えですか。私はロシアにいるとき、モスクワ大学で教鞭をとると同時に、非常に珍しいケースなのですが、科学アカデミーの民族学人類学研究所に入れてもらって、民族理論を勉強していたのです。そこでは沖縄の研究もしています。

特にグルジア系ロシア人研究者のセルゲイ・アルチューノフ氏（ロシア科学アカデミー準会員、民族学人類学研究所コーカサス部長）は非常に詳しいのですが、沖縄に関しては、基本的には亜民族、ロシア語でナロードノスチであると規定していました。亜民族とは、ロシアの南ロシア人のようなもので、言語も伝統もかなり違っているが、いまのところは同じロシア人だという意識でいる。しかし、ちょっとした与件が変わればいつでも別の民族になる、というカテゴリです。

また言語に関しては、それが方言か言語かという議論はまったく意味がないというのがロシアの民族学者の意見です。方言と言語の違いは、軍隊を持っているか否かであり、その集団が軍隊を持っていれば独立言語で、持っていなければ方言であるという理解です。こうした特徴から考察すれば、沖縄は両様可能だという見方でしたね。

大田　多くのアメリカ人研究者は、「民族」と「種族」という使い分けをしているようです。ジョージ・カーは、伊波普猷の日琉同祖論などの影響を受けているせいか、琉球民族というのはあり得ない、沖縄人は、日本民族と同じだと言っています。しかし、沖縄の帝王と称されたキャラウェイ高等弁務官は、当初から非常にはっきりしていて、「沖縄人は日本人ではない」と言い続けていました。マッカーサーも、一九四七年頃に記者団に対してほぼ同様の発言をしています。

興味深いのは、後に、大浜孫良という県出身の牧師がアメリカに行って沖縄の独立を訴えたときに、キャラウェイがわざわざ彼を訪ねてきて、「君の考えは非常に正しい。沖縄は沖縄人のもので独立すべきだ」と言った、とする記録があります。キャラウェイの退官後、私はワシントンの自宅にインタビューに行きました。「あなたは、いまでも沖縄人は日本人ではないと思うか」と聞いてみたら、「当然だ」と答えていました。彼は非常に日本人嫌いでした。それというのも、彼は第二次大戦中、中国戦線にいて、日本軍の中国人に対する極端な人種偏見や差別扱いを見て、日本人嫌いになったようです。

ちなみに、彼の悪評高い「自治神話論」なるものも、沖縄が独立しない限り、米占領下にある沖縄住民の自治権なんていうものは、神話に過ぎないというわけでした。ところが、このスピーチについて、彼は、自分が言ったのではなくて、奄美大島出身の宝村信雄に言わされたのだ、と笑っていました。宝村は、陸軍士官学校出身ということもあって、キャラウェイにとても可愛がられていました。彼は私などと一緒にアメリカに留学して、ペンシルベニア大学のワートン・スクール・オブ・エコノミックスを出て、琉球銀行の課長をしていました。が、後にキャラウェイの主導で琉球開発金融公社が出来ると、一挙にその総裁に抜擢されました。

キャラウェイは、在任中、沖縄の金融業界の粛正を大々的にやりましたが、米民政府が琉球銀行の筆頭株主という権力で以て、経営陣を総辞職させたりしたため、一部からは反発もあって、宝村はキャラウェイが退任して沖縄を去ると、沖縄にいづらくなり、キャラウェイの斡旋でワシントンの世界銀行に入れてもらったのです。キャラウェイは、県民から畏怖されていた反面、藤山愛一郎が率いていた大日本製糖所有の北大東島と南大東島の土地を、「土地所有権は、農民に帰属する」と強権で開放するなどして、いまでも島民たちに感謝されています。

日本が沖縄に掛けた酷税

佐藤　私の母親は北大東島で生まれています。

大田　そうですか。北大東島には小規模の米軍の基地がありますが、南大東島には基地がない。それにもかかわらず、県内では北大東と南大東のいずれかが県内市町村の中で常に一、二位の高所得を争っています。サトウキビに頼っている農家だけのこれらの町村が、基地のある嘉手納町や金武町よりもずっと高所得を保持しているのです。南大東島は、隆起サンゴ礁の断崖絶壁に囲まれ、港がなくてとても不便でしたが、いまは立派な港もできて、便利になっています。

沖縄の経済的自立を考えるとき、現在の県人口は、約一四二万ほどですが、毎年、本土から二万人ほどが移住して住みついています。蔡温という一八世紀の有名な政治家は、沖縄の人口は、三〇万が限度だ、それが沖縄の資源で養える最大限の人口だと言ったようです。ですから、戦前は、沖縄からハワイやブラジル、アルゼンチン、ペルーなどへ移民する者が多く、かれらの送金で沖縄の経済は辛うじて維持できていたのです。もっとも、沖縄の経済史をよく調べてみると、日本政府は、国税というかたちでずいぶんと沖縄から収奪していたことが判明します。人口がほぼ沖縄県と同じ鳥取県や福井県などと比べて、沖縄の税金のほうがはるかに高かったのです。

もう一つ、信じがたいことに、日本政府は沖縄の唯一の基幹産業の砂糖の生産農家に、一九〇一年から、日清戦争後の財政需要が増したがために砂糖消費税をかけたりもしたのです。これは、沖縄経済にとって、致命的なほどの一大打撃を与えました。このような事態を見て、二代目の沖縄県令、上杉茂憲《もちのり》は、沖縄各地の状況を自ら視察し、政府のこんな施策では一〇〇年たっても沖縄の人々は奴隷的な生活から抜け出せないと、政府を批判し続けました。すると政府は彼の主張は急進的過ぎるとして、在任二か年で解任しています。それにもかかわらず、彼は沖縄を去るに当たって、人材育成が急務だと、私費で三〇〇〇円の奨学金を県に寄付しました。そのお蔭で、最初の自由民権運動家として知られる謝花昇《じゃはなのぼる》や、琉球新報の創刊者の一人、太田朝敷《ちょうふ》など五名の留学生が東京に派遣されて慶応や東大などで勉強することができました。その五名こそが、初めて沖縄に資本主義を導入して新聞や船会社、銀行、農業組合など近代的施設をつくった張本人なのです。

佐藤　現在も人材育成は沖縄にとってきわめて重要と思います。

大田　私は、知事在任中に、当時の橋本総理に、この上杉県令の事例を持ちだし、彼の人材育成の業績は、沖縄の歴史上、不朽の名声を残している旨、申し述べました。そして、沖縄に新たな基地建設をなすより、国費で人材育成をして頂きたい、と切願しました。

周知のとおり、沖縄は、米軍の統治下時代には、一〇〇名前後の有能な若者を試験で選抜して米国の諸大学へ留学させていました。それが、日本に復帰した途端にただの一人も行けなくなりました。そのため、私は東京のフルブライト委員会にせめて五名でもいいから沖縄から留学させてほしいと陳情したのですが、ダメでした。いまフルブライト委員会の資金は日本政府の負担分が多いので、政府の承諾なしには動けない。だから日本政府に掛け合いなさい、といわれました。

そこで私は、橋本総理に、国費で以てせめて一〇名でも国外の大学に留学させてほしい、と願い出ました。すると総理は、私の願いに応じてくれただけでなく、一〇名の国費留学生に加えて、四〇名の高校生まで、国費で一年間アメリカにホームステイできるようにしてくれました。

しかも、県が基地返還アクションプログラムを作成し、二〇一五年までに沖縄の基地を全部、撤去させると共に、経済的自立を目指して、国際都市形成構想を策定しました。それに伴い英語、中国語、韓国語、ポルトガル語（又はスペイン語）の四か国語の同時通訳を育成し始めました。すると、総理は、これまた国費でタイ語とフランス語の二か国語を増やしてくれました。ほんとうにありがたかったですよ。それがいまでは一〇名の国費留学生枠のうち、ほぼ半数の五、六名しか留学していないと聞いて、とても情けなく思っています。

私はまた、アメリカの公文書館に県の職員を九か年間も張りつけて、沖縄戦や戦後の米軍占領統治時代の機密文書類やその他の沖縄関連資料を収集させ、県公文書館に送らせていました。ところがその後はその職員も呼び戻され、予算も削られてしまいました。保守県政が土木建築業者に支えられていることも、悪い影響をもたらすように思います。

沖縄県は、産業別に見ると土木建築産業が占める割合が非常に高くて、日本本土が約九％前後なのに比べ、約一八％を占めているので政治的にかれらは侮れない力を持っているからです。

成功者がいかに郷土に還元するか

佐藤　いまの久米島をどう見ますか。私は他と比べて比較的うまくいっていると思うのですが。

大田　いやまだまだですね。私たちが食べているロブスターは、ハワイのコナで養殖されたものので、そこからホノルルの空港を経て、成田から羽田、羽田から那覇に来ています。だから、いっそのことロブスターを沖縄で養殖しようと考えて、初めて海洋深層水利用技術を久米島に導入しました。専門家に、沖縄全域を調査させたところ、久米島が最適地と分かったからです。目下日本全国で深層水を使って産業を起こしている所は、富山と高知の両県と、沖縄県の三県しかありません。それも、富山と高知の二県では、二五〇ｍの深さの深層水を利用しているようですが、久米島の深層水は、ハワイと同じく六四〇ｍの深さから汲《く》み出しています。その深さの温度差を利用して発電施設を作れば、観光ホテルなどの電気代や水道代を三分の一程度に抑えることができるとのことです。

また海洋深層水は塩や水、化粧品などもつくれます。いま世界的に水不足ですから、深層水から無菌の真水を大量に作って売り出せといっているのですが、まだ期待するほどではありません。

佐藤　それはやる気の問題ですか、能力の問題ですか？

大田　両方ですね。久米島は、戦前、他の島々と比べ例外的に自給自足ができる島として知られていました。お米、サトウキビ、野菜などがよくとれるのです。

佐藤　私は、以前、久米島に政治学の山口二郎教授と一緒に赴き、セミナーを行ったことがあります。とても大きな反響がありました。今度も、久米島で国際情勢や哲学などのセミナーをやりたいと思っています。そこでのセミナーの記録をもとにして本をつくるとともに、久米島の中学生や高校生に刺激を与えたいのです。

大田　先日、ワシントンに行ってIBMに勤め、仕事としてコンピューター・グラフィックスをやっている久米島出身の若者がコンピューターを久米島高校とつないで、生徒たちにコンピューター・グラフィックスを教えている、という記事を見て、とても嬉しく頼もしく思いました。

佐藤　成功した人間が郷土にちゃんと還元し、再分配しないといけないですね。ポイントは知的集約産業の集約と、高校までの偏差値教育のなかではあまり調子よくなかったけれど、大学できちんと四年間勉強させれば相当伸びるような若者を高等教育機関に送り込むことだと思います。

大田　沖縄の戦前と戦後の基本的な違いは何か、と聞かれたら、私は躊躇《ちゅうちょ》せずに、戦後に大学がつくられたことだと言います。戦前の沖縄は、大学どころか、高等専門学校さえ一つもない日本全国でも唯一の県だったのです。高等機関といえば、一九四三(昭和一八)年に初めて沖縄師範学校が専門学校に昇格しただけです。それに伴い、同校は、従来五年制だったのが予科三年、本科三年の六年制に変わりました。それが、現在では、県内には短大も入れて六つも大学ができているのは、沖縄史上、画期的なことと言えます。

それに加えて沖縄が米軍占領下で、米軍の資金によって留学制度ができ、先ほどお話ししたとおり、一〇〇〇名前後の若者たちがアメリカの大学で学び、学士号だけでなく修士号や博士号を授与されるようになりました。ちなみに、博士号の取得者だけでも五八名ほどいるのです。かれらが社会の前面に出てきて、その才能や学識が十二分に活用されることを願っています。

佐藤　沖縄が生き残るために必要な知の獲得に貢献する作業を、私たちが、大田先生の協力を得ながら、具体的に始めなくてはならないと思います。

(二〇〇九年七月)

第7章　いくどでも「沖縄戦に立ち返る」こと

天皇信仰がない沖縄への疑念

佐藤　なぜ沖縄戦においては、沖縄の住民が日本軍によってあれだけ多く「スパイ」として殺害されたのでしょうか？　日本軍の行為を断罪するために、殺した側の内在的論理をつかんでおく必要があると思います。

大田　地元住民がスパイ活動をしたとして処刑された裏には、つぎのような遠因がありました。戦前、沖縄の防衛の責任は、県都那覇市にある沖縄連隊区司令部の司令官が担っていました。つとに一九三四（昭和九）年の時点で、石井虎雄連隊区司令官（大佐）は、陸軍省の柳川平助次官と参謀本部あてに、「沖縄防備対策」という極秘電報を送っていました。そのなかで石井司令官は、沖縄を防備する基本的方策として、あらまし四つの案を提言しています。

第一に、「有事」になったら真っ先に沖縄全域に「戒厳令」を敷かねばならないということ。

二番目に、沖縄を防衛するため日本が、一大海軍力を以て沖縄諸島の周辺を固めなければならないということ。すなわち、沖縄県は、四十余の有人島から成り立っているので、一大海軍力を以てそれらの島々の周りに防衛網を張りめぐらせる必要がある、というわけ。彼の考えでは、沖縄の島々のうち、一つでも敵に占領されてしまえば、沖縄本島がだめになるだけでなく、沖縄本島がだめになれば、日本本土の防衛も不可能になるからだ、というのです。

佐藤　「戒厳令」とは、戦争や内乱、あるいは大災害などに際して通常の行政権、司法権を停止し、軍による一国の全部または一部の支配の実現を意味する非常法を指します。有事になった場合、戒厳令を敷くというのは、国家が生き残るための本能のようなものと思います。沖縄本島が敵の手に落ちれば日本本土の防衛も不可能になるというのも、客観的に見てその通りでしょう。ただし、当時の日本海軍には沖縄諸島の周辺を固める力がもはやないというのが現実でした。陸軍参謀本部にしても海軍軍令部にしても、それが理解できないはずはない。もっとも、戦争指導にあたる軍人は「負ける」ということは言えないので、所与の条件で敵に最大限の打撃を与えるシナリオについて考えます。

大田　まさにその通りです。石井司令官は、三番目に、常に県民に対する監視の手を緩めてはならない、とりわけ防諜面での警戒を厳重にすることが肝要だ、と述べています。

石井によると、沖縄県民は、本土他府県の人々とは異なる歴史的背景を有している。すなわち、沖縄は、かつて琉球王国と称された小さな独立国家を形成していた。そんな事情もあって、沖縄の人々は、琉球国王に対する忠誠心はあっても、天皇に対する忠誠心は極端に乏しい。天皇の存在さえ知らない者も少なくない。したがって、本土他府県の人々のように、「天皇に対する忠誠心」とか、「国のために命を捧げる」といった気概は、きわめて薄弱である。それゆえ「有事」

に際し、ひとたび監視の手を緩めてしまうと、彼らは、どこへ向かっていくかわからない。敵の手助けをするかもしれない。そのため、絶えず監視しておかねばならない、というわけです。

佐藤　私は、いま大田先生が指摘された三番目の点に問題の本質があると思います。石井司令官の認識は、日本の統治エリートの認識を端的に示しています。沖縄の人々の大多数には、沖縄以外の日本人が持つような天皇信仰がないということが重要と思います。この点で、私は作家の大城立裕《おおしろたつひろ》さんの言説が興味深いと思います。大城さんは天皇への信仰が沖縄人にとって幻想であったと考えます。

首里城内に県社沖縄神社があった。源為朝ほか二柱の琉球国王を祀ったが、日琉同祖論にもとづいた信仰をあらわしており、これが敗戦とともに神社も信仰も失った。これも戦前はその祭日に公休日を設定したほどのものであったが、今日では歴史の案内書や辞典、風土記のたぐいにもその名を発見しがたいのは、皮肉なことである。戦後の今日、祭りといえば僻地の原始信仰の祭りだけに限られており、その祭りが戦火をくぐっても残っている、ということに、沖縄人の信仰の本質が何であるかを見ることができよう。

「天皇」という存在、それへの信仰というものは、沖縄人にとって幻想にすぎなかった。その認識と日章旗への反省とが、戦後あらわれた。日章旗については、「天皇」といちおう切り離して単純に「祖国」の象徴として、「祖国復帰」志向のシンボルとして珍重された時期があるが、復帰運動の最終段階（一九六五年ごろ以降）において、現在の日本を軍国主義への道をたどりつつあるものと認識しはじめたときに、「日の丸」へのあこがれは消えた。

（大城立裕『内なる沖縄　その心と文化』読売新聞社、一九七二年）

大城さんは、政治的に急進的な立場を取る人ではありません。また、今上天皇が皇太子の時代に、大城さんは琉歌の御進講をしています。それだから、大城さんが〈「天皇」という存在、それへの信仰というものは、沖縄人にとって幻想にすぎなかった〉と述べていることを、非政治的に、文化的に受けとめることが重要と思います。日本が天皇信仰を共有しない沖縄をどうやって包摂していくか、その原理をどこに見出すかは、国家統合にとっての最重要問題と思います。しかし、東京の政治エリートはこの問題の重要性を自覚していません。それで、沖縄に対して、「われわれとは異なる人々ではないか」という密かな猜疑心《さいぎしん》をもっています。

外務省の通信施設にそのことが端的に表れています。那覇にある外務省の沖縄事務所には、モスクワや北京にあるのと同様の、秘にとどまらず、極秘、極秘限定配布など、きわめて強度の暗号をかけることができる電信の機材があります。大阪や成田にも外務省の出張事務所がありますが、ここの連絡はファックスやメールで行われています。しかし、那覇に関しては、モスクワや北京と同じなのです。外務省は沖縄において、防諜に最大限の配慮をしています。

もちろん、米軍による通信傍受も警戒していますが、それだけではない。大田先生が指摘された〈常に県民に対する監視の手を緩めてはならないということ。とりわけ防諜面での警戒を厳重にすることが肝要だ〉という旧陸軍の発想が、現在も外務官僚に引き継がれていると私は見ています。

破綻した沖縄防備対策

大田　さらに、四つ目に、石井司令官は、沖縄では、生活必需品の七〇％以上を県外からの移入に頼っている。したがって、日頃から「有事」に備えて食糧などを備蓄して、自給できる体制を整備しておかなければならないということです。なぜなら、「有事」に敵が輸送路を断ち切って生活必需物資の移入を遮断してしまうと、県民は、敵が攻め込む前に、食糧難で自滅してしまうから、というのです。

では、その後の「有事」の極限ともいうべき沖縄戦で、石井連隊区司令官の「防備対策」提案は、果たしてどのように生かされたのでしょうか。いくつかの実例を通して見ることにします。

米軍の上陸によって、沖縄戦が本格的に始まる直前の四四（昭一九）年一〇月一〇日のこと。県都那覇市は、米機動部隊から飛来した艦載機の激しい攻撃を受けました。空襲は、早朝の七時頃から五次にわたって繰り返され、那覇市は、一日にして市街地の九〇％が焼き払われてしまいました。その上、軍・民一〇〇〇名近くの死傷者を出したほか、軍と県民それぞれの一か月分の食糧を丸ごと焼失せしめられました。しかも、沖縄守備軍は、大量の食料品に加えて戦闘に不可欠の無数の武器・弾薬を失う大損害を被るしまつでした。

佐藤　そのとき沖縄県はどのような対応をしたのでしょうか。

大田　県民の行政を預かる県庁は、庁舎の一部が破壊された結果、行政はほとんど機能麻痺に陥ってしまいました。こうして軍も官も民も、ともに致命的ともいえるほどの被害を受け、沖縄は、まさに非常事態に陥ったのです。ところが、その日、空襲に脅えた泉守紀《いずみしゅき》知事は、いち早く自動車で、単身、県都那覇市から約一二㎞の距離にある普天間の自然洞窟に避難したのみか、空襲が一段落ついて焼け残った県庁舎で、職員が必死になって焼け出された県民への対応に追われていたにもかかわらず、知事は洞窟に引きこもったまま顔も見せませんでした。おまけに独断で、普天間の中頭《なかがみ》地方事務所内に県庁の仮事務所を置くありさまでした。

佐藤　沖縄県民は一〇月一〇日の空襲をどのように受けとめたのでしょうか。

大田　一般県民は、日頃、沖縄守備軍が「無敵皇軍」を自称するのを信じ切っていただけに、夢想だにしなかった突然の敵襲に大混乱に陥っていました。あげく那覇市や本島南部の住民は、再度の空襲に脅え、受け入れ態勢も整っていない本島北部の山岳地帯へ着のみ着のままで避難する実情でした。

沖縄守備軍司令部は、こうした民心の動揺を目の当たりにして、荻野憲兵隊長と知事代行の荒井退造警察部長の連名で、「騒がずに平静を保つように」という趣旨の通告を出させましたが、ショックが大きかっただけにほとんど効果はありませんでした。

佐藤　軍当局は県民の動揺にどう対処したのでしょうか。

大田　那覇大空襲後、独立重砲兵第一〇〇大隊の指揮班長仁位顕《にいあきら》少佐は、こう語っています。「那覇は一日にして灰燼《かいじん》に帰し、住民の受けた打撃は非常に大きかった。言葉では言い表せないほどのショックである」、「町が焼失したことは、軍隊にとっては他人の家という感じで住民ほどではなかった……ただし、住民も軍隊も航空部隊に対しては強い不信感を持った」と。

だが、これはたんに航空隊の問題というより、大本営と本土防衛軍の戦略の問題でした。

佐藤　どういうことでしょうか。

大田　大本営の戦略は、沖縄守備軍の八原作戦参謀が、いみじくも「戦略上やむをえない」と嘆息したように、本土防衛を至上命令にしていて、沖縄その他における作戦は、一つの前哨戦か、本土防衛のためのたんなる「捨て石」作戦としか考えていなかったからです。つまり、大本営にとって沖縄は、本土を守るための防波堤に過ぎなかったのです。したがって、九州をはじめ本土各地の航空部隊を温存するため、沖縄空襲に出撃した米軍機を迎え撃とうとさえしませんでした。

佐藤　また八原博通作戦参謀がでてきました。八原さんが自著『沖縄決戦』で作りあげた神話を脱構築し、沖縄戦で住民に大量の犠牲が発生した理由の一つが八原作戦参謀の作戦計画にあったことを明らかにしておく必要があります。

大田　それでも一般県民は、持てるすべてを沖縄守備軍に差し出して協力しました。軍への協力は、空襲後もみじんも変わることはなかった。その点、沖縄守備軍参謀、枦山徹夫少佐は、「わずか四時間で那覇の町が跡形もなく吹っ飛んだ。しかし県民は、パニック状態を起こして支離滅裂になったかというと、そうではなかった。郷土防衛に身を挺《てい》し、空襲下の住民の救出に踏み止まって頑張る人たちもいた」、と記していることからも判明します。

だが、肝心の県の行政も那覇市の行政も容易ならぬ事態に陥っていました。県政の機能は、知事が身を潜める普天間と那覇に二分され、日常業務は大きく停滞せずにはおれなかったからです。

佐藤　この泉守紀沖縄県知事も、学校の成績がよく、普段勇ましいことを言うエリート官僚が、緊急事態に直面するとどうなるかについての興味深い事例です。

泉知事は本土に逃げ帰った

大田　那覇市の県庁舎に残った職員たちは、知事の決裁を得るため、遠く離れた普天間の仮庁舎まで、車もないので歩いて往き来しなければならなかった。そのため、県民のあいだから苦情が続出しました。それに困惑した県当局は、内務省に知事を那覇に戻すよう嘆願したほどです。

そんな折、九州地方行政協議会の吉田茂長官が沖縄を視察に訪れ、知事を叱責したので、彼は已むなく、一一月三日に県庁舎に戻りました。しかし、彼は、もはや最高責任者としての統率力を失い、軍や部下から、また一般県民からも信用されなくなっただけでなく、沖縄守備軍首脳との対立も噂されるようになりました。

佐藤　泉知事はいったい何を考えていたのでしょうか。

大田　泉知事は、日頃から大本営の考えと同様に米軍が沖縄に上陸すれば、県民は「玉砕」するしかないと信じ込んでいたようです。その後彼は、公用にかこつけて上京したまま二度と沖縄には戻らずに香川県に転任してしまいました。そのため、みんなから「敵前逃亡」と批判されるしまつでした。しかも、部長級の県首脳も、荒井警察部長を除き残らず本土へ逃げ帰ったため、県政は文字どおり「消えた沖縄県」と称されたように、一時は行政機能が丸ごと放棄される形となりました。

こうした背景もあってか、沖縄守備軍は、沖縄戦が始まる前に沖縄連隊区司令官が提言したとおり、全県域に戒厳令をしくことを真剣に検討していました。しかし、泉知事の後任として、大阪府内政部長から死を覚悟して赴任した島田叡《あきら》知事は、当初から県民と運命を共にする決意で戦時県政に取り組むとともに、軍部首脳とも良好な関係を保つべく努めたので、辛うじて戒厳令の施行は見送られたのです。

佐藤　泉知事以外に、米軍の上陸を恐れて沖縄から逃げ出した幹部はいるのでしょうか。

大田　米軍上陸直前に、公用にかこつけて本土へ逃げたのは、県首脳だけでなく、県都那覇市の富山徳潤市長の場合も同様でした。彼も、公用で上京するとの口実で那覇を離れたけれど、実際には九州に疎開させていた家族と合流したまま帰って来なかった、と言われています。そのため那覇市では、予算も組めずに行政機能が県と同じく一時期停止する事態に陥るしまつでした。

佐藤　私も官僚でしたが、官僚には「吏道」があります。知事や市長が逃げ出すなどというのは、実に情けない事態です。もっとも外務官僚でも吏道をわきまえた幹部は少ない。だいたい日頃、勇ましいことをいう官僚が、緊急事態になると醜態をさらすという傾向があります。

相次いで県外逃避した県首脳

大田　沖縄戦では、こうした情けない事態が露骨に表面化したことを、県民は忘れずにいます。日頃、県庁で部下職員を叱咤し、大言壮語を繰り返していた県首脳は、ほとんどが他府県出身者ばかりでした。彼らは、いよいよ米軍の上陸が間近に迫ると、県政を丸ごと放棄して本土へ逃げ帰ってしまったのです。そのため地元新聞は、いくどとなく「戦列離脱者の県外逃避を戒む」といった社説をかかげ、本土へ逃げ帰った人たちを「名誉の戦列離脱者」と実名を挙げて報じたほどでした。軍・官・民が一体となって国土防衛に任ずべき重大な時期に、県幹部がやたらと口実を設けて県外へ出張し、鉄砲玉のように帰って来なかったからです。このように、戦時下では、行政機能が完全に麻痺することも大いにあり得るのです。

佐藤　大田さん自身の体験で、一〇月一〇日の空襲以降、行政がどのような状態になっていたかを教えてください。

大田　私の個人的実体験からいっても、戦争になると、たんに県庁をはじめ市町村の行政機関だけでなく、学校などの公共機関にしても、到底、正常に機能できるとは思えません。

戦時中、私が通っていた沖縄師範学校の校長(後に男子部の部長)は、鹿児島県の出身で、非常に厳格な人でした。朝礼の時など、生徒が少しでも私語をしようものなら、全校生徒の面前で、銃剣術用の木銃で殴りつけたものです。彼は、事毎に「天皇のため、国のために命を惜しむな」「滅私奉公に徹底せよ」、などと生徒たちを叱咤していました。

私たちは、米軍の上陸間近に、首里城壁の北西部分の一角に、師範学校独自の地下壕を造りました。その壕は、この校長が吉田松陰の『留魂録』にちなんで「留魂壕」と名付けたものでした。ところが、肝心の校長は、米軍の上陸が必至の状況になると、文部省に所用があると言って、あたふたと上京し、二度と帰校しませんでした。それで、校長に見捨てられた生徒たちは、「魂を留めず、恥を留めた」などと皮肉ったものです。ことほど左様に、戦争のような有事にでもならなければ、人の真価は、容易にわからないものです。

ところで、石井連隊区司令官が提言した二番目の「一大海軍力で以て沖縄を囲繞《いにょう》防衛する」問題は、文字どおり烏有《うゆう》に帰しました。大本営は、当初から「沖縄の玉砕も已むなし」と考えていたので、約束していた航空部隊の援軍派遣さえ、「本土防衛のため一兵も惜しむ」として中止したからです。頼みとする連合艦隊も、ミッドウェイ海戦や台湾沖海戦で壊滅的打撃を受けていたので、一大海軍力で沖縄の周辺を固めることなど、そもそも〝ないものねだり〟にも等しかったからです。

佐藤　ミッドウェイ海戦、マリアナ沖海戦、さらにレイテ沖海戦を経て、日本海軍に「一大海軍力」なるものが残っていないことは明白でした。主観的願望によって情勢を分析するから、このような頓珍漢な作戦方針になるのです。

住民の監視・摘発のために組織された「国士隊」

大田　三番目の提言の諜報監視問題について見ると、信じかねるほど深刻な事態を露呈しました。沖縄守備軍は、地元住民を当初からまるで信用していなかったからです。そのため、数名の警察官などを民間地域に送り込んで、秘かに人々の言動を監視させたりしました。

佐藤　具体的にどのような体制を敷いたのでしょうか。

大田　沖縄守備軍配下の球七〇七一部隊（俗称宇土部隊）長は、沖縄本島北部の国頭支隊の機密戦を担当する「国士隊」という小さな隊を極秘裏に組織させました。

国士隊の目的は、「一般民衆に対する宣伝、防諜の指導及び民情の把握並びに最悪時における諜報戦の活動を強化する」ことでした。

国士隊は、米軍が沖縄本島に上陸する直前、一九四五（昭和二〇）年三月八日から一〇日にかけて国頭郡翼賛壮年団のなかに設置されたもので、隊員は、全部で三三名、そのなかには県会議員、市町村長、大政翼賛会の支部長、医師、学校長ら各界の指導者らが含まれていました。国士隊は、具体的には、「六〇万県民の総力体制への移行を急速に推進し、軍官民共生共死の一体化を実現する」ために組織されたのです。

この具体的目的に示されているとおり、沖縄戦では、一般住民は当初から守護の対象ではなく、「守備軍と運命を共にする」共死の存在でしかありませんでした。

そこから戦況が極度に悪化した場合には、国士隊の活動は、もっぱら「諜報」と「謀略」面が中心課題となりました。「諜報」活動とは、諜報員それぞれの担当区域内で、「親米的容疑人物の発見」とか「対米協力容疑者の行動の監視」、「反軍、反官的分子の有無」、「外国帰朝者、とくに二世、三世にして反軍反官的言動をなす者の有無」、「反戦、厭戦《えんせん》気運を醸成する者の有無」などを、秘かに調査し、守備軍司令部の情報部に報告して摘発させることが中心でした。

佐藤　誰が国士隊のメンバーであるかは、球七〇七一部隊幹部以外には秘匿されていたということですね。

大田　つまり、被監視者の住民に知られることなく極秘裡に設置された国士隊の主要な任務は、対敵行動とか、住民を安全な場所に誘導する、といったことではなかったのです。逆に、秘かに住民を監視して、反軍的、反戦的分子を軍に密告して処刑させることにあったのです。

しかも、こうした特殊任務を担った国士隊員は、日頃から一般住民と接触する機会が多く、容易に個々人の言動を知ることができる立場にいる人たちばかりでした。いきおい、一般住民の日常的言動は、自らが信頼する国士隊員たちによって、守備軍司令部の情報部に筒抜けになる仕組みになっていたのです。つまり、戦争という極限状況下で、住民は、自らの指導者たちに完全に裏切られたわけです。

佐藤　国家の暴力性が端的にあらわれています。

大田　ちなみに現地守備軍は、戦う力をもたない老幼婦女子を「非警備能力者」と呼んでいました。これらの非戦闘員たちは、まさに「前門の虎、後門の狼」の例えどおりに、前方の敵軍と後方の友軍によって挟み撃ちにされる格好となっていたのです。あまつさえ、後方の狼には、自分たちの同胞もいたのですから、まるで救いようがなかったのです。

これが、沖縄の人々に、生涯、癒えることのない深い傷を与えた沖縄戦の実態の一端だったのです。それだけに、私たちは、沖縄の未来について考える場合、いくどでも沖縄戦の苦い体験を反芻しなければならないのです。そのためにも、沖縄戦の実態について、十分に理解する必要があるのです。

佐藤　沖縄戦の経験は、客観的に流れていく時間、ギリシア語でいう「クロノス」で計ったならば、一〇月一〇日の空襲から一年程度の期間です。実際の戦闘期間は、七か月くらいです。しかし、この期間に大田先生の人生のすべてが凝縮されている。大田先生の人生は、政治活動を含め、あの戦争の意味を何度も問い返している。大田先生の思想は、大田先生以後の世代に、沖縄戦の悲劇を反復させないためにはどうすればよいか、という認識を導く関心に導かれている。そのことが私の魂を打つのです。

何の法的根拠もなく戦場に駆り出された少年少女たち

大田　沖縄戦の実態を深く理解し、沖縄戦の過程で県民が学び取った貴重な教訓を後の世代に引き継ぐ上で、忘れてはならない二つの史実があります。その一つは、沖縄守備軍が、一部の学校長や県首脳の反対を押し切って、県下の男女中等学校生たちをむりやりに戦場に駆り出した問題です。戦時中、沖縄には一二の男子中等学校と一〇の女学校がありましたが、それらすべての学校の生徒たちが沖縄守備軍の口頭による命令で動員され、戦場に投入されたのです。

男子中等学校生徒たちは、学校毎にそれぞれ「鉄血勤皇隊」という、いかめしい名称の学徒隊を結成して出陣しました。女子生徒たちは、即席の看護教育を受けただけで準看護要員として各地の野戦病院に送られて、日夜、傷病兵士の看護に当たりました。

ここで、とくに指摘しておかなければならないことがあります。それは、県下の男女中等学校の生徒たちが、武装して戦場に投入された法的根拠は、何もなかったという事実です。一〇代の生徒たちまで戦場に投入できるとする義勇兵役法(男子は一六歳以上六〇歳まで。女子は一七歳以上四〇歳まで)が公布されたのは、牛島司令官と長参謀長が自決し、沖縄守備軍の組織的抵抗が終焉したまさにその日、すなわち四五年六月二二日のことでした(二人の自決の日付は第4章で見たように二三日説もある)。

佐藤　沖縄における学徒動員に法的根拠がなかったということは、いま指摘されるまで気づきませんでした。現在の行政法の基準では、重大かつ明白な瑕疵《かし》があるので、学徒を動員せよという命令を受けた官吏は、その命令を拒否しなくてはなりません。

大田　こうして沖縄の若者たちは、法的根拠も知らされないまま、戦場に駆り出された結果、男子中等学生たち一七七九名中、その約半数の八九〇名が戦死しました。一方、女子生徒の場合は、動員総数五八一名中、その六割近くの三三四名があたら一〇代の蕾《つぼみ》のまま戦没したのです。一〇代の若者は、人生で最も多感で無限の可能性をはらんだ存在です。次代を担って立つそれらの最も有能な若人たちを失ったことは、沖縄にとって、まさに致命的ともいうべき痛手です。返すがえすも残念でなりません。

ちなみに私のクラスメートは、一二五名ほどいましたが、生き残れたのは、わずか三十数名でしかありません。その事実は、私たち個人にとっても、また沖縄にとっても、永久に償うことの出来ない痛痕事と言わねばなりません。この沖縄の若人たちの無駄な死傷問題と関連して、私は、今一度、長崎医科大学の永井隆教授の反戦に賭ける強い想いを想起せずにはおれません。

「もしも日本が再武装をするような事態になったら」

大田　永井教授は、奥さんを原爆で亡くされただけでなく、ご自分も被爆していながら、わずか四〇代半ばで終えたその短い生涯を被爆者の治療に全力を捧げた方です。ちなみに世の親たちは、子や孫が無事平穏に生きることを願って止みません。が、永井教授は、違っていました。彼は、死去する前に、誠一《まこと》と茅乃《かやの》という二人の幼い子たちに「いとし子よ」と題する遺言を残していますが、その中で、こう述べています。

いとし子よ。あの日、イクリの実を皿に盛って、母の姿を待ちわびていた誠一よ、カヤノよ。お母さんはロザリオの鎖ひとつをこの世に留めて、ついにこの世から姿を消してしまった。そなたたちの寄りすがりたい母を奪い去ったものは何であるか？——原子爆弾。……いいえ、それは原子の塊である。そなたの母を殺すために原子が浦上へやって来たわけではない。そなたたちの母を、あの優しかった母を殺したのは、戦争である。（中略）

戦争が長びくうちには、はじめ戦争をやり出したときの名分なんかどこかに消えてしまい、戦争がすんだころには、勝ったほうも負けたほうも、なんの目的でこんな大騒ぎをしたのかわからぬことさえある。そうして、生き残った人びとはむごたらしい戦場の跡を眺め、口をそろえて、——戦争はもうこりごりだ。これっきり戦争を永久にやめることにしよう！　そう叫んでおきながら、何年かたつうちに、いつしか心が変わり、なんとなくもやもやと戦争がしたくなってくるのである。どうして人間は、こうも愚かなものであろうか？

私たち日本国民は、憲法において戦争をしないことに決めた。（中略）

わが子よ——。憲法で決めるだけなら、どんなことでも決められる。憲法はその条文どおり実行しなければならぬから、日本人としてなかなか難しいところがあるのだ。どんなに難しくても、これは善い憲法だから、実行せねばならぬ。自分が実行するだけでなく、これを破ろうとする力を防がねばならぬ。

これこそ、戦争の惨禍に目覚めたほんとうの日本人の声なのだよ。しかし理屈はなんとでもつき、世論はどちらへでもなびくものである。日本をめぐる国際情勢次第では、日本人の中から、憲法を改めて戦争放棄の条項を削れ、と叫ぶ者が出ないともかぎらない。そしてその叫びが、いかにももっともらしい理屈をつけて、世論を日本再武装に引きつけるかもしれない。

そのときこそ、……誠一よ、カヤノよ、たとい最後の二人となっても、どんなののしりや暴力を受けても、きっぱりと「戦争絶対反対」を叫び続け、叫び通しておくれ！　たとい卑怯者とさげすまれ、裏切者とたたかれても、「戦争絶対反対」の叫びを守っておくれ！

敵が攻め寄せたとき、武器がなかったら、みすみす皆殺しにされてしまうではないか？——という人が多いだろう。しかし、武器を持っているほうが果たして生き残るであろうか？　武器を持たぬ無抵抗の者のほうが生き残るであろうか？　(中略)狼は鋭い牙を持っている。それだから人間に滅ぼされてしまった。ところがハトは、何ひとつ武器を持っていない。そして今に至るまで人間に愛されて、たくさん残って空を飛んでいる。(中略)愛で身を固め、愛で国を固め、愛で人類が手を握ってこそ、平和で美しい世界が生まれてくるのだよ。

いとし子よ。敵も愛しなさい。愛し愛し愛しぬいて、こちらを憎むすきがないほど愛しなさい。愛すれば愛される。愛されたら、滅ぼされない。愛の世界に敵はない。敵がなければ戦争も起こらないのだよ。

佐藤　心を打つ言葉です。これに対して、現下日本では、沖縄戦を材料にして、国内に敵をつくりだし、憎しみを煽ろうとしている言論人がいます。それを軽視してはならないと思います。

（二〇〇九年九月）

第8章　政権交代が開いた可能性とその反動

沖縄にとっての大きなチャンス

大田　二〇〇九年九月、日本の戦後史上かつてない民意による政権交代が実現したことは、まさに画期的で喜ばしいことでした。二〇一〇年一月二四日には名護市長選挙で基地移設に反対する稲嶺進市長が誕生しました。これから一一月の知事選挙までに、市長、町村長選挙の他、多くの市町村議会議員選挙もあり、二〇一〇年は、まさに重要な選挙の年です。

県の基地対策課が〇九年三月に発表した「沖縄の米軍及び自衛隊基地」によると、基地経済への依存度はいちだんと低下しています。これまで県民の多くは「基地経済からの脱却」を掲げて奮闘してきましたが、なかなか思い通りにはいかず、それが基地の縮小、撤去を阻む大きな要因でした。それがようやく改善の方向に向かいつつあります。今回当選した革新系議員たちは「うるの会」を結成し、普天間基地の代替施設を国外、県外へ移設するよう一致して政府に申し入れています。

佐藤　「うるの会」ができたことを私も歓迎します。しかし、「うるの会」を革新系議員と規定することはできません。それは国民新党の下地幹郎《しもじみきお》衆議院議員がいるからです。彼は基本的にポピュリストで、革新的な政治信条をもっている政治家ではありません。「うるの会」において、下地氏以外は、米海兵隊普天間飛行場を最低限沖縄県外に移設すべきと考えていますが、下地氏は沖縄県内というシナリオを捨てていない。過去に嘉手納統合案を熱心に推進した経緯があります。この点を軽視すべきでないと思います。

大田　〇九年一二月一〇日付の東京新聞は、名護市辺野古への基地移設問題をめぐって、民主党政権が沖縄での県外移設への期待感を強めた半面、米国の対日不信を招いて袋小路に陥っている旨、報じました。ルース駐日大使が、岡田克也外務大臣と北沢俊美防衛大臣に対して「日米合意を履行しない鳩山政権の態度に激怒した」と報じられ、来日したゲイツ米国防長官が、「辺野古の新基地計画が唯一実現可能なものだ。それができなければ沖縄の基地負担を一切変えない（注＝嘉手納以南の基地を全部もしくは一部返すことを普天間移設とパッケージにしていた合意を取り消す意）」と、恫喝《どうかつ》にも似た発言をしました。

また、八月三一日にはワシントンで、米国務省のケリー報道官が「米海兵隊の普天間移転計画（県外もしくは国外に）について日本政府と交渉するつもりはない」、次いで一二月九日には、ホワイトハウスのギブス報道官が、コペンハーゲンにおける日米首脳会談を拒否して、「日米合意の履行を協議する作業部会を立ち上げており、そこで議論することは合意事項の履行だけだ」という主旨の発言をしていますね。「対等な日米同盟」の謳い文句が、内実の伴わない単なるスローガンに過ぎないことがよくわかります。

むろんアメリカには、このようなネオコン派や日本ハンドラー（対策屋）だけがいるわけではない。沖縄の実情をよく理解し、県民の意向に配慮して、代替移設なしの普天間返還を自国政府に要望する知性派の人たちも少なくありません。

佐藤　〇九年一二月二八日に鈴木宗男衆議院外務委員長（新党大地代表）がマスメディアに対して、民主党の小沢一郎幹事長が、辺野古移設案について「あの青い、美しい海を埋め立ててよいのか」と言ったと述べました。このことの意味は大きい。鈴木氏は、名護への移設を決定したプレイヤーの一人です。その鈴木氏の口を通じて、小沢幹事長が、辺野古移設に対して消極的見解を示した政治的意味は大きいです。

官僚の発想は形式論理に基づいています。まず、基地がいるかいらないかは、総合的な安全保障の専門家である防衛省が決める。どうもいるということになったらしい。そのあとがポイントです。では地元沖縄県の意思はどうか。それは究極的には知事によって代表されますが、その知事が「辺野古の沖合受け入れ」といっている。民主主義的な手続きで選ばれた知事がそう言う以上、それが県の総意だということです。もちろん大田先生が知事で基地建設反対だったら、県の総意は知事があらわすものではないという別の理屈を組み立てるでしょう。

さらにアメリカとの間でも合意が存在している。特に卑劣な手法だったのは、〇九年二月に、自民党政権の中曽根弘文外務大臣とクリントン国務長官とで結んだグアム協定です。ロードマップというのはたかだか政治合意ですが、国際条約にすることによって法的な拘束力を持たせる。グアム協定のような小さな包み紙で、本当は包みきれないロードマップという大きな石を包んだというトリックを使った。だったらロードマップをもう一回国会で審議して、アメリカとの間できちんと条約にすればいい。条約と政治合意はまったく違う話です。

うがった見方ですが、民主党政権になったら本気で県外・国外移転をやる危険性があると、外務省がアメリカに耳打ちをしたのではないか。今回の選挙で、民主党はマニフェストには在沖米軍基地の県外・国外移設の文言は入れていないが、沖縄に関する政治公約「沖縄ビジョン」には入っている。すごく残念なことですが、沖縄県以外で辺野古、普天間の問題に対する関心が比較的薄いから何を書いてもイシューにならないけれど、当然沖縄では、県外・国外移設をきちんと打ち出せば大変な追い風になります。しかしハタと当選した瞬間に、アメリカという存在に対してどうつき合えばいいのかよくわからなくなる。仲井眞弘多知事も中曽根外相も、官僚が保険をかけるためにいい調子で使われて、この協定をつくってしまった。

「事情変更」の原則を生かせ

佐藤　辺野古移設はすでに決定事項であり、合意が構想しているのは国際法の大原則だと外務官僚は言い、評論家連中もしたり顔でそう言いますが、もう一つ非常に重要な国際関係の原則があります。「事情変更」です。政権が交代するというのは大きな「事情変更」なのです。それに伴ってわが国の政策が変更になったから、アメリカとの関係を反古《ほご》にするということではなくて、再交渉をして新たな合意を目指す、と主張すればいい。この手続きにうまく入ることができれば、県外・国外移設について国際法的な交渉の技法にも則りつつ民主党は公約を維持し、沖縄県民全体の利益を代表しつつ、日本の安全保障をきちんと担保することができます。

もっとも外務官僚の場合、政権中枢の意向についてはとても敏感です。先ほど紹介した小沢幹事長の発言に対応し、辺野古以外が移設先になった場合の理論武装を外務省は既に行っているという情報もあります。外務官僚は、国際約束には法的拘束力を持つものと、そうでないものの二種類があると言い始めています。つまり、「米海兵隊のグアム移転に関しては、協定(国際法的には条約)が結ばれているので、それを実行する法的義務を日本は負っている。これに対して、辺野古のキャンプ・シュワブへの飛行場移設は、単なる政治合意で、法的拘束力はない。政治合意は、政治的に変更することが可能だ」という理屈です。外務官僚なりの論理整合性を維持しながら、政府の方針転換を支える理論武装を始めているということです。外側から観察するよりも、外務官僚はずっと柔軟です。もっともこれは、小沢幹事長が辺野古移設に消極的だから、このように反応しているので、小沢氏が失脚することになれば、外務官僚は「日米合意を履行するのが唯一のオプションだ」とゴリ押しするでしょう。

辺野古移設を阻止するためにいま一つ足りないものがある。沖縄の声です。民主党政権に対して、沖縄の与党、県議会の主流派が声明を出して支持を表明するとともに、きちんと公約を履行せよと、そして仲井眞知事に対して民意をもう一度きちんと考えよと要求しないといけない。

大田　総選挙の後、革新系県議会議員らが、民主・社民・国民新党の連立政権が誕生したのを踏まえ、県民の民意に沿って普天間基地を県外もしくは国外に移すべきと、知事に要望しました。また二〇一〇年二月二四日、県議会は「米軍普天間飛行場の早期閉鎖・返還と県内移設に反対し、国外・県外への移設を求める意見書」を全会一致で可決しました。県政与党も含めた超党派での可決は初めてのことです。

佐藤　まさに画期的なことです。これを県議会だけでなく「沖縄会議」をつくって、有識者も入れる。そして琉球大学を含めた学者たちと各市町村首長と議員、国会議員、みんなが一堂に会し、そこで議論をして、もう一回沖縄の総意を作り上げ、民主党は公約を守れと要求するのです。

さらに県知事選と併せて住民投票をやって、民意を固めておくというのも一案です。

大田　同時に、返還された基地が民間に利用された場合のメリットとデメリットについて、徹底的に調査をして公表する必要があります。軍用地主たちが基地に土地を貸すより民間に貸したほうがはるかに有利だと分かったら、基地依存経済の状況はガラッと変わる。基地返還が遅滞しているのは、国策の都合に加えて、地元の産業構造のいびつさ、すなわち土木建築業が多すぎることが障害なのです。

佐藤　土建業以外で生きていく沖縄のスタイルを提示するのが責任ある政治家の姿勢です。土建政治から脱却しなければいけないのは、土建業者自身ですね。自ら改革をして、母体は土建業に置いても、人を動かす手配師の伝統とそのシステムを生かして、ＩＴでも環境産業でも知恵を絞って脱皮していかなければならない。

「沖縄内部の利害相反」は疑似争点である

大田　行政として真先に考えねばならぬことは、県民一人ひとりの生命の安全と平穏な暮らしを守ることです。知事時代、辺野古の主婦たちが県庁内の県民広場で、頭上にタライを持ち上げて回しながら基地のタライ回しはやめろと言ってきたのです。普天間の基地が危ないから辺野古に移せというのは、普天間の人の命は大事だが、辺野古の我々の命は軽いとでも見ているのか、と。基地ができたが最後、必ず事件・事故が起こるのだから、移設は問題の解決ではなくて、単に危険な「普天間問題」を移すだけではないか、と詰め寄られましたよ。

佐藤　だからこそいま重要なのは、これは基地があるかどうかによる「沖縄全体の利害相反」なのだから、それを沖縄内部のいさかいや利害相反のような疑似争点になる組み立てをしないことだと思うのです。第一段階として沖縄の総意を尊重せよ。第二段階として、その総意の内容は最低限沖縄県外だ。そして第三段階として、グアムへの移転が沖縄にとっても東京にとってもアメリカにとっても、所与の条件下、もっとも適切な解であるというふうに、徐々に絞り込んでいく形で流れを作らないと、沖縄県内の利害相反に外務官僚や防衛官僚がつけ込んでくる危険性があると思います。

大田　現実には、利害相反する問題はいくつも起こります。普天間基地をグアムに移す場合に、グアムの行政当局や議会が応諾しても、一般市民には反対も出てくる。現にグアムの女性が沖縄までやってきて、沖縄の基地反対の女性たちと共に反対運動を始めています。当然この声も尊重しなければならないので、沖縄の基地問題はいつまでたっても解決できないというジレンマに陥る。一般に沖縄の人たちは、自らの痛みを他所に移したくないと思っている。グアム移設についても、住民が反対しなければ、という前提があるわけです。

佐藤　その通りだと思います。だからそこで重要なのは政治的な指導力です。

大田　グアム住民の反対がないことを前提にしながらも、基地は米本国に引き取ってほしい。できなければ、せめて米国の管轄下にある地域に、となる。グアムはアメリカの準州で表決権はないが、米政府下院に議員も選出しています。グアムの人々が基地の受け入れに反対なら、アメリカ議会でその旨を表明して再考させることは可能なはずです。もっとも、グアムの人口はわずか一七万人程度で、しょせんマイノリティ・グループでしかない。それだけに、沖縄側からグアム移設を積極的に主張し、推進するわけにもいきかねるのです。

海兵隊駐留は軍事ではなく経済的思惑

大田　米政府は独自に「グアム統合軍事開発計画」を策定して、そのための環境影響調査なども推進していて、その成否が大いに注目されます。

当事者の米国海兵隊司令官ジェイムズ・コンウェイ大将は、〇九年六月四日の米上院軍事委員会において、太平洋地域での米軍再編・防衛政策見直し協議(Defense Policy Review Initiative＝DPRI)について、次のように陳述しています。

DPRIは、安全保障と国防問題を検討するため、二〇〇二年米国と日本により立ち上げられた。このプロセスの重要な成果の一つは、約八〇〇〇人の海兵隊員の沖縄からグアムへの移転である。これは、沖縄で海兵隊が直面している、民間地域の基地への侵害(エンクローチメント)を解決するためのものである。さらに、グアム移転により、アジアの友好・同盟国との協働、アメリカ領土での多国籍軍事訓練、

> アジア地域で想定される様々な有事対応に好適な配備、といった新しい可能性が生まれる。また、国防長官の仲介によるいくつかの政治協定により、海兵隊の沖縄での長期駐留が確保され、日本政府の実質的な財政支援が提供される。（中略、傍点は引用者、以下同じ）現在実施中の環境評価や政治協定と整合性がとれるよう、訓練や施設の要件を引き続き国防総省内で調整している。適切に計画・実施されれば、グアムへの移転は即応能力のある前方態勢を備えた海兵隊戦力を実現し、今後五〇年間にわたって太平洋における米国の国益に貢献することになる。

ここで言明されている通り、米海兵隊当局は、グアムへの移設を既定事実化してその実現を図っているように思われます。その計画が実らず、当初の計画通り普天間基地の代替施設を辺野古に新設するとなれば、米会計検査院が、その基地は「運用年数四〇年、耐用年数二〇〇年の基地になる」と記述している通り、沖縄は恒久的に諸悪の根源である基地禍から脱却できなくなる。だからこそ地域住民や支援者たちが、何年も座り込みを続け徹底的な反対運動をしているのです。同軍事委員会でのコンウェイ司令官の肯定的な発言に対し、スーザン・コリンズ上院議員が、軍当局の見解を次のように糺《ただ》しています。

> 報道によると、海兵隊員八〇〇〇人の日本からグアムへの移転費用は、国防総省の当初予算よりさらに五〇億ドルかかるということです。また、GAO（会計検査院）は、この移転で、日本にいるよりも、年間八八〇〇万ドルの経費がかかるといっています。コストの問題を念頭におきながら、最近の北朝鮮の挑発行為をみると、日本からグアムへの海兵隊移転は再検討するべきではないですか？

これに対し、コンウェイ大将は、こう答えています。

こう申し上げて間違いないと思いますが、この海兵隊移転は四年ごとの国防計画見直し（ＱＤＲ）で、他の海外施設と同様、調整の必要性やコストなどといった一連の課題とともに検討されます。ＱＤＲの特別チームも立ち上げられました。ですので、ＱＤＲの結果と勧告が出てからということになります。（ＱＤＲの担当者は）この海兵隊移転に思った以上に費用がかかること、訓練地確保の問題なども承知しています。普天間代替施設の質やその他全てについてきちんと検討するので、この計画についてもＱＤＲで勧告が出ると思います。

アメリカが日本に海兵隊を駐留させたがっているのは、軍事的必要性というより、よく言われているように、安上がりになるという金銭的思惑が絡んでいるとも言えます。以前、ハワイ選出のミンク議員の仲介で、下院軍事委員会のスローダー委員長に会って米海兵隊の米本土への引き揚げを求めたところ、日本国民の税金で支払われる潤沢な思いやり予算のお陰で、在沖米海兵隊員たちは、沖縄は世界一住みよいところだと言って帰りたがらないのだよ、と言われたものです。

ナイ発言の恐ろしさ

大田　クリントン政権で国防次官補を務めた、ハーバード大学特別功労教授のジョセフ・ナイは、普天間問題があっても、日米同盟自体が持つ重要性の方がずっと大きいはずだから、日米同盟が「危機」にあるとの見方には同意しない、と言いながらも、こうコメントしています。

このまま普天間問題が解決せず、日米関係が悪化すれば、最悪の場合、駐留米軍の削減や、現行の日米安全保障条約締結五〇周年にあたっての同盟再確認が軽視されるといった事態が考えられる。鳩山首相は、米国をもっと安心させる必要があると思う。

（『読売新聞』二〇一〇年一月四日付）

これはいかにもソフトに聞こえるけど、平和な社会を創出するため、基地の大幅な削減、ひいては全面撤去を切実に希求して止まない沖縄側からすれば、これも一種の脅迫発言にしか響かないのです。ナイ教授は、またこうも語っています。

鳩山首相はかつて、「常時駐留なき安保」を提唱した。日本が望むなら、我々は撤退するが、私は、それは日本にとって大きな間違いになると思う。（中略）軍事的にも、海兵隊が沖縄から完全撤退してしまえば、北朝鮮での有事の際に効率的な対応ができなくなってしまうだろう。（中略）日米安保はまだ、五〇年しかたっていない。次の五〇年が待っているのだ。

（同上）

こんな発言を聞くと、私はゾウッと総毛立つ気がしてなりません。沖縄にあと半世紀も基地を押し付けるつもりなのか。一体、沖縄を何と思っているのか。果して主権国家日本の一部と見ているのだろうか。それとも今以てアメリカの占領地か、領土とでも思っているのか、と反問せざるを得ない。同じアメリカの国際政治学者や軍事専門家の中には、在沖米軍は、日本本土はむろん、グアムやハワイに移しても軍事的に一向に差し支えないと主張する人も少なくないからです。

代理署名拒否の深層

大田　ナイ教授は、沖縄問題と深い関わりがあります。かつて私が土地の代理署名を拒否したのは、少女暴行事件に起因すると理解されているようですが、実はそうではありません。九五年二月に同教授が、俗に「ナイ・イニシアティブ」と称される「東アジア戦略報告」を発表して、将来にわたって米軍一〇万人態勢を維持する、と言明したのが原因でした。つまり、東アジアに一〇万人態勢をさらに三〇年、五〇年後まで維持するとなると、沖縄の米軍基地がいつまでも固定化される結果となり、次世代の若者たちに夢と希望を与えることもできない。さらには往時の伝統的国是であった「平和な沖縄の追求」も不可能となる、と恐れたからに他なりません。

第2章で述べたとおり(四二頁)、私たちは一九九六年に、全ての基地を段階的に撤退してもらうため、基地返還アクションプログラムを策定しました。第一期の二〇〇一年までに一〇の基地を、次いで二〇一〇年までに一四の基地を、そして二〇一五年までに残りの一七の基地を全部返してもらうことにしました。同時に基地依存経済から脱却して、持続的自立経済を達成するため「国際都市形成構想」も作って、関税撤廃などでシンガポールや香港に比肩できる国際都市の形成を目指しました。二〇一五年をターゲットにして基地の全面返還を求めたのは、アメリカで刊行された軍事評論家や軍事専門の大学教授ら一六名による共著『二〇一五年の世界情勢』という本を入手したからです。同著によると、二〇一五年には中国と台湾の経済交流が緊密になり、台湾海峡問題はほぼ落ち着いているであろう、また朝鮮半島の問題もさほど危険視する必要がなくなり、おそらく在沖米軍の沖縄駐留は不要となるだろうとありました。

そしてそれらの計画を日米両政府の正式の政策にするよう要請しました。すると、橋本首相とクリントン大統領との日米首脳会談が行われ、日米両政府はSACO(沖縄に関する特別行動委員会)で、最優先で返還をお願いしていた普天間を加えて一一の基地を返すことに合意しました。ところが、そのうちの七つまでが県内に移設する計画だったのです。口では沖縄の過重な基地負担を軽減すると言いながら、またもや県内に新たに代替基地を新設するなど、到底受け入れるわけにはいかない。沖縄にはこれ以上基地を受け入れる余地はない、として土地の代理署名を拒否したわけです。

佐藤　知事の代理署名拒否は画期的です。沖縄の運命は、沖縄が決めるのだということを、現行法で知事に与えられている権限を活用することで、日本政府とアメリカ政府の双方に対して示しました。このように知事の権力は、必要とされるときに最大限に行使すべきと思います。仲井眞知事だって、その気になれば大田先生と同じことができるのです。

大田　私が日本の大学を出ただけで政治の場に出たのであれば、拒否はできなかったかもしれません。幸いにしてアメリカに留学し、真の民主主義が何たるかをじかに学び取ることができた。そうでなければ権力追従の日本の政治文化、行政組織に毒されて、中央政府の指示に反することはとてもできなかった。国際人権連盟の議長、ボールドウィン氏の言動にもいくどとなく心を動かされました。また、南部モントゴメリーで差別待遇の廃止を求めて黒人たちがバス乗車ボイコット闘争をした際、当時大学で学位を取得したばかりのキング牧師が、その支援活動に没頭していた言動からも、多大な影響を受けたように思います。後にキング牧師がガンジーを尊敬していることを知り、帰国後一人でインドを訪ね、ガンジーの足跡をたどったりもしました。

佐藤　キング牧師の言う、なぜ黒人は待てないか、いまここで、が重要なんですね。「待て」という議論のなかにウソがたくさん包摂される。前から思っていたのですが、先生の場合は、マルクス主義の影響はきわめて希薄ですね。

大田　関心はありましたが、大学での専攻が英語・英文学だったこともあって深く首を突っ込むことはしませんでした。マルクス主義思想それ自体を敬遠したというより、現実のソ連のようなスターリン独裁下の全体主義国家のありようが好きではなかった。マルキシズムとの関連では、一九五二年に東京の大学に在学中、朝鮮戦争に反対する学生運動が盛んでした。戦時中にじかに戦争が何たるかを体験したこともあって、私自身も反戦運動には関心を持ち続けていました。しかし、マルクス主義を信奉し、学生運動の先頭に立っていた学生たちが、いくつかのセクトに分裂してお互いに暴力をふるって対決し合うのを見て、幻滅しました。しかも、各セクトが自派の正当性や無謬《むびゅう》性だけを言い立てて争うのにうんざりして、近づく気になれませんでした。

その上、沖縄戦で友軍が地元住民に対し、また食糧や水が欲しさに、友軍兵士同士で殺戮し合う場面をいくどとなく目撃しているうちにすっかり人間不信に陥り、宗教心まで失ってしまいました。大学では一応宗教学も受講したけれど、まるで身が入りませんでした。ところが、こうして佐藤さんのお話を聞いたり、書いたのを読んだりしているうちに、若いうちにマルキシズムをはじめ哲学や神学などについても本格的に勉強しておくべきだった、と今更のように後悔していますよ。

外務省は沖縄で何をしているのか

佐藤　岡田外務大臣は核密約の検証を宣言して、官僚の心性もわかっているし、普天間問題でも期待を持てると思ったのですが。密約問題に成功すると、実は普天間でも成功するのです。これは実はパッケージです。ただ、気をつけないといけないのは、外務省は沖縄にエース級を送ってきています。タイミングが合っていれば外務審議官や事務次官になってもおかしくないような人たちです。現在の沖縄大使の樽井《たるい》澄夫さんは中国課長をやっていますし、前任の今井正さんはCIAのカウンターパートである国際情報局長でインテリジェンスの専門家です。第7章でお話ししたように、沖縄県の総合事務所には、ほかの役所は持っていない外務省の特殊な通信施設があるのです。モスクワやワシントン、北京の日本大使館と同じで、強度の暗号がかかって高速コンピューターでやらないと絶対に読み解けない。

なんで国内に大使館があるのか。しかも、ロシア語をやっている連中が非常に多い。それは、在沖米軍の総領事などと直接連絡をとって、沖縄内部の動向調査をしているのです。どういう法令上の根拠に基づいて外務省が沖縄県民の調査をしているのか、政権が代わったこの機会に、明らかにさせたほうがいい。あの人たちはアメリカとつながって公安警察みたいなことをやっているわけですから、外交活動の枠はここまでということを決めて、県民に対してちゃんと開示する仕組みをつくっておかないと危ない。他の事務所と比べて来ている人間のレベル、陣容、持っている機材が全然違います。

大田　そんなことはまるで知りませんでした。

佐藤　アメリカは軍の基地の情報は提供しない。日本政府は情報衛星を持っているのですから、アメリカ軍の基地を含めて、何をやっているか衛星で見ないといけないし、おかしなことをやっていたら、文句をいわないといけない。

実は、外務省の沖縄事務所のもう一つの機能はアメリカの行動を見ているのだと思います。この点で気をつけないといけないのは、日本政府はアメリカに従属している、従属国だという見方は大きな間違いだということです。自衛隊とアメリカの利益は完全に一致しているわけではない。沖縄が、アメリカ帝国主義と日本帝国主義の間の草刈り場になっているという現状を、もっと厳しく見たほうがいいと思うのです。

それから沖縄県警の警備公安は本当に県の公安委員長の指揮に従っているのか。平和運動とか、反基地運動に対する調査を公安警察がやっていますが、どこに報告しているのでしょうか。本来報告をする先は沖縄県知事ですよ。

民主党に内在する新自由主義的限界

佐藤　政権交代が実現したのは、民主党が勝利したわけではなくて、自民党が解体してしまったからです。小泉純一郎さんが〇一年四月の自民党総裁選挙で掲げた「自民党が変われないならばぶっ壊す」という公約が実現したのです。権力は空白が嫌いですから、真空掃除機みたいにバッと吸い取られて、民主党の議員たちが入って来ました。特に気をつけなければならないのは、偏差値秀才型で、自民党に行ってても全然おかしくない人たちです。かれらは、地域の基盤に根ざして政治活動を地道に続けて上がってきたのではないからです。

ここで二つの勢力が切られたと思うのです。一方は、アメリカのネオコンにつながるブッシュ的な流れを推した人たち。もう一つ注意しないといけないのは、左派の社会民主主義的な部分がやはり切られていることです。東京で保坂展人《のぶと》さんが落選したことは、きちんと分析しなければいけない。あれだけ自民党に対する批判が高まっている中で石原伸晃《のぶてる》氏に敗北した。右と左の両端が切られることによって、思ったよりも全体が右側にシフトしているのではないか。

排外主義が沖縄に向けられる危険

佐藤 ラインホルト・ニーバーの『Moral Man and Immoral Society』(一九三二年。邦訳『道徳的人間と非道徳的社会』白水社、一九九八年)にはっとする一節があったのです。

もしわれわれがドイツのような近代文明の社会的政治的諸力が最も進んだ形にまでなっている国を規準とするならば、財産を有しない中産階級の政治的自己主張はプロレタリア的形をとらないといわざるをえない。彼らは、それとは反対に、ファシズムに転ずるのである。このファシズムは、貧しい中産階級によりよい未来の希望をあたえるため、十分なラディカリズムと反マルクス主義やナショナリズムの政治政策とを結びつけ、それによって労働者の台頭を恐れる経済界の支配層の支持を得ているのである。中産階級の政治的知性の程度は、彼らが最も富める者と最も貧しい者とが表面的には共同の立場をとるかにみえる政党にひき込まれていくことに示される。彼らの立場の経済的論理がどのようなものであれ、彼らはその怒りをナショナリスティックな精神をもって表現し、また財政上の弊害の除去のためのわずかばかりの要求をもって表現するけれども、けっして徹底的な経済的変革においては表現しないのである。彼らは、その経済的財産を失うだけでなく、文化的財産まで失うのでなければ(たとい経済的にはプロレタリアの立場にまでおちたにせよ)、政治的にプロレタリア的になることはけっしてないであろう。プロレタリアとは異なり、彼らは、国民文化の外側に出てはおらず、まったくそのなかにたっているのである。いまのところでは、打ちつづく経済的圧迫によってこの階級の教育的有利さがまったく制約されてしまい、彼らがプロレタリアの立場にまでおとされるかどうかは、だれも確信をもって答えることのできない問題の一つである。

これはアメリカの神学者で政治学者の、実に鋭い視点だと思います。かつての社会主義運動、マルクス主義的な運動はもはや有効性がない。そして社会では確実に格差が非常に広がってきた。格差の是正はしてほしい。ただし、文化的には私たちは豊かな中産階級であり、決してプロレタリアに転落したとは認めたくない。なぜわれわれが不利益を被っているかというと、外部に変な悪い連中がいるからではないか。誰が悪いか。たとえば足を引っぱる地方であり、外国人であり、あるいは、ニートやフリーターという怠け者である——。

社会民主主義的な一つの確固たる方針は、ある程度税金は取るが、社会福祉を充実させ、地域格差もなくす、というものです。しかし民主党は高所得者に対する増税を言わない。民主党の政策は、いま見る限りにおいては明らかに社会福祉政策です。となると、財源について自民党がついているのは当然で、累進課税の促進や法人税の引き上げ、それで社会的な公平性を担保すると、正直に言うべきです。

小泉政権の最大の問題は、財界が必要以上に政治的力を持ちすぎたことです。それが規制緩和という形で、自らが利益を得やすい方向でゲームのルールを展開してしまった。土建政治より、より悪質です。土建政治は現行のルールに時々反しながら、リベートをもらったり、談合する。

ところが規制緩和はルール自体が特定の企業に有利な状況をつくってしまった。民主党がその状況に対して根本的な是正ができないとなるとイメージ操作と排外主義になります。排外主義が沖縄に向けられる危険性がある。

それは無意識のうちに向けられるのです。偏差値秀才型の政治家は、歴史の勉強をきちんとしていない。沖縄は地域間の格差の最たるもの、これだけの米軍基地を構造的に持たされています。その打破には中央官庁、官僚の間の人脈が重要ですが、沖縄県出身者は中央官庁にはほとんど入れないという現実がありました。いまの幹部クラスで沖縄県出身者はゼロですし、トップを支える国家公務員二種もほとんどいない。

圧倒的に構造的に不利な立場に置かれているということが、民主党の若い国会議員たちに理解できるだろうか。構造から出てくる問題が見えないと、自由競争での敗者であるかのような勘違いをしかねない。歴史性や前提条件を捨象した視野の狭いところで、あたかも自分たちは選挙で勝ったから勝者であるというような新自由主義的な限界を、資質としてはほとんど超えられていないのではないかという心配があります。

大田　もしも今後、民主党がつまずくようなことがあればバックラッシュで、より右寄りの一大連立さえ起きかねません。自民党が逆転をもたらすだけの力があるかは疑問だとしても、万が一にも逆転するようなことになると、国民はたいへん不幸な状態に陥るかもしれない。今回沖縄で民主党から当選した玉城《たまき》デニーさんや瑞慶覧長敏《ずけらんちょうびん》さんは、県レベルの議員さえやったこともないし、正面から基地問題に取り組んできた経験もそれ程あるわけでもない。政治経験の浅い彼らが見事に当選したこと自体、時代の変化を感じさせます。

佐藤さんがおっしゃるように、本土選出の他の民主党議員たちも似たり寄ったりじゃないですかね。ただ沖縄の場合、これまで民主党の県会議員が一人もいなかったのが、今では四名もいるので、今回の意見書も含め今後の動向が大いに注目されます。現在県議会では、基地の存在そのものに反対する社民党系の議員が多数(八名)を占めているので、こと基地問題についてはやや安心できます。が、もしも同党のこれからの政策や活動が県民の期待と信頼を裏切るようなことになれば、その反動はとても大きくなるでしょうからね。

佐藤　だからぜひ民主党の人たちには沖縄民主党と、頭に「沖縄」をつけてほしい。系列化されるような形の民主党ではなくて、沖縄民主党にするべきだと思います。

「沖縄の政治家」は過剰同化から脱却せよ

大田　沖縄独自の政党として本土中央のいかなる政党とも系列化していない沖縄社会大衆党の勢力が急激に弱まっています。地元にしっかりと根付いた政党をもっともっと強くしなければ、山積する「沖縄問題」の解決は至難の業です。これまで沖縄の政党は、中央の政権党と太いパイプを結ばなければ何もできない、といった発想から抜け出せずに、極端なほど事大主義に陥っていた。だが、その成果は皆無に等しかった。

沖縄の場合、過去における政党間その他の諸団体間に、歴史的な根深い対立の背景があって、保守と革新が一体となって事に当たることは、容易ではありませんでした。せめて県の問題だけでも一致団結できたらと、つくづく思わずにはおれません。それが無理なら革新側だけでも結束して、県民党的立場で長年の懸案課題の解決に取り組んでほしい。

それさえもなかなか思うに任せないのですが、諦めるわけにもいかないので、何かと工夫をこらしながら、ネットワークを拡充すべく努めています。それだけに初の超党派・全会一致で県議会の意見書が可決されたことは画期的です。

佐藤 そこが重要で、党派でなく沖縄独自の発信をする。小沢さんが検察と構えていて、鳩山さんも政治資金規正法の問題で緊張があるけれど、検察権力と政治が一体化した時は、本当に恐ろしいことになる。民主党が再編されて権力の亡者や官僚秀才みたいな代議士のような、得体の知れない人が出て来た時は、怖い民主党になりますよ。そのためにも、いま沖縄民主党として主張していく。大田先生を中心として、政治家の経験があってなおかつ全体図を見渡せる人が助言することが重要です。

二〇一〇年二月一五日の琉球新報が、平野博文内閣官房長官の主導で、政府がキャンプ・シュワブ沿岸への移設を模索していると報じましたが、沖縄基地問題検討委員の下地幹郎さんがこれに関わっています。防衛官僚も外務官僚も、沖縄出身の政治家が沖縄県内への移設を提案してくれたので、大喜びしています。この流れを米国の「日米安保マフィア」も歓迎するでしょう。下地さんは、外務官僚、防衛官僚が、沖縄県内の移設をやむを得ないと考えていることに対して過剰同化しているように、私には思えてなりません。

（二〇一〇年四月）

第9章　「過剰同化」を超え沖縄の声を届ける

普天間移設問題をめぐる謀略

佐藤　普天間基地移設問題が鳩山民主党政権の屋台骨を揺さぶっています。この瞬間にもさまざまな情報戦が行われています。いずれも鳩山政権が沖縄県内に移設先を決定するという内容です。こんな報道がありました。

移設先に徳之島検討　普天間　政府、沖縄・米に伝達

鳩山政権が米軍普天間飛行場（沖縄県宜野湾市）の移設問題で、暫定的な移設先としてキャンプ・シュワブ（同県名護市など）陸上部とともに徳之島（鹿児島県）を検討していることがわかった。岡田克也外相と北沢俊美防衛相が二六日、それぞれ米側と沖縄側に検討状況を伝えた際、この内容も盛り込まれていたという。政府関係者が明かした。

徳之島はこれまでヘリコプターの訓練の移転先として浮上してきたが、鳩山由紀夫首相が沖縄県外への移設にこだわっているため、ヘリの拠点自体を徳之島に移す方針に変えた。これに関連し、北沢氏は二七日、長野市で講演し、「普天間の六〇機のヘリコプターを全部引き受けてくれるところはない。二

カ所ぐらいに配置を変える」と述べた。（二〇一〇年三月二八日、朝日新聞）

しかし、米国側がこの案を飲むことはありません。それをわかっていながら、あえて日本政府はこういう提案を行っているのにはわけがあります。それは、キャンプ・シュワブの陸上案が、衆議院沖縄一区選出の下地幹郎衆議院議員から出ているからです。二〇一〇年三月上旬から永田町（政界）と霞が関（中央官庁）で、普天間問題に関して奇妙な情報が流れ始めました。日本政府が近く米政府に対して、キャンプ・シュワブ陸上案と勝連《かつれん》沖案を打診するという内容です。両案ともに米側が受け入れる可能性はまずないことは、この問題を継続的に取材している記者ならばわかります。例をあげます。

陸上案では、シュワブ沿岸部を埋め立てる現行計画に比べて住宅地に近づくため、騒音被害が悪化するという難点がある。稲嶺進・名護市長も強く反発している。しかもヘリポートでは、近く配備が見込まれる垂直離着陸輸送機MV22「オスプレイ」の離着陸に支障をきたす。このため、普天間の継続使用も認めないと米側がのまないとの見方もある。（二〇一〇年三月一九日、朝日新聞）

この朝日新聞の認識を外務官僚、防衛官僚も共有していると思います。

それでは、勝連沖案についてはどうでしょうか。

勝連沖案は、当該海域が遠浅で埋め立てやすいことなどを理由に、平野氏（注＝平野博文内閣官房長官）が関心を寄せる。那覇軍港の港湾機能や、空自の戦闘機や海自の哨戒機が使用する那覇基地（那覇空港）の自衛隊機能もあわせて集約する構想もある。人口密集地から基地機能を移せば、県民の負担軽減につながるとの理屈だ。

ただ、この案も、過去に反対運動の高まりで見送られた経緯があり、今回も地元の理解を得るのは難しい。環境影響評価をゼロから進めるため、基地完成までに一〇年程度必要との見方もある。これでは現行合意の二〇一四年の期限に間に合わない。仮に合意できたとしても、普天間を当分使い続けることになる。（同上）

「移設反対は沖縄の総意ではない」という構図を作り出す

佐藤 繰り返しますが、実現性がないにもかかわらず、官僚はこれらの案を歓迎しています。なぜなら、キャンプ・シュワブ陸上案は沖縄選出の下地議員が提案しているものであり、勝連沖案もそもそも沖縄の実業家が提案したものだからです。沖縄の内側から、普天間飛行場の移設先を沖縄県内とする案が出ていることを官僚は最大限に活用し、「こういう声も沖縄にある。県外移設が沖縄県民の総意ではない」という流れを作りだそうとしています。

これは謀略です。沖縄の民意で、この流れに反撃しないと、県内移設で鳩山由紀夫総理を包囲する流れができてしまう。事態は危機的です。ただし、鳩山総理はまだ最終決断をしていません。正確に言うと、最終決断ではなく、普天間問題に関して鳩山総理がこれまでに決断したのは、「五月に移設先を具体的に決める」ということだけで、他は何も決めていないのです。過去の決断のパターンから見ると、鳩山氏は重大な決断を、その決断が行われる直近の状況をもとに行います。ですから四月末の時点でどういう状況になるかが決定的に重要になります。

普天間問題は、政争の具となっています。民主党の小沢一郎幹事長に近い人々は、沖縄県外移設、反小沢陣営は沖縄県内移設という傾向が日に日に鮮明になっているのです。この関係で、三月二四日に行われた喜納昌吉《きなしょうきち》・民主党沖縄県連代表(参議院議員)と小沢一郎幹事長との会見に私は注目しています。全国紙では、以下のような小さな扱いですが、実に興味深い内容です。

「沖縄県民の期待しぼみつつある」普天間問題で小沢氏

民主党の小沢一郎幹事長は二四日、米軍普天間飛行場(沖縄県宜野湾市)の移設問題で陳情に訪れた党沖縄県連の国会議員や県議らと面会した。出席者によると、小沢氏は移設先について「(鳩山由紀夫)首相は去年の総選挙の前に『最低でも県外』と言っていたからねえ」と振り返った。その上で「県民の民主党に対する期待はものすごく大きい。ただし、色々な情報が錯綜する中で、その期待がものすごく急激にしぼみつつある」と、厳しい現状認識を示した。

(二〇一〇年三月二五日、朝日新聞)

小沢幹事長は、このタイミングで沖縄の民主党議員と会見すればその内容がマスメディアに流れることを想定した上で発言を行っています。「首相は去年の総選挙の前に『最低でも県外』と言っていたからねえ」という小沢氏の発言は、鳩山総理に対するかなり強いシグナルです。小沢氏は、総理に「『最低でも(沖縄)県外』と述べたのは公約だよ。これを反故にするような発言が、平野博文官房長官や北澤俊美防衛大臣から出てくるから、沖縄県民の民主党に対する期待が急激に落ちているのだ」という認識を示し、「このままでは参議院選挙に負けるぞ。わかっているのか」と警告を発しているのです。

喜納参議院議員の小沢幹事長を沖縄の側に引き寄せようとする働きかけは正しいと思います。東京の政局、権力闘争を沖縄のためになるように最大限に活用するのです。民主党沖縄県連がこの動きを続けるとともに、社民党との連携を強め、これから、鳩山総理が決断を約束した五月末までの間、「鳩山総理は総選挙の前に『最低でも県外』と言っていた。われわれは鳩山総理は約束を守る人だと信じている」という主張をできるだけ大きな声でしていくことです。絶対にあきらめず、ありとあらゆる可能性を活用することが大切と思います。

鳩山総理が、総選挙前に「最低でも(沖縄)県外」と言っていたのは、レトリックではなく本音です。まだ最終決断はしていないものの、総理が沖縄県内の可能性に傾斜したのは、与件の変化があったからです。総理の政治思考は数学的です。目的関数を設定し、制約条件を考えて最適解を出します。ここで最も重要な制約条件は、沖縄の民意です。総理の理解では、沖縄の民意とは、二〇〇九年八月三〇日の衆議院議員選挙で表明された民意です。国会議員は有権者によって白紙委任状を与えられているわけではありません。沖縄にとって、普天間飛行場の移設先を県内とするか否かはきわめて重要な争点です。この総選挙で沖縄小選挙区から選出された四人の衆議院議員は、少なくとも県外移設を一丸となって主張しているというのが、東京の政治エリート、論壇人の共通認識でした。鳩山総理、小沢幹事長もそのような認識をもっていたと思います。

「過剰同化」が沖縄の民主主義を破壊する

佐藤　しかし、二〇一〇年二月に下地氏が沖縄県内移設を積極的に主張したために、前提条件が崩れました。下地氏が自らの政治信念として、普天間飛行場のキャンプ・シュワブの陸上部への移設や海兵隊の嘉手納飛行場への統合が沖縄県民の基地負担を減らすために正しいと確信しているならば、それを選挙公約に堂々と掲げて争うべきでした。しかし、この下地氏はそのような行動を取りません。下地氏と彼が所属する国民新党は、一月二四日の名護市長選挙で当選した稲嶺進氏を応援しました。稲嶺市長は、「辺野古の海も陸上も含め、新たな基地は作らせませんと市民に約束した」と強調しています。下地氏のインテグリティー（首尾一貫性）は崩れています。

下地氏は、鳩山総理に、普天間飛行場の移設問題について「鳩山由紀夫首相が五月末までに判断をせず、先延ばしすることがあれば、沖縄県選出の国会議員として六月一日には衆院議員を辞める」（三月二日、産経新聞）と述べ、鳩山総理に県内移設を決断するように圧力をかけています。鳩山総理は、この下地氏の動きを見て、制約条件を変更する必要があると考えました。沖縄には、県内移設を受け入れる「声なき声」があると本気で鳩山氏が思い始めたのです。

おそらく下地氏は、自らが鳩山総理にかけた圧力がもつ意味を正確に理解していないと思います。下地氏が考えているのは中央政界における影響力の拡大です。それが主観的には沖縄のためになると思っているのでしょう。私は以前から下地氏のポピュリズム体質を危惧していました。なぜならこのようなポピュリズムが沖縄の民主主義を破壊するからです。

ここで下地氏の行動の内在的論理を正確にとらえることが重要です。これは沖縄の政治エリートにおける「過剰同化」であると私は見ています。このような事例は、下地氏の場合に限られません。政治漫画家の小林よしのり氏に同調する沖縄のエリートの思考もこれとよく似ています。

小林氏の言説に関して、私はレーニンを思い出すのです。レーニンは何か事をなすときは宣伝（プロパガンダ）と煽動（アジテーション）が必要だと言いました。有権者に対し、宣伝家は有識者に対し論理で訴え、煽動家は大衆に対し感情に訴える。そしてこの二つを使い分ける。宣伝の観点からすると間違っていることも煽動だったらやってもいいのです。たとえば煽動ならば、共産主義はわれわれにとってキリスト教だと言っても構わない。しかし、誤りを防ぐために宣伝家がいないところで煽動してはいけないといっているのです。

小林氏は煽動家であって政治漫画家です。小林氏は直感として、沖縄内部の人間である宮城能《よし》彦《ひこ》・沖縄大学教授の持っている宣伝能力をうまく使えばいいと悟った。一方、『誇りある沖縄へ』(小学館、二〇〇八年)の共著者となった宮城氏は、小林氏を使うことによって、自分が急速に論壇人、学者として、全国的に認知されると考えた。沖縄では静かにしていて、東京で「沖縄で迫害されている人物」として自分を売り出すという〝売名〟を始めたのだと思います。この大学教授の〝売名〟が、日本国民の沖縄認識に関して全国規模で悪影響を及ぼしました。歴史認識、米軍基地問題を巡る沖縄内部の利害相反という疑似争点を作ったからです。

そして沖縄を「同調圧力の島」と批判する。それは常に「沖縄にも基地を受け入れる民意がある」という結論を導き出すために使われます。

沖縄の要求は「基地をなくせ、安全保障も担保しろ」でいい

大田　基地問題に関して彼らは、最初から「基地ありき」の発想に基づいて発言しているだけでなく、沖縄の人たちは被害者意識に囚われているなどと言い立てています。一部の本土の人たちもよく、沖縄の人たちは被害者意識が強過ぎると言うのと同じなんですね。

しかし、「被害者意識」というのは、現実に被害を受けていないのにあたかも受けているかのように主張するものであって、実際に被害を受けている者がその被害についてきちんと事実関係を指摘して改善させることは被害者意識でも何でもない。彼らは両者の違いを意図的に無視して、ごちゃまぜにして発言しているのです。ですからその種の批判は、自らを高みにおいたたんなる非難としか受け止められないのです。

佐藤　ご指摘の通りです。そして沖縄に分断をもたらす議論だと思います。こういう論を展開する人たちは、先島差別を取り上げます。それによって、沖縄本島の側から宮古、石垣に基地があるのかという話を出させ、基地被害の少ない北部と他地域との関係でも利害相反が起きるようにする。本来争点になっていない疑似争点を作ることによって、沖縄にとって重要な課題を回避しようとします。沖縄に基地があったほうがいい、基地で潤うべきだ、と考えている人は良心がマヒしているとしか思えない。日本にアメリカ軍の基地があることによって日本は幸せだと思っている人がいるとしたら、それも同じです。かつてチェコスロバキアにソ連軍の基地があることがいいことだと思っているチェコ人は良心がマヒしていたのと一緒です。

もちろん冷戦終結後の国際政治においても国家間関係の文法というものがあります。国際法は最終的に戦争を禁止することはできません。大田先生にお叱りを受けることを覚悟で申し上げますが、私は現実の安全保障は、核抑止力によって担保されると考えます。外務官僚的な思考から抜け出せていないと言われればそれまでですが、核抑止力を前提としない安全保障に関する議論は現実に影響を与えないと思います。

しかし、この外交の論理に普通の国民が付き合う必要はないのです。ある種の問題について、人間の利害と国家の利害は一致しません。そのことをよく自覚して、交わらない平行線を無理して交差させるのではなく、そのまま平行にしておくのに耐えることが重要です。沖縄は地域エゴを主張しているという批判を恐れずに、自らの利益だけを徹底的に追求すればいい。もっと大きな声で沖縄の利益だけを主張すべきです。

国家の安全保障については、このような沖縄の声を踏まえた上で、国家が考えればいいのです。国家のかわりになって、沖縄が日本の安全保障について考える必要はないと思います。防衛秘密や外交秘密は沖縄に対して閉ざされています。そのような状態で沖縄が、安全保障政策を構築することはできません。沖縄の要求は簡単なことで、「基地をなくせ、安全保障もちゃんと担保しろ」ということです。これは沖縄の要求として当然のことで、そのために沖縄県民は税金を払っているわけです。それを沖縄はわがままだとか、対案を出せというのは、発想の根本が間違っています。それなら前提として独立を付与するべきです。沖縄は独立国家として自ら安全保障や国益を考えればいい。

沖縄県知事は、県民の利益を第一義的に考え、主張し、行動する

大田　まったく同感です。以前に私が軍用地の代理署名を拒否したとき、国から訴えられる可能性があると弁護士たちから言われました。そのような国の決まりがあるとすれば、訴えられてもやむを得ない。しかし、こちらは日常的に被害をこうむる当事者としてあくまでもその不正を

正し、主張すべきことは主張しなければならないのです。ですから、べつに気にもしていませんでした。行政の責任は、何よりも一般市民、県民の命と暮らしを守ることですから……。

佐藤　沖縄県の行政の長として立派な決断と思います。沖縄県知事は、沖縄県民の利益を第一義的に考え、主張し、行動するというのは、当然のことです。別に大田先生は反米主義者ではない。宮城能彦氏、小林よしのり氏などはレトリックとして反米ナショナリズムを使うが、実際にアメリカと対峙する行動はとらない。逆に大田先生には反米ナショナリズムなどない。しかし、沖縄の利益を保全するためにアメリカと激しく対立することもある。

ただしアメリカ政府は大田さんを尊敬しています。それは、大田県政が示したのが沖縄のデモクラシーの力だからです。そしてその影響は続いています。二〇〇七年九月の、文科省が「集団自決（強制集団死）」から日本軍強制の記述を削除したことに抗議する「教科書検定意見撤回を求める県民大会」を実現させ、一一万六〇〇〇人を集めたのは沖縄のデモクラシーの力です。

大田　ところが、宮城氏らはその県民大会を、恐喝裁判の県民大会だという趣旨の発言をしています。とんでもないことです。もし本気でそう考えているのなら、地獄をいくつも束にしたような、と表現されるあの沖縄戦を体験した沖縄の人々を愚弄していることになります。住民の集団自決に関わる教科書検定問題は、歴史の真実を隠蔽していて、いかなる意味でも看過できない重大な問題です。

佐藤　特に宮城氏のレトリックが不思議な性格を帯びています。日本やアメリカに対する強い異議申立をする権利があるとしながら、この程度のことでエネルギーを使っていいのかと言う。

自らの歴史的体験を日本国家に否定されるという状況を宮城氏は真摯に受け止めていない。県民集会という示威行動を選択せざるを得なかった沖縄の客観的な状況を貶《おとし》めているのです。

大田　政権交代と米軍の基地再編問題との絡みで在沖米軍基地問題の解決がかつてない正念場を迎えている現在、沖縄の次世代を担う人々がどう対応するのかが問われています。しかし残念ながら沖縄青年会議所が小林氏の講演を主催するなど、二〇〇九年に沖縄から初の日本青年会議所の会頭（第五八代）になった安里繁信《あさとしげのぶ》氏らも、これまでほとんど基地問題について発言したりその削減、撤去に向けて活動したりした形跡はなかったのです。つまり、戦争世代の苦難を追体験することもなしに目先の利益ばかりに目を奪われているようですね。

佐藤　そのように、上の世代の知的な継承、歴史的な問題の継承をしない。こういう人たちが保守派と自己規定することは矛盾しています。保守とは郷土の伝統の上でのみ、成り立つ概念だからです。そして本土への過剰同化、ヤマト人よりもヤマト人的になることで差別を解消しようとする。これは、戦略的にも戦術的にも間違っています。もともと沖縄の特徴は学問の島だというところにあると思います。沖縄には武士道がない。そのかわり吏道や学問に対する真摯な姿勢があります。武士道とは違う価値観で生きる場が沖縄なのです。

「基地か地域振興か」の二項対立自体が誤り

大田　そもそも彼らは米軍基地がどのような経緯で今日に至るまで沖縄に置かれたかについて、ほとんど考えようとしない。日米安保条約の締結や地位協定の取り決めにさいして、沖縄代表は全く関わっていないだけでなく、一九五二年の旧安保条約とそれに伴う行政協定や、六〇年に改定された新安保条約と日米地位協定など、基地の立地に関する規定を含む文章のどれを見ても、基地を沖縄に特定して置くとは書いていません。それどころか日本全国どこにでも基地を置くことができるようになっていたのです。これを全土基地方式といいました。ですから現在在日米軍基地の大半を沖縄に集中せしめているのは、明らかに沖縄に対する差別的処遇なのです。

佐藤　そうです。基地問題に対して、なぜ沖縄がこれほどこだわるのか。それはそこに日本の中での沖縄差別が目に見える形で現れているからです。

大田　本土にも基地はありますが、多くの場合戦前から軍事都市として知られたところで、しかも圧倒的に国有地が多い。沖縄の場合、基地はほとんどが市町村有地か私有地におかれているのです。なぜそうなっているのか、ろくに検証もしないまま、沖縄が基地に反対するのは沖縄のエゴイズムだなどという議論が大手を振ってまかり通っています。沖縄の立場についての理解が足らなさ過ぎると言わざるをえません。

佐藤　「基地か地域振興か」などという二項対立を立てること自体が間違っています。それだったら売春公認地区だった「赤線」だって地域振興ということになる。これを廃止したら、地域の経済が弱くなる。こういう議論とまったく一緒です。

大田　おっしゃる通りです。私は、沖縄内部から支配権力に媚びて金で魂を売り、平然としている一部の人たちがいることを、この上なく情けなく、恥ずかしく思います。そういう一部の買弁的、事大主義的人々がいつも沖縄の立場を弱くしているからです。彼らはことさらに基地と振興策とをパッケージにして捉え、権力者の言いなりになっています。

佐藤　残念ながら、下地幹郎衆議院議員は、大田さんの表現では「買弁、事大主義」、私の表現では「過剰同化」を起こしています。下地氏には、琉球・沖縄史の知識、また政治学の知識が決定的に欠けている。経験だけで問題を処理しようとするからこのようなことになるのです。

「主権国家としての尊厳と誇りを取り戻した」フィリピン

大田　アメリカには、日本政策研究所のC・ジョンソン(一九三一〜二〇一〇)所長を始め、経済戦略研究所のS・クレモンス副所長、ケイトー研究所のD・バンドー上級研究員ら、オーストラリア国立大学のG・マコーマック名誉教授、G・クラーク多摩大学名誉学長らのように沖縄問題を熟知して、普天間移設問題を巡る日米両政府の対沖縄政策を批判し、適切な解決策すなわち代替基地なしの返還を求めている知性豊かな研究者たちがいます。

その反面、アメリカの一部の政府高官やいわゆるジャパン・ハンドラー、脅迫めいた強硬な発言をするネオコングループの発言を聞いたり読んだりしていると、今もって、沖縄が主権国家日本の一部でなく、アメリカの領土か、占領下にあるかのように見なしている気がしてなりません。それというのも日本が、主権国家の体をなしていないからだと思います。私は、基地と地域振興のパッケージ論を聞く度に、フィリピンが基地を撤去させた時のことを思い出さないわけにいきません。

一九九一年九月一六日、フィリピン議会上院で、四七年に結ばれた米軍基地貸与条約の期限切れに際し、比米友好協力安全保障条約が批准されることになりました。スービック米海軍基地の使用を二〇〇一年の九月まで一〇年間延長し、比国側が同意すればその後の使用についても協議できる、いわば事実上の無期限延長に道を開く内容でした。アメリカはその見返りとして最初の一年間は三億六二八〇万ドル、次の年からは基地使用終了まで毎年二億三〇〇万ドルを支払う旨約束しました。しかし、この巨大な金額は条約に規定されず、ブッシュ大統領がアキノ比大統領に書簡で約束したに過ぎず、必ずしも実行される保証はありませんでした。

ちなみにフィリピン憲法の規定では、この新条約が批准されるためには上院（定員二四うち一人欠）の三分の二、つまり一六議員以上の賛成が必要でした。八議員が反対すれば批准はできなくなるのでした。採決の結果は賛成一一反対一一でしたが、議長が反対に回って反対一二になり、新基地条約は否決されました。その結果、翌九二年一一月二四日に、在比米軍基地の全面的撤去が実現しました。

私はその後、一九九四年にフィリピンを訪れ、クラーク基地とスービック基地跡地をそれぞれ視察してきました。そのさい、基地撤去の決定に加わった俳優出身のエストラーダ副大統領や外務大臣の話を聞くことができました。私が基地を撤去すればフィリピン経済は苦境に陥ると言われながらも、何故あえて撤去に踏み切ったのですか、とお聞きしたところ、同副大統領は、「たしかに一時的には経済は厳しいかもしれないが、フィリピン国民は主権国家としての尊厳と誇りを取り戻すことができた」と答えられました。私は、その一言にすごく感動したものです。基地撤去の決定に大きな役割を果たしたサロンガ元上院議長は、後に「この日こそ真の独立の日」として喜んだとのことです。しかも同元議長は、九二年九月一六日に国立フィリピン大学で開かれた新基地条約拒否一周年に際しての演説で、拒否決定についてこう語っているのです。

「条約に対する私の非妥協的な態度が、私が大統領になるチャンスを損なうかもしれない、と友人たちが善意で警告してくれた。しかし私は答えた。そんなことは重要なことではない。重大な危機の時代には、わが(民族の)殉教者や英雄たちは、国民の自由のために命を投げ出したではないか。彼らの命の価値にくらべれば、地位などに何の重要性があるのだろうか。私は生涯に二度、死の谷(注＝日本軍による投獄と、マルコス政権下で起きた爆破事件)を歩いた。人生で地位や肩書は問題ではない。本当に重要なのは、政府内の地位があろうとなかろうと、国民に真につくすことなのだ」

佐藤　沖縄選出の国会議員が沖縄のためにそういう姿勢を貫かなくてはなりません。

大田　もう一つ感心させられたのは、スービック基地の弾薬庫だった大きな建物が縫製工場になり、一〇〇名余の若い女性たちがたくさんの中古ミシンで高級紳士服を作り、欧米に大量に輸出していると聞かされ、「うん、これだ」と思わず膝を打ったものです。沖縄の反戦地主たちが常々、祖先から受け継いだかけがえのない貴重な土地は軍事基地に使わせるのでなく、人間の幸せにつながる生産の場にしたいと語っていることが、そこに実現していたからです。

スービック基地は民間転用されると、すぐに台湾企業などが入ってきて、つとに二〇〇社以上が進出、企業誘致の中心地となっているほか、アジア太平洋経済協力(APEC)の首脳会議場に利用されたりもしました。沖縄も、ぜひこのフィリピンの実情から学びたいものです(二〇一五年に米比防衛協力強化協定（ＥＤＣＡ）が合意され、フィリピン国内の五基地の米軍使用が可能となった。ただしＥＤＣＡが定めたのは米軍が基地施設を建設し、それをフィリピンに移管した上で米軍が使用するという枠組みであり、さらに二〇一六年六月、米軍撤退を公言するドゥテルテ大統領が誕生したため、かつてのような米軍駐留が再現されることはなかろうと思います）。

佐藤　日米安保条約の一番の問題は、日本は独立国家であるにもかかわらず、外国の軍隊が、日本国が実効支配しているすべての場所に任意に展開することができると謳っていることです。ここで、私は北方領土問題がものすごく重要だと思うのです。第一次安倍内閣で外務事務次官を務めた谷内正太郎さん（現・国家安全保障局長、内閣特別顧問）が毎日新聞のインタビュー（二〇〇九年四月一七日）で、三・五島返還論を言って大変に問題になりましたが、彼の発言で本当に重要なのはそこではありません。返還後の北方領土が非軍事化するということがある、と言っている、ここがポイントなのです。

つまり北方領土が返還されて日本領になる。しかし、日米安保の適用除外地域になるということなのです。日本政府がちゃんと踏み込んで北方領土問題に取り組むということは、沖縄の基地問題の解決に大きくプラスになると思います。

大田　確かにその通りだと思います。北方領土問題については、私も参議院の外交防衛委員会に所属していた関係もあって根室から現地視察したことがあります。

私は、北方領土問題を解決する上で、沖縄返還の実現過程が良い参考になるのではないかと考えますが、沖縄の経験は、ほとんど生かされていないように思われます。

佐藤　現役時代、沖縄返還の経験を生かそうと努力したのですが、十分それができなかったことを後悔しています。潜在主権を確認させ、施政権返還という段階を踏んでいく。奄美、小笠原、沖縄の返還が段階的になされたように北方四島問題の解決についても段階的な解決を模索する。こういった点は、今後の北方領土交渉で生かされることになると思います。

米軍再編の実態が報じられない日本

大田　翻って、現在問題になっている普天間問題の解決については、最善最短の解決方法は、普天間のヘリ部隊を真っ先にグアムに移すことだと思います。ご承知の通り、すでに日米両政府間で在沖米海兵隊八〇〇〇人とその家族九〇〇〇人を二〇一四年までにグアムに移すことは合意ずみです。それにはキャンプ・コートニーの海兵隊司令部要員も含まれています。ですから八〇〇〇人の中にヘリ部隊も含めて移してしまえば、何も沖縄県内に普天間飛行場の代替施設を作る必要は全くなくなります。私は、ずいぶん前からそのことを主張し続けてきましたが、中々取り上げてもらえません。

普天間のヘリ部隊は、そこに常駐しているのでなくて、イラクやアフガニスタンなどへ出動して半年ほども留守にしているのです。それでも日本の安全保障に支障を来たすような事態とはなっていません。それどころか、現在、米海軍省が推進している「グアム統合軍事開発計画」を見ると、米軍の世界的再編との絡みで、普天間のヘリ部隊もその一環としてグアムに移すことが予定されています。

この計画はグアムに軍事的一大ハブを作るだけでなく、テニアンや北マリアナ連邦なども視野に入れて計画されています。そして、すでに八〇〇〇頁に及ぶ移設先地域一帯の環境影響調査報告書も出来上がっていて、現在公告縦覧を実施して住民の意見を徴している最中です。

その結論は来る四、五月に出る予定ですが、資金問題なども絡んで、果たして当初計画通りに実現するかは今のところ未知数です。が、私は大いに可能性はあると思っています（日米両政府は二〇一三年一〇月、在沖縄海兵隊のグアム移転を二〇年代前半に開始することで合意。日本政府も資金を提供する形で、グアムの米軍基地内に駐機場や射撃訓練場の整備などを進めている。米海軍省は一六年三月、グアム移転に必要な施設整備に関し、二〇二二年に初期の運用が可能となり、二六年には完了するとの見通しを示している）。

というのは、グアムには、普天間飛行場の一三倍、嘉手納飛行場の四倍の大きさで、B52爆撃機の基地だったアンダーセン空軍基地があって、今はガラ空きの状態ですから、受け入れる余地は十分にあると思われるからです。ただ気になるのは、グアムもテニアンなどもさる大戦で沖縄同様に表現を絶する悲惨な目にあっているので、住民が基地の受け入れに賛同するかどうかについては十分に配慮すべきだと思います。

佐藤　確かにグアムやテニアンの人々の民意に反することを、われわれが強制するのはよくありません。

大田　ちなみに、クリントン政権の対日政策のブレーンの一人だったジョージ・ワシントン大学のM・モチヅキ教授は、ブルッキングス研究所のM・オハンロン研究員とともに、普天間問題について、九八年三月四日付の『ロサンジェルス・タイムス』に、つぎのような趣旨の論考を投稿しています。

在沖米軍の規模はなぜこのように大きいのだろうか。第一に、米側は、沖縄は航空輸送、物資保管、戦闘機作戦や水陸強襲といった、この地域において必要とされる可能性のある〔明らかに対北朝鮮〕作戦にとって、抜群の足場であるとして、沖縄（の価値）を正しく評価している。これらは嘉手納基地や軍事物資を沖縄にとどめておく正当な論であるが、大多数の海兵隊を駐留しておく理由にはならない。

第二に、米側は、在日米軍兵力の削減はこの地域の安全保障に対する米国のコミットメントの弱化を示すことになると懸念する。しかし、この論には欠陥がある。在沖海兵隊に加え、米国は、二万五〇〇〇人の兵員を日本に、三万七〇〇〇人を韓国に駐留させている。西太平洋ではさらに何千もの兵員が定期的に航行している。日本と韓国、グアムの米軍基地ネットワークによって、危機の際には急速な（軍事力の）増強が可能である。

さらには、海兵隊は米国に戻る必要はない。米国は五〇〇〇人を沖縄に、少なくとも一万人をオーストラリアに、そして数千人以上をおそらく韓国に駐留できるであろう。海兵隊受け入れへのオーストラリアの関心に応じることによって、米国は、インド洋あるいはペルシャ湾での作戦活動に有益な中核と、訓練のための事実上無制限な場所を得られるだろう。

このように、在沖米海兵隊の削減については、じつに多くの提言がなされているのです。

佐藤　実に興味深いです。こういう報道が全国紙や週刊誌、月刊誌でほとんどなされていないので、日本国民がもつ情報が偏《かたよ》っているのです。

（二〇一〇年五月）

第10章　普天間問題の存在論を問う

情勢論に呪縛された内地人

佐藤　二〇一〇年四月二五日に、沖縄県で、「米軍普天間飛行場の早期閉鎖・返還と、県内移設に反対し、国外・県外移設を求める県民大会」が行われました。地元紙・琉球新報の報道を正確に引用しておきます。私は今回はここであえて、沖縄以外の日本を内地と表現します。沖縄人が嫌がり、内地人が沖縄人の神経を逆撫でするのではないかという思いから口にしたがらない内地という言葉に、沖縄と本土の関係が象徴的に示されているからです。内地の新聞は、朝日新聞から産経新聞まで、同じ視座から普天間問題を見ています。ようするに日米(軍事)同盟による抑止力と、沖縄の反発の間でどのような解決策を見いだせばよいかという情勢論の視座です。これでは問題の本質、言い換えるならば問題を存在論的に理解することができません。琉球新報、沖縄タイムスなど沖縄のマスメディアが報じる情報を基本に考えないと、普天間問題の存在論を見失ってしまいます。それでは、県民大会について報じる報道を見てみましょう。

「普天間」県内ノー　九万人超決意固く

「米軍普天間飛行場の早期閉鎖・返還と、県内移設に反対し、国外・県外移設を求める県民大会」（実行委員会主催）が二五日午後三時から読谷村運動広場で開かれた。日米両政府に県内移設の断念を迫り、国外・県外への移設を求める大会決議と、日米地位協定の抜本的改定を求める大会スローガンを採択した。

日米特別行動委員会（SACO）合意から一三年余が経過しても返還が実現しない普天間問題をめぐり、初めて超党派で政府に県内移設反対を訴える歴史的な大会となった。

実行委員会は、渋滞で会場に到着できなかった人（試算一万人）を含め、参加者を九万人と発表した。二四日の八重山郡民大会（主催者発表七〇〇〇人）、二五日の宮古地区大会（同三〇〇〇人）を含め、計九万三七〇〇人が大会に賛同した。

沖縄へのこれ以上の米軍基地の押し付けを認めない県民の民意が両政府に示されたことで、五月末の決着を目指すとした鳩山政権の移設先見直し作業に大きな影響を及ぼす。

あいさつに立った仲井眞弘多知事は「一日も早い普天間の危険性除去は言うまでもなく、閣僚によっては固定化もありうるとの発言をちらほら聞くが、絶対許してはならない」と訴え、鳩山政権が衆院選で約束した県外・国外移設の履行を要求した。

大会は、共同代表の一人である翁長雄志《おながたけし》那覇市長の開会宣言で幕開けし、高嶺善伸《ぜんしん》県議会議長が主催者を代表してあいさつした。普天間飛行場を抱える伊波洋一《いはよういち》宜野湾市長、県内での移設先として取りざたされる稲嶺進名護市長、島袋俊夫《しまぶくとしお》うるま市長らも、受け入れ反対で決意表明した。（中略）

会場を埋め尽くした参加者は、大会のシンボルカラーである「黄色」のTシャツや小物を身に着け、県内移設に傾く政府に「イエローカード」を突き付けた。大会が始まっても会場に向かう道路は渋滞が続いた。

（二〇一〇年四月二六日、琉球新報電子版）

既に東京の永田町（政界）や霞が関（中央官庁）では、「県民大会に参加したのは主催者側発表の約半数、四万〜五万人程度に過ぎない。県民大会は、思ったよりも盛り上がらなかった」という情報が流れています。また、「仲井眞弘多沖縄県知事のアピールが思ったよりもおとなしかったので、安心した」という声も聞こえてきます。

「差別に近い印象すら持ちます」　仲井眞知事の発言

佐藤　ちなみに仲井眞知事の発言も正確に引用しておきます。

こんにちは。ご紹介いただきました県知事の仲井眞です。すごい集まりですね。私、初めてこういう体験を致しました。この実行委員会の皆さん、そして、いろいろお手伝い頂いた大勢の皆さんに敬意を表することであります。今回、私は二点に絞って意見を申し上げたいと思います。

第一は「普天間飛行場の危険性を一日も早く政府は除去せよ」。これが第一でございます。

第二は「過剰な基地負担、沖縄県民が負う過剰な基地負担を大幅に軽減せよ」。これが第二でございます。

第一の一日も早い普天間飛行場の危険性の除去。これは申すまでもなく、固定化は絶対だめだ。閣僚によっては固定化あり得べし、というような発言もちらほら聞かれました。これは絶対に許してはなりません。

そしてまた、鳩山政権は昨年の衆議院選挙で多くの県民の、多くの国民の支持を得て内閣がスタートしました。沖縄県民に対して、公約通りの解決策、特に普天間飛行場の問題に対する、責任ある解決策を示さなければいけません。公約に沿ってネバーギブアップ、しっかりやってもらいたいというのが私からの注文でございます。

そしてまた、我々も危険や、生活に及ぼすいろいろな脅威に対して、私も行政の責任者として、あらゆる可能性を追求して、それの防止に努めることが私の務めでございます。全力を尽くして取り組んで参ることをお誓い申し上げます。

そして、第二の過剰な基地負担の抜本的な軽減です。終戦からかれこれ七〇年、日本復帰をしてから四〇年たちました。戦争の痕跡はほとんどなくなりました。しかしながら、米軍基地、基地だけは厳然と、ほとんど変わることなく目の前に座っているわけでございます。

ですからこれは、日本全国でみれば明らかに不公平、差別に近い印象すら持ちます。そして、私は日米安保条約、日米同盟というのを支持する肯定する立場にありますけれども、応分の基地負担をはるかに超えた負担でございます。それは絶対に、政府にきちんと取り組んで、素早く早急に解消してもらうよう要求して参ります。

そして、全国の皆さん、沖縄の基地問題は沖縄だけの問題ではありません。全国の皆さんのお一人お一人の安全が、安全保障が沖縄に連なっております。どうか皆さん、基地負担の軽減にお力を、手を差し伸べて頂きますよう、心からお願い致します。

以上の二点ですが、今日お集まりの皆さまのこの迫力、この熱気、必ずや日米両政府を動かして、県民の納得のいく解決策を用意してくれるものと私は確信を致しております。そして、なお、県民の多くの皆さまのお力を得て、先日、二一世紀の沖縄のビジョンというのを作成致しました。

これは高校生も入った大勢のみんなでつくったものです。この中の基本は「二一世紀、沖縄は基地のない平和な沖縄を目指そう」。これが基本となっております。チャレンジして参りましょう、ありがとうございます。

（四月二五日、朝日新聞デジタル）

4.25 県民大会で発言する仲井眞知事
（2010 年 4 月 25 日，琉球新報）

仲井眞知事が、県外、国外という姿勢を鮮明にしていないことを批判する向きもありますが、それはピントがずれていると思います。仲井眞さんの従来の立場を図式的に整理するならば、辺野古沖合以外の沖縄県内案は、拒否するということです。その立場との首尾一貫性をもたせようとすることは、保守政治家として当然と思います。

むしろ、私は仲井眞知事が、〈終戦からかれこれ七〇年、日本復帰をしてから四〇年たちました。戦争の痕跡はほとんどなくなりました。しかしながら、米軍基地、基地だけは厳然と、ほとんど変わることなく目の前に座っているわけでございます。／ですからこれは、日本全国でみれば明らかに不公平、差別に近い印象すら持ちます〉という表現で、沖縄に対する中央政府の差別について述べたことを重視すべきと思います。
仲井眞さんは、旧通産省の技官（技術官僚）です。官僚の内在的論理、官僚機構の暴力性を皮膚感覚でわかっています。仲井眞さんは、自分が考えていることを思想の言葉では語っていませんが、このあいさつには政治的発言を超える存在論的な響きがあります。

「沖縄と本土の間で歴史認識を巡る問題が起こる」

佐藤　二〇一〇年三月三一日、沖縄を訪れた鈴木宗男衆議院外務委員長（新党大地代表）が仲井眞知事と会談しました。この会見について、鈴木氏は私に、「仲井眞知事は、『現在のような状態が続くと、沖縄と本土の間で、深刻な歴史認識を巡る問題が起こる』と懸念していた」と述べていました。仲井眞知事は鈴木氏に重要なシグナルを出したと私は受けとめました。
前に述べたように、全国紙は普天間基地の移設問題を、情勢論としてとらえています。これに対して、沖縄はこの問題を存在論としてとらえているのです。この差異が、今後、日本の国家統合に深刻な影響を与えかねないことを仲井眞知事は心配しているのだと思います。情勢論と存在論の違いについては、全共闘世代に影響を与えた作家・高橋和巳（一九三一〜七一）の以下の考察が参考になります。

理念は、すでになされたことの正当化としてあとからつけ加えられたものにすぎない。そこでは現に大きな力をもって存在するものは、その存在の善悪美醜にかかわらず承認される。いきおいすべての論議は力関係で処理され、現にあるものの見方の相違、立場の相違が問題になるけれども、現にあるものがよいのか悪いのか、または、現にあるものが、本当にあるべきものなのか、なくてもよいものなのかという、道徳的な、あるいは存在論的な問はどこからもでてこないのである。現在あるような型での人間存在はなくていいといった感情や、総体として人類の文明史は間違っているのではないかといった絶望的疑惑は、情勢論的思弁とは遂に無縁なのである。

（「孤立無援の思想」『高橋和巳作品集7』河出書房新社、一九七〇年）

東京の大多数の国会議員、官僚、新聞記者、有識者は、抑止力理論を前提にして、中国、北朝鮮の日本に対する脅威に対応するためにはどこに米海兵隊を配置すればよいかという問題設定をしています。これは情勢論です。これに対して沖縄のエリートと民衆は、沖縄と沖縄人が名誉と尊厳をもって生き残るためには、何が必要で、何が必要でないかという存在論から問題を設定しています。米海兵隊の存在だけでなく、沖縄が内地と提携していくことの是非にまで踏み込んで、沖縄人は問題を設定しているのです。別の言い方をすると、情勢論について話し合う信頼関係が、沖縄と内地の間で欠如しかけているということです。

沖縄は対中安全保障の「捨て石」か

佐藤　県民大会後、東京の政治家や有識者からこんな議論がでてくるのではないかと私は予測しています。

——米国の海兵隊が日本から絶対に出て行かないという見方は間違えている。日本政府が「沖縄の海兵隊は日本国外にお引き取り願いたい」と言えば、米国は「はい、わかりました」と言って出て行く。その場合、沖縄に駐留する部隊だけでなく、全海兵隊部隊が日本から撤収する。抑止力には独自の文法がある。海兵隊が日本から撤収すれば、その隙をついて中国が沖縄近辺に進出する。一九九二年の領海法で中国は尖閣諸島を自国領に編入した。現在、日本が尖閣諸島を実効支配しているが、この状況を中国が覆そうとするかもしれない。それを抑止するためには、沖縄に海兵隊を駐留させるほかない。沖縄の人々にはお気の毒だが、ここは日本全体の安全保障のために我慢してもらうしかない。鳩山総理が沖縄県民に対して、深く頭を下げ、謝罪し、沖縄県内への移設を受け入れてもらうしかない――。

これは、太平洋戦争の末期に、本土防衛のために沖縄を「捨て石」にした大本営参謀の論理と同じです。抑止力という情勢論ではなく、沖縄と沖縄人が名誉と尊厳をもって二一世紀に生き残るためにどうすべきかという存在論を構築しないと、再び沖縄が「捨て石」にされる危険があります。

もっとも、沖縄選出の与党政治家でも、情勢論からしか問題を見ることができない政治家がいます。県民大会に参加しなかった国民新党の下地幹郎衆議院議員（沖縄一区）です。下地氏は、県民大会前日のブログ「沖縄が決める！」でこう言っています。

> 四月二五日の県民大会に仲井眞県知事が参加されることが決定的になったようであります。そのことが基地問題においてどのようなことを導き出すのかを考えてみなければなりません。仲井眞弘多沖縄県知事、儀間《ぎま》光男浦添市長、伊波洋一宜野湾市長、翁長雄志那覇市長。この四人が、今年初めに沖縄タイムス・琉球新報の記事に名前が挙がっていた知事候補です。その知

事候補と目される四人が四月二五日の大会に参加し、決議文に賛成し、シュプレヒコールをあげるということは、一一月に行われる知事選に立候補した場合、県民に提案するマニフェストにおいて普天間基地の移設問題については、自ずと県外・国外を約束するということになります。

すなわち、この県民大会に参加をしたにもかかわらず県知事選挙に出た時に県内移設を主張した場合には、信条的・政治的に説明がつかないということになります。

そのことを日米両政府は重く受け止めた中で、五月末までに決定する普天間移設に大きな影響を及ぼすということを考慮しなければなりません。

海を埋め立てる権限は県知事が持っています。

つまり、辺野古の埋め立てを中心にした現行案を実現するためには県知事の認可が必要な中で、四人の知事選立候補予定者が県内移設反対を主張するということは、現行案が完全に不可能になったということを意味することになります。

もし日米両政府において現行案の可能性を模索している人がいたとしたならば、四月二五日の大会がその可能性を完全にゼロにしたということを認識すべきであります。

仲井眞知事も四年前には現行案を公約してきたのですが、四月二五日の大会以降は現行案を推進するということは政治的に不可能になりました。

また、仲井眞知事が再選を狙うにおいても、公約そのものが県外・国外ということになってしまうことが決まった以上は、この案に僅かな望みを抱いていた人々に対する、認可権を持った知事の最後の通告であると考えるべきであります。

仲井眞知事が政策的に大転換をしたことは、基地問題の姿が一九九六年の橋本モンデール会談が行われた当時の大田県政の政治スタンスに戻ったと考えるべきであります。

つまり、稲嶺県政八年、仲井眞知事自らの四年間という現実的な基地問題の解決が、一挙に県外・国外になることで大田県政とのあの激しい選挙の対立軸の政策がなくなったということになり、四月二五日の大会に参加するということは、稲嶺県政八年、仲井眞政権四年の合計一二年間のつみあげを一瞬にしてリセットし、大田県政に戻る本当に大きな判断だったということを自ら認識をすべきであります。

また、そのことは儀間浦添市長においても翁長那覇市長においても言えることであります。

沖縄の政治状況を、アメリカ側はしっかりと認識すべきであるということを、これからの日米交渉の中で基本的なこととして認識した後、沿岸案以外の別の選択肢を模索しなければなりません。

下地氏の議論では、大田県政が諸悪の根源のようです。大田先生が県知事として行った苦渋の選択を理解しようとする姿勢が下地氏にはまったくありません。問題はそれだけではありません。

下地氏は、知事選挙という権力闘争の観点からしか県民集会を見ていません。ここで下地氏が名前をあげている仲井眞知事、儀間光男浦添市長、伊波洋一宜野湾市長、翁長雄志那覇市長は、それぞれ知事のポストを得ようという野望をもっているかもしれません。しかし、それだけで県民大会に参加したのではありません。沖縄と沖縄人が名誉と尊厳をもって生き残ることを、存在論的に真剣に考えているから、県民大会に参加したのです。その人間としての真心が下地氏にはわからないのです。下地氏の根底にあるのがシニシズム(冷笑主義)であることは、県民大会当日の下地氏のブログの内容から明白です。

今日の沖縄県民大会は、これまでの戦後六〇余年間、沖縄が強いられてきた耐えがたい思いを全国へ発信したと思います。

しかし、私ども沖縄は、現実を直視した対応をしていかなければなりません。理想であり、終局の目標である県外・国外移設を叫ぶタイミングは難しいものがあります。

普天間基地の県外・国外移設という将来の目標へ向かって、力強く対等な日米交渉を行い、普天間の危険除去、在沖米軍基地の負担軽減を同時に解決していかなければなりません。（同右）

県内移設が沖縄にとって、所与の条件下、最善の選択と下地氏が自らの政治的良心に照らして考えるならば、そのことを率直に述べるべきです。それを〈理想であり、終局の目標である県外・国外移設を叫ぶタイミングは難しいものがあります〉というレトリックで、あたかも県外・国外移設を追求しているがごとく装うことは、政治家として不誠実です。

植民地の構造が見えていない内地人

佐藤　沖縄人だからといって沖縄のことを正確に理解できるとは限りません。たとえば米国人のダグラス・ラミス氏が、批評家の仲里効《いさお》氏との対談で沖縄の米軍基地問題を存在論的に語っています。ラミス氏は植民地支配という視座からこの問題を考察するという観点からこう述べています。

基地は反戦平和の問題の側面もあるが、もう一つ、植民地という側面もある。日本領土の〇・六％の面積しか持たない沖縄に、在日米軍基地の七五％が集中しているとよく聞くが、これは非常に複雑な発言だ。反戦平和だけだったら、統計はいらない。数字は不平等をはっきり表すものであり、不平等に対する不満が米国と日本両方に向けられている。

常識的に考えれば、不平等の解決は平等にすることだ。それは説明する必要もない。しかし、不平等はいけないと言えても、平等に、つまり県外移転と言えたのは勇気ある少数派だけ。本土へ持って帰ってと多くの人が言い始めたのは最近だ。

では、持っていくならどこに移すのか。政府はまじめに調べたり交渉したりせず、反対運動が起こりそうな本土に基地は置けないと言い、辺野古での座り込みなどの抵抗は無視できる。ここには植民地の構造が露骨に見える。

（琉球新報、二〇一〇年四月二五日）

この植民地の構造が、内地人にまったく見えていないことが問題なのです。それは、内地人がどのような過程を経て、沖縄が日本に併合されたかについて、知らないし、知ろうとしないからです。ラミス氏は、〈歴史的に見ると、沖縄は独立王国が軍事力で侵略され、その後政府が倒され、日本の一部となった。そして同化政策で文化がつくり直され、多くの人が自分は日本人だと説得される過程をたどった。植民地となり、最終的に同化政策が成功したならば、日本だということになるが、そうならばこの差別的な扱いは何なのか。沖縄が日本の他の県と全く違いがないのなら、先に述べたような政府（注＝米軍基地負担に対する沖縄と内地の格差を日本政府が是正しようとしないこと）の対応はどう説明するのか、ということだ。〉（同上）と問題を提起します。この問題を解明するためには、なぜ沖縄が軍事基地化されたかについて、知っておかなくてはなりません。

戦争開始前から沖縄分離を検討していたアメリカ

大田　米政府が沖縄戦の開始と同時に沖縄を日本から切り離して軍事基地化したのは、対日本本土作戦を遂行するうえで、沖縄の地理的条件からくる半ば不可避の条件であったから、沖縄の分離は、天災にも等しいものと受けとられました。

しかし、米軍による沖縄の軍事基地化は、太平洋戦争が始まって間もない頃から米国政府内部で周到に計画されていたものです。しかもその計画を後に日本政府が支持したことで、沖縄は日本から切り離されて米軍の基地にされたのです。沖縄の分離は明らかに政治上の人災にほかなりません。日本からの分離をはじめ、戦後沖縄のいびつな歴史は、一見したところ敗戦の結果によるものと思われますが、必ずしもそうではない。日米両国政府が、講和条約によって沖縄の分離を国際的かつ法的に確定するよりずっと前から、米軍部によって予定されたコースをたどらされたともいえるからです。

佐藤　米政府は、沖縄を日本本土から分離することをいつ頃から考えていたのでしょうか。

大田　米政府が沖縄の分離について検討し始めたのは、一九四一(昭和一六)年一二月八日に日本が米英両国に対し宣戦布告をして半年もたたない翌四二年の四、五月頃の時点でした。太平洋戦争開始以前から、米政府は、日米開戦ともなれば日本の降伏は不可避と見通していたからです。そこで戦争開始前から対日戦後政策の策定を始め、降伏後の日本の領土問題の処理について議論するなかで、台湾や朝鮮など旧植民地に加えて沖縄や千島の処理についても個別に取りあげて検討を重ねていたのです。

ポツダム宣言の領土条項は、あらかじめ想定されていた分離計画に基づいて、沖縄戦の開始と同時に日本から切り離して占領下においたうえで、それを既成事実として追認したにもひとしかったのです。沖縄に上陸した翌日に公布された「米国海軍軍政府布告第一号」(俗に「ニミッツ布告」)の内容がその事実を裏付けています。

佐藤　実に興味深いです。そうすると沖縄は放置されていたのではなく、アメリカのアジアへの勢力圏拡大戦略に基づいて戦略的観点から分離させられたということになりますね。

大田　一般的には一九四五年の敗戦から四九年ごろまで、米政府は、沖縄の将来の地位についてなんらの政策決定もせずにあいまいなまま放置していた、と言われていました。しかし、仔細にみていくと、そうした事態は表面的なものでしかなく、裏では、もうその頃は沖縄の分離占領はほとんど既成事実化していて、ただそれを国際的に合法化し、容認せしめる方策をあらゆる角度から検討していたにすぎなかったのです。

つまり米政府、とりわけ軍部は、沖縄は軍事的に不可欠の基地として当初から排他的な支配下におくことにしていたのです。そのあげく、五一(昭和二六)年の講和条約の締結において、沖縄を分離占領した既成事実を国際的に合法化して追認せしめたわけですね。

言うまでもなく米政府にとって沖縄は、敵国日本の領土の一部でしかない以上、その最終的処理については講和条約による正式の取り決めが必要でした。いかに戦勝国たるアメリカといえども、一方的に既成事実を盾に分離占領を国際的に合法化することは不可能だからです。

米政府による沖縄の分離・占領が、講和条約の締結後もそのままの形で合法化が可能か否かは、一つに日本政府の対応いかんにかかっていました。日本政府は沖縄の地位について、必ずしも完全に発言権を奪われていたわけでもなかった。にもかかわらず日本政府は、自らの独立と引き換えにいとも安易に自国領土の一部たる沖縄を分離支配せしめる権限を米政府の手に完全にゆだねてしまったのです。その意味では、戦後沖縄のいびつな歴史は、日米両政府の「合作」と言ってもあながち過言ではありません。

一九四五（昭和二〇）年六月二二日に沖縄守備軍の組織的抵抗がやんで間もない同年七月一〇日、日本政府は、最高戦争指導会議の場で、元首相の近衛文麿をモスクワへ派遣し、ソビエト政府にたいして連合国側との和平交渉の斡旋を依頼することを正式に決定しました。近衛公は、もしソビエト政府が斡旋を断わった場合には、米英両政府とのあいだでじかに交渉することも考慮し、具体的な交渉条件をもりこんだ「和平交渉の要綱」を側近に用意させました。

この「和平交渉の要綱」は、酒井鎬次《こうじ》中将が作成したと言われているけれど、その第二項には、「国土については、なるべく他日の再起に便なることに努むるも、止むをえざれば固有本土を以て満足す」という文言が明記されていました。そしてその解説文には、「固有本土の解釈については、最下限沖縄、小笠原島、樺太を捨て、千島は南半分を保有する程度とすること」とあり、沖縄は、固有本土にはふくまれていなかったのです。日本政府は、ポツダム宣言を受諾する以前から、沖縄を切り離して政治的取引の具に供する腹づもりでいたことは明白です。

佐藤　沖縄をアメリカに引き渡すという取り引きを行おうとしたわけですね。

大田　社会党の帆足計《ほあしけい》衆議院議員（故人）は、戦後沖縄の分離と関連して、こう記しています。

どうしてこのような運命に沖縄がおとし入れられたかということについて、終戦当時、日本政府の外交顧問をしていた故蜷川新《にながわあらた》博士はつぎのような見解をのべている。

〝米国の沖縄統治は、……昭和二十年八月十日、日本天皇が極秘外交により、日本政府に命じて、敵国に申入れせしめた英文の外交文書、即ち、Note of Japan Government provition of the posodame Leclaration に明記されており、その時に確定している。〟

（沖縄解放祖国復帰促進懇談会編『沖縄』刀江書院、一九六三年）

帆足は、また、「蜷川博士によれば、沖縄は、日本政府と米国政府間の秘密外交によって、日本天皇の地位保障との交換条件として米国に譲り渡されたことになる」と記述しているほか、「蜷川博士は、政府が事の真相を誤って国民に伝えたのが沖縄の悲劇を招いた、と述べた」とも記しています。

佐藤　豊下楢彦《とよしたならひこ》さんが『昭和天皇・マッカーサー会見』（岩波現代文庫、二〇〇八年）で分析されていますね。ポツダム宣言受諾によって国体変更があった。日本の国体は日米軍事同盟になったという分析は非常に鋭い。もっとも私は、国体は護持されて政体の構造が変化したと考えるので、ちょっと認識が異なります。ただし日米軍事同盟が皇統を維持するために不可欠の要因になったという豊下さんの見方は、その通りと思います。

豊下さんの言うように「国体護持という観点から沖縄を切り捨て軍事同盟化する」と考えるとこれまでジグザグに見えたものが一本の筋にピタッと重なります。沖縄を捨て石にした太平洋戦争における作戦と、その後沖縄をアメリカの施政権下に置いている政策はつながっているのです。

現在の沖縄の異常な基地負担は、国体変更によるものだったわけです。逆にこれを裏返して、沖縄を含めた日本国家の一体性を維持していくことをきちんと考え直すならば、沖縄の基地負担の軽減にそのままつながる話です。

競争社会のオルタナティブとしての沖縄

佐藤　大田先生は、沖縄の歴史で唯一の哲人知事であったと思います。チェコスロバキア初代大統領のトマシュ・マサリクを思い出しますが、彼は哲学者で、かつデモクラシーを基礎にして平和な国家をつくることを考えた。大田先生は知力によって沖縄を運営することをまじめに考えて、それを相当程度実現したと思うのです。一般に革新知事で左翼と位置付けられていますが、実は保守と革新の垣根を壊す「何か」をもっている。大田先生は副知事として仲井眞さんを登用した。大田先生がいなければ仲井眞知事は誕生しなかったのです。稲嶺さん（前知事）も経済人として活躍していたときは、大田先生と良好な関係を維持していた。戦術的提携というよりも二人の間に沖縄への想いという共通の絆があったと思います。沖縄の保守と革新、右派と左派については、東京での理解とは異なる、一種のねじれがある。

大田先生に体現されているのは、左右の対立軸を超えることができる沖縄の根源的な力です。『おもろさうし』にでてくる「セジ（霊力）」という言葉がこの力を指すと思うのです。こういう力は、大田さんの出身地久米島を見るとよくわかる。いま新自由主義が席巻した中で、沖縄全体の所得が日本全国の七割、久米島は沖縄県全体の七割で、単純計算すると全国比四九％なのだけれど、十分豊かです。海産物や野菜は基本的にお金をとらない。島の治安が七、八人の警察官で維持されています。〇九年に、久米島関係者（両親が久米島出身）から国家公務員Ⅱ種試験に二人が合格していますが、いつか久米島に戻って、島の役に立ちたいと言っています。競争社会の中で、「自分だけが偉くなればいい」のではないという感覚がついた子どもたちが育ってきている。島の風土も守られていて、イーフビーチは日本の渚一〇〇選の一つです。ちゃんとここで生活していけるよという形で、極端な競争社会に対するアンチ、オルタナティブが現実にあると思うのです。そしてそれは久米島だけでなく、沖縄のあちこちにあります。

その点で、大田知事の時代は沖縄の歴史の中で非常に重要です。沖縄が自信を持つことができた時代だと思う。さらに総理大臣や官房長官と五分以上で渡り合った。

日本政府官僚の悪辣さ

大田　ただ最後は内閣官房の事務方に見事にやられましたね。今から考えると、知事になる位なら一期でも国会議員をやってからの方が仕事をしやすかったと思います。高級官僚への対応の仕方が学べるからです。予算折衝の時など、上京すると県のスタッフの助言に沿って二五〇か所ほど陳情に回らされたものです。今ならその半分も回らないでしょう（笑）。

一九九四年六月三〇日に村山富市総理が誕生し、村山元総理は、私たちの期待に応えて、官邸でいくつかの解決困難な問題についで長時間かけてじっくりと話を聞いてくれました。その上、その後も引きつづき沖縄側と対話を重ねる措置として、沖縄米軍基地問題協議会というかつてない組織を立ち上げてくれました。私たちはこれによって県側の忌憚《きたん》のない意見が開陳でき、問題の解決も早まるものと大いに期待しました。

ところが、村山政権は短命に終わり、九六年一月一一日に第一次橋本龍太郎内閣が誕生しました。村山総理は後継者の橋本総理に対し、協議会を継続してほしいと要望され、橋本総理もそれを快く受け入れてくれました。梶山静六官房長官と計って沖縄政策協議会を立ち上げ、それには総理大臣と北海道開発庁長官を除いたすべての大臣と沖縄県知事が参加することになっていました。政策協議会は梶山官房長官が主宰され何回か開催されました。橋本総理も梶山官房長官もともに沖縄に特別な思い入れがあって、よく「二人がいる間に沖縄問題を解決しないと、後は難しくなる」と、半ば冗談めいた口調で話されていました。

佐藤　ロシアに「冗談の中には必ず部分的な真理がある」ということわざがあります。小泉政権以後の政府の沖縄に対する冷淡さを考えると、橋本氏、梶山氏の「沖縄への特別の思い入れ」というのは無視できない要因です。もっともそれを沖縄人がどれだけ評価するかは、まったく別の問題です。

大田　しかし、折しも日米両政府間で普天間基地の移設問題が起こり、私が県内への移設を拒否すると、内閣官房の事務方の高級官僚が政策協議会の開催を止めてしまいました。その時はつくづく高級官僚の狡賢《ずるがしこ》さを思い知らされましたよ。

県内経済界や土木建築業者たちが、政策協議会が開催されないのを取り上げて、政府と対立すれば公共工事が受注できなくなるとか、県予算も削られてしまうなどといって騒ぎだし、あげくのはて、本土の巨大な広告会社と組んで「県政不況」といった張り紙を町の隅々にまで貼付するしまつだったからです。

それはともあれ、官邸の高級官僚の悪辣《あくらつ》さには手を焼きました。国が沖縄の地主の土地を借用して米軍基地として米軍に提供する場合、県には数名からなる土地収用委員会というのがあり、そのメンバーは大学教授や弁護士など、その分野にくわしい人たちでした。同委員会は、県当局や県議会からも独立した機関で、独自の判断で採決できます。

ところが、ある反戦地主の土地の期限切れが迫った時、政府は新たに二〇年の期限での借用を申し込んできました。同委員会が一〇年の借用が適当だと判定した場合、政府は、その期間だけしか借用できません。そんな時、内閣官房の古川貞二郎副長官あたりから電話がかかってきて、国の要請通り借用期間を二〇年にしてくれなどと言ってくるのです。しかも、こちらが土地収用委員会は独立的機関だから、県が干渉できるものではないと断ると、同委員会の事務局長は県の職員だから、知事が命令したら可能だ、などと言うのです。それも断ると、意趣返しのように肝心の政策協議会の開催を止めるのです。

駐留軍用地特措法改悪を圧倒的多数で可決した日本の国会

大田　敗戦後、沖縄ではほぼ一年間は通貨の流通もなく、一番重要な食糧品も含め衣食住すべてを米軍の余剰物資に頼っていました。そして、沖縄側は、その見返りに那覇港などで軍需物資の荷役作業のために労働者たちを派遣していました。ところが、労働者が少なかったり、休んだりして荷物の積み降ろしに少しでも支障を来すようなことがあると、米占領軍は、すぐに食糧の配給を停止したものです。主権在民の平和憲法下にあって、政府官僚は、まるでこの占領軍のような措置を執るのですからね。これが地方分権時代の政府の地方自治体に対する態度かと、ほとほと呆れてしまいましたよ。

しかも、政府は、口では地方自治の推進などといいながら、軍用土地に関わる問題をめぐって県が政府の要望に応えないと、一九六〇年以来、本土では適用されずにお蔵入りしていた駐留軍用地特別措置法を改悪して、知事の権限まで取り上げたのです。いきおいこの悪法は、実質的に沖縄だけに適用される法律なので、憲法九五条に違反しかねません。そのような法律を衆議院で九割、参議院で八割の出席議員が有無を言わさぬ形で通したのですから、もはや何をか言わんやです。日本の民主主義のレベルは、まだこの程度のものでしかないのです。

巷間、しばしば沖縄から日本がよく見える、と言われますが、まさしくそうですね。佐藤さんはさらにそれに輪をかけて、より小さな久米島から世界を読み解こうとなさっているのは興味深いですね。

（二〇一〇年六月）

第11章　日米合意という実現されない空手形

多数決原理では永遠に差別構造はなくならない

佐藤　普天間移設問題について、結局日米両政府は、二〇一〇年五月二八日にキャンプ・シュワブ辺野古崎地区および隣接する水域に設置するとの共同声明を出しました。さらに鳩山首相は六月二日に退陣を表明し、八日、菅直人首相が誕生しました。

私は、今回のいちばんの問題は構造的な差別だと思います。差別を行なっている側は、差別者だという認識を持っていないから、今後沖縄はそれを理解させるような闘いを展開しなければいけない。それはまた大田先生が「醜い日本人」と指摘した日本人のあり方を解放するためでもあるのです。沖縄の闘争は沖縄の地域エゴではない、差別を自覚していない官僚たち、政治家たちの人間性回復のためにもなるのですから、沖縄は自信を持って闘うべきです。

同時に危険なのは、沖縄への差別という問題にすると、官僚たちは狡猾ですから、米軍基地の負担を負わない国民全部に責任があると、沖縄と本土の対立という図式に持っていこうとします。しかしこの対立図式は間違っています。

そもそも安全保障における具体的な問題について、国民に責任を負わせるという発想が間違っています。国民はそんなことを考えないでも安心して生きていけるようにするのが国家の責任です。東京の政治エリート、つまり「官僚＋いまの国会議員たち」と沖縄の対立で、残りの国民をどちらの側に引きつけるかという闘いです。重要なのは、沖縄vs.残りの日本全体という対立図式によって一四二万人しかいない沖縄県が押し込められるような状況を作らないことです。

大田　まさに最近は「沖縄差別」という言葉が、地元紙の投書にひんぱんに現れるようになっています。それもごく普通の主婦や農家の嫁さん、あるいは漁民といった、これまではほとんど投書などしたことがないような人たちの口から出るようになっているのです。

これまで繰り返し言ってきたことですが、現在、衆参合わせて七二二人の国会議員のうち沖縄代表は九人しかいません。したがって圧倒的多数を占める本土選出の国会議員たちが、基地問題をはじめ「沖縄問題」を自らの問題として本気で取り組まないかぎり、いかなる問題も解決できません。多数決原理の民主主義の名において、沖縄はいつまでも差別される構造が維持されてしまうのです。残念ながらこれが今日の実情です。その結果基地問題の解決ができずにいるのです。

普天間基地の移設問題にしても、沖縄は、これまで自分たちの痛みをよそには移したくないとの思いから、基地を本土他府県に移せとは主張しなかった。本土に移しても、それは問題の本質的解決にはならないと考えたからです。しかし、政府をはじめ他の都道府県や地方自治体は、安保は国益上不可欠と声高に主張しながら、一切自らは負担しようとはしない。そしていつまでも過重な負担を沖縄に押し付けようとしている。それだから最近は、本土に基地を移してそこから派生するもろもろの公害を実体験しないかぎり沖縄の苦衷が分かってもらえないと考え、基地を本土に移せという声が強まっているのです。むろん、その背景には、鳩山前総理の「最低でも県外」との発言が影響している事情もあります。

被害・加害の構造を超克する意思

大田　日米安保は、日本国民の生命と財産を守るため国益に叶うとか、アジア太平洋地域の平和と安定を維持するため不可欠としながら、それを沖縄にだけ負担させて平然としておれる感性が私たちには理解できないのです。

沖縄の人々は、「かわいそう」という表現はほとんど使いません。他人が苦しんでいるのを見ると、「肝苦《ちむぐ》りさ」といって、自分の胸が痛むと表現するのです。また沖縄には「チュニ(他人に)クルサッティン(痛め付けられても)ニンダリシガ(眠れるが)、チュクルチェ(他人を痛め付けては)ニンダラン(眠れない)」という言い伝えがあります。本土では、しばしば沖縄の人々は国益を考えずに自分たちの利害関係ばかりを言いつのるが、これは地域エゴイズムだと声高に主張する人たちがいるけれど、おかしな理屈です。沖縄の人々は、在沖米軍基地から何千という米軍がイラクやアフガニスタンに出動して、何の罪もない子どもたち、お年寄りや女性を多数殺害していることに、他人事ならず胸を痛めているのです。つまり自らの意思に反して、在沖米軍が異国の人々を殺害するのに加担しているとの自責の念が強いからです。

沖縄のいわゆる反戦地主たちが、祖先から受け継いだかけがえのない大事な土地を、人殺しと結びつく軍事基地に貸すのでなく、人間の仕合わせに結びつく生産の場にしたいと主張するのも、無辜《むこ》の民を殺戮する加害者になりたくないからです。

佐藤　被害・加害の構造を超克していこうという思いが沖縄にはある。それは同時に差別・被差別という構造を変えていくことでもあります。ここで沖縄が明確な形での異議申し立てをしないと「問題なし」と勘違いされてしまいます。

沖縄が立てるべき第一の問いは、日本の陸上面積のわずか〇・六％しかない沖縄県に七四％の米軍基地があることは不平等だという現実です。その状況はどうすれば直るか、平等にすれば直る。では平等にしないのはなぜか。このことを徹底的に問うことです。

二つめの問いは、普天間飛行場を北海道から鹿児島県までの都道府県が受け入れたくないと言っている。各都道府県が受け入れないのはなぜか。民意があるからだ。であるならば、沖縄も受け入れたくないという民意がある。民意という点では平等なはずだ。それなのに沖縄で受け入れないといけないのはなぜか。この二点について突き詰めていくと差別の構造が見えてきます。

大田　いわゆる安保保持派は、普天間飛行場は都市地域にあって危険だから、より人口の少ない地方の辺野古に移すのは適切な安全策だと言います。しかし、田舎に移したからといって、危険がなくなるわけでもありません。基地から派生する事件・事故は地方で発生しない、という何らの保証もないからです。

したがって辺野古地域の家庭の主婦たちが県庁に押しかけてきて、都市地域の普天間の人々の命と辺野古の人たちの命は平等ではないか、と抗議されたときは、返す言葉がありませんでした。

もっともなことだからです。本土にはこのような視点が欠けているやに思われてなりません。

「極端な遅滞なく」 共同声明に埋め込まれた爆弾

佐藤　今回のプレイヤーはアメリカ、日本、沖縄の三つで、この場合の「日本」とはヤマト（沖縄以外の日本）のことです。ヤマトはアメリカに対して、戦争に負けて強いことは言えないというコンプレックスを持っている。だから無意識のうちにそのしわ寄せを沖縄に持ってくるという構造になっています。

前に大田先生の言われたダニーロ・ドルチの言葉、「壁の向こうに味方をつくる」という観点からすると、沖縄の地元二紙の闘いは非常に賢明でした。琉球新報は英語の記事をたくさん出し、社説も日本語と英語で出しました。特に琉球新報は明らかにヤマトの壁とアメリカの壁という二つの壁を想定して戦略を立てました。アメリカの壁はかなり破ることができたのではないでしょうか。このまま辺野古など沖縄県内の移設を強行すれば、得られるのは敵意に囲まれた基地である。アメリカが最も維持したいであろう嘉手納、さらにはキャンプ・ハンセンも那覇港も、全てが住民の敵意に囲まれ、その結果安全保障機能が弱体化してしまう。地元の人々と米軍基地との間に併存するメカニズムができていたものが全部崩れる——というのが琉球新報が出してきた論理で、これはアメリカのエリートの腹に落ちました。

もちろん琉球新報としても米軍基地の現状を是認しているわけではありません。辺野古移設を現実的に阻止する方向にアメリカのエリートを説得する論理を組み立てたのです。

だから今回の合意文書で、環境アセスメントを直接書いていないけれど、「without significant delay」という表現になっています。外交の世界において「遅滞なく」、それも「極端な遅滞なく」という表現は「遅れてもいいです」という意味です。

大田 たしかにそうだと思います。日米の環境保護団体と沖縄の何人かの有志が、米文化財保護法、正式には「国家歴史的遺産保存法(National Historic Preservation Act = NHPA)」に基づいて、大浦湾に生息するジュゴンの保護を求めて訴訟をサンフランシスコ連邦地裁に提起しました。すると同地裁は、二〇〇八年一月に、米国防総省が普天間飛行場の代替施設建設計画においてジュゴンへの影響などを評価、検討していないことはNHPA違反に当たるとして、環境への影響調査を公的に実施するよう求める判決を下しました。二〇一〇年五月七日付の星条旗新聞などは、この件について現在、米国防総省は上訴裁に訴えているけれど、そこで不利な判決が出たら最高裁まで行くだろうから、その公的手続きに非常に時間がかかって、おそらく建設はできないだろうと報じているほどです。ですからこの裁判の帰趨《きすう》は注目に値します。

佐藤 「without significant delay」などという言葉が出てくることは、外交文書ではきわめて珍しい。外交文書の期限には四通りあって、一つは何月何日まで、二つ目は「直ちに」。それよりも急がないのが三つ目で「速やかに」。そして四つ目が「遅滞なく」です。「遅退なく」は、正当もしくは合理的な理由があれば遅れてもよいということです。「明日までにやる」という明日と、沖縄の「あした」というときの明日ほどの違いがあります。

この文言が入っていることによって、共同声明自体が死文化することが十分ありうるほどの爆弾が埋め込まれています。アメリカが本心で何を考えているかはまだわかりません。本当にやりたければこんな文言で合意するはずないのです。

大田　日本文と英文を読み比べると、英文は端的な表現になっていますが、日本文は仮訳的翻訳文で、その意味がわかりづらくなっているのを感じます。「敵意に囲まれた基地は機能を発揮できない」というのは、ごくあたりまえのことに思われるにもかかわらず、日本側の訳文からはそれがほとんど感じられない。沖縄の人々の民意についての考慮が欠けているように思われてならないのです。

むしろアメリカ側の方が沖縄の住民感情に配慮しています。普天間基地の移設問題について、アメリカの軍事専門家たちの論説と日本のメディアに流布している日本側の専門家たちの言説は、その点で非常に違いすぎる。多くの場合、日本側のそれは付け足しみたいに「沖縄のことも考えないといけない」というけれど、沖縄の何を考えねばならないのか、その内容はまるで曖昧です。

普天間飛行場の移設問題について特に問題なのは、本土の論者たちが、新たに作られる基地がどういう設備、機能を持つのか、その規模や内容についてろくに知らないまま議論していることですね。アメリカの国防総省や会計検査院などが辺野古の新設予定の基地について、その規模や建設期間や費用などを詳細に公表しているけれど、本土のマスコミはそれらのことをほとんど報じていないのです。

佐藤　共同文書の読み方に東京新聞だけが気付いていて、たとえば共同使用した場合は辺野古の拡大を要求する、辺野古でつくろうとしているのは巨大基地である、と書いていますが、ここに明確にアメリカの意図が出ています。

大田先生は辺野古に基地がきたら、永久に平和な沖縄、未来のある沖縄は来ないとおっしゃった。器があれば永久に使い続けますから、この器をつくるかどうかが最重要問題です。嘉手納がすでにある巨大航空母艦とすれば、もう一隻巨大航空母艦をつくるような話なんですね。

耐用年数二〇〇年、年間維持費二億ドルの新基地

大田　その通りです。一九九七年九月三日付の米海兵隊の"SEA-BASED FACILITY Functional Analysis and Concept of Operations MCAS Futenma Relocation"や同九月二九日付の国防総省による「日本国沖縄における普天間海兵隊航空基地の移設のための国防総省の運用条件及び運用構想(仮訳) 最終版」、一九九八年三月二日付の米会計検査院(GAO)の報告などを見ると、辺野古に建設される予定の新基地・施設の中身や輪郭が具体的に把握できます。ちなみに国防総省の最終報告書によると、新基地は、運用年数四〇年、耐用年数二〇〇年の基地になる旨、明記されています。

また、GAOの報告書によると、新設の辺野古基地は日米両政府の発表とは規模などもまるで違っているのです。たとえば日米両政府は建設期間を五年から七年、建設費用を三三〇〇億から五〇〇〇億円ほどと見積もっていますが、GAOは、建設期間は少なくとも一〇年かかるうえ、配備予定の最新式MV-22オスプレイが安全に運行できるようにするためには少なくとも二年の演習期間が必要だから、使用できるまでには少なくとも一二年ほどはかかるとみているのです。

一方、一九九八年四月一〇日放映のNHKニュースは、当時、普天間基地に駐留していた第一海兵航空団のトーマス・キング副司令官の次のような発言を取り上げています。「辺野古に建設予定の基地は普天間の単なる『代替施設』ではなく、軍事力が二〇％強化された基地になる。その規模は『航空母艦三五隻ほどの大きさ』になる」と。したがって普天間飛行場の従来の年間維持費は約二八〇万ドルだが、その一〇〇倍ほどの二億ドルにふくれあがり、それを日本側に負担してもらいたい、というのです。

また、ロバート・ハミルトン元在沖海兵隊砲兵中隊長も、新基地の規模は関西新空港並みになるが、同基地は日米安全保障問題とは全く関係なく、もっぱら日本の政治的、経済的思惑から構想されたものという主旨の発言をしています。一方、在沖航空自衛隊の佐藤守元幕僚監部も、こう指摘しています。「海上ヘリポート建設は、本四架橋はもとより、関西国際空港の第一期分（約一兆四千億円）、また昨年開通した東京湾アクアライン（約一兆五千億円）に匹敵する巨費を要し、完成までゆうに十年以上を費やす巨大事業になるだろうと言われている」

彼は、さらにこうも述べています。

「普天間基地の第三十六海兵航空群は約十三機の空中給油機と約百機のヘリを保有しているが、海上ヘリポートに移転すると、訓練終了後、毎回、『機体洗浄』という気が遠くなるような新たな作業が隊員たちに課せられることになる。（中略）機体洗浄には一回一機当たり四トンの真水が必要である。単純計算で一回の訓練で五百トンの真水が消費される。この手当てをめぐって新たな水騒動が起きることも十分に懸念されるのだ」（佐藤守「沖縄のホンネは『基地存続』」『諸君！』一

九九八年四月号）

「鳩山が沖縄をだました」ではない

佐藤　沖縄の状況に対する危機意識が最も反映された分析をしているのは、産経新聞の五月五日付現地レポートです。「ある革新系議員は過去に一般住民が武装闘争を展開したことを挙げ、活動家は排除出来ても一般の県民は排除できない。沖縄の保守のマグマは革新よりも過激だ。鳩山首相が議員辞職をしても、このマグマは消せないと語った」。むしろ朝日新聞が抑止力論に傾いていて、五月五日付船橋洋一主筆の鳩山前首相宛公開書簡の中で、アメリカはいま子どもの民主党政権に愛の鞭を振るっている、日本を守り、日米同盟を使うには沖縄が欠かせない、抑止力のために沖縄は必要なんだ、と言っています。

今回「鳩山が沖縄をだました」と見ると問題の本質を見誤ると思います。鳩山首相は、主観的には最後の瞬間においても沖縄の負担軽減のために一生懸命やろうと思っていました。五月二八日の共同声明発表で、なぜこんなに様子が変わったのか。二回目に沖縄に行った二三日、激しい抗議の中を対馬丸記念館に行って献花をした時は、鳩山さんもどこか沖縄のことを聞く耳を持つのかなという感触で、「単なるパフォーマンスをやりやがって」という論調ではありませんでした。

鳩山さんは意思決定理論の専門家ですが、私は彼の書いている意思決定論をどう政治に応用するかという論文をいくつか読んで、一つの特徴に気付きました。全部微分法を基本にしているのです。沖縄の民意、社民党の連立離脱の可能性、官僚の動向、小沢幹事長の反応などを項として、当面の参議院選挙に勝つという目的関数を入れる。その項が直近でどう変化するか。その変化を全部総合して、マイナスを極小にするという計算をしたんですね。そして最終的に、一応数字上は沖縄の負担を数量的に低下させることができる形になるから、いつか沖縄は納得してくれる、自分の真意をわかってくれるだろうと思って提示してみた。ところが、「この野郎よくもやりやがったな」となって、鳩山さんは何で沖縄がこのような反応をするのかわからなくなった。

物事は微分で分析できる話と、積分を使わないといけない話があるのです。積分とは過去にあったことを積み重ねて、その全体で物事を見ることです。積分的にしか考えないからから歴史学者は国際情勢の近未来予測があまり得意でない。沖縄に関しては、積分的な思考が非常に重要です。沖縄戦の問題に大田先生がどうしてこだわるかといえば、沖縄戦は個人的な戦争体験ではなく、構造的差別が凄惨な地上戦という形で出現したからです。

いま沖縄の集合的無意識は、今回の「辺野古回帰」は平成の琉球処分だという認識になりつつあると思います。明治一二(一八七九)年の琉球処分に先立ち、ヤマトでは廃藩置県が行われたが沖縄は返すものがない、それで取り上げるために藩を一時的に与えました。沖縄はむしろ尚寧王の時に奪われた奄美が帰ってくるのではないかという幻想を持っていた。明治四年、宮古島島民遭難事件が起こって、台湾住民に五十余名の島民が殺され、それに対して日本は自国民保護という口実で台湾出兵まで行いました。ところが清との国境確定交渉では八重山・宮古島を引き渡そうとします。李鴻章が批准を拒否したから分島はされなかったけれど、自国民保護など偽りであるということが明らかになりました。

しかも沖縄は、琉米修好条約（一八五四年）、琉仏修好条約（一八五五年）、琉蘭修好条約（一八五九年）の三つの条約を結んだ国際法的な主体としての性格を備える国家でした。しかし公印が押された琉米修好条約文書は、琉球処分の時にヤマトに強奪され、いま東京の外交史料館に「日米関係のあけぼの」として展示されています。沖縄県の公文書館に取り返す運動をしたらよいと思います。東京にはレプリカを置けばいいのです。

その後も大正デモクラシーをへて、日本は第一次世界大戦の戦勝国となり近代国家として経済力をつけていきますが、沖縄は極度の不況と食料難のため毒のあるソテツを食べるしかないほど、農村は疲弊しきっていた。これを「ソテツ地獄」と後世に伝えていますが、それに続いて沖縄戦です。こういう歴史を全部累積し、総合して、積分の中で考えないといけないのです。

「安保マフィア」に押しきられた鳩山政権

大田　鳩山総理に対する見方については、ほぼ同感です。私も当初は、総理の言動に賛同し拍手を送ったほどです。つまり、総理が内外からの圧力に屈せず、オバマ米大統領の初来日前に普天間飛行場の移設問題をあたふたと決めずに五月まで延ばしたうえ、最終決定は総理自らが決定する、と内外に宣言したからです。沖縄の人々にとって普天間の移設問題は、沖縄の未来の運命を決定するきわめて重大な問題なので、あたふたと決められたら、たまったものではない。

ところが、後に総理は自らの主張をくつがえし、いとも安易に自公政権時代の移設計画にトンボ返りしました。その時は、怒りを通り越して呆れ果てるより他ありませんでした。アメリカの新聞が皮肉っぽく批判したように鳩山前総理は、「最後は自分で決定する」との決意を反故にして、外務省と防衛省のいわゆる「安保マフィア」と称される官僚グループに押し切られ、政治主導どころか、シビリアン・コントロールがまるで機能しない態様を露呈する結果になったからです。なぜ、鳩山さんは、もっとご自身のアメリカ生活の体験を生かして、当初の「基地問題をはじめ安保体制を見直す」との基本政策を堂々と米政府に主張できなかったのか、今もって理解に苦しむばかりです。

しかも鳩山さんは、「安保マフィア」が唱導して止まない中国や北朝鮮の脅威論を鵜呑みにして、急に、「学べば学ぶほど抑止力の重要性が認識できた」などと言い出しました。にもかかわらず、それらの国々がなぜ脅威なのか、そして在沖海兵隊がどのような意味で抑止になりうるのか、また抑止が必要ならなぜ抑止力となる米軍は本土でなく沖縄に置かねばならないのか、といった点についても、ろくに説明もしなかったのです。これでは徒《いたずら》に沖縄の人々の反発をあおるだけで、自らが苦境に陥ったあげく、ついに政権まで投げ出してしまいました。

そこで問題となるのは、菅直人首相の沖縄の基地問題に対する対応の如何です。彼は、政権に就く前は鳩山さんが主張した「常時駐留なき安保」に同調していましたが、政権を担当すると早くもその考え方を封印し日米安保条約は日本の安全のために必要という立場を鮮明にしています。

しかも普天間飛行場の移設問題についても、二〇〇二年八月に発表した論文「救国的自立外交私案」では、米国への基地提供を「アジア太平洋地域の安全保障に対するわが国の貢献」と肯定したうえで、「沖縄に集中した米軍基地の大幅削減を日米安保を空洞化させないで実現することが国民的課題だ。（中略）民主党中心の政権では、（中略）海兵隊の沖縄からの撤退を真剣に検討するよう米国にはっきり求めていく」。また、二回目の党代表時代の二〇〇三年一一月には那覇市での記者会見で「米海兵隊の基地と人員が沖縄にいなくても極東の安全は維持できる」とまで言い切っていました（二〇一〇年六月九日付『沖縄タイムス』）。

さらにこうも断言しています。「沖縄の海兵隊基地の大半は新兵の訓練基地として使用されており、ハワイやサイパンなどに移転してもアジアの軍事バランスには影響しないはずだ」と。それが早くも新聞に「君子豹変」と皮肉られるほどで、政治家の言葉の軽さを象徴するかのように、前政権から受け継いだ辺野古周辺に移すという五月の「日米合意」へと考え方を一変させているのです。

ケイトー研究所の勧告書

大田　このところ普天間との絡みでしきりに中国脅威論が本土の主要紙によってあおり立てられていますが、沖縄は中国とは、つとに一四世紀の初め頃から非常に関係が深く、人々は本土日本人のいう中国の「脅威」などほとんど感じていません。北朝鮮の脅威論についても、ほとんどの日本人が自ら訪問したこともなければ、脅威の具体的中身が示されてもいない状況下では、判断しようもない。脅威があるとすれば、まず侵略する意思があるとともに、侵略を可能ならしめる軍事力がなければならない。また、軍事力が強大であっても、侵略する意思がなければ脅威とは言えないはず。抑止についても、日本の言論人よりむしろアメリカの知性派の言論人たちの方が冷静に見ていて、脅威の実態がまるでないかのように、在日米軍の撤退さえ主張しています。たとえばアメリカの著名なシンク・タンクのケイトー研究所は、議会に勧告書を提出し、米政府は五年以内に在日米軍を全部撤退させ、その二年後に現行の日米安保を廃棄して日米平和友好条約を締結する旨、日本政府に通告すべきだと、また、在沖米軍を最優先に在日米軍を撤退させ、グアムや太平洋中部の米国領土にもっと小規模の軍隊を駐留させるべきだ、と主張しています。

沖縄では抑止力は担保できない

佐藤　むしろ沖縄県内に残したら抑止力は担保できなくなります。どこも引き受けようとしない日本とアメリカに対する敵意に囲まれた米軍基地になるわけですから。岡本行夫さんが『文藝春秋』二〇一〇年五月号掲載の論文で、アメリカだったら海兵隊誘致合戦だと書いていますが、沖縄人の内在的論理がわかっていない。岡本さんは尖閣諸島領有との絡みで抑止力を持ち出します。琉球王国時代から歴史的に中国と良好な関係にあった沖縄に中国脅威論を振りかざしても沖縄人が納得するはずがない。そこの感覚をいちばん正確に持っているのは第七艦隊と一体になって行動している海上自衛隊でしょう。

大田　鳩山さんは抑止力が大事と認識したから米軍を沖縄にとどめると、とってつけたような話に終始しましたが、もしも北朝鮮が真に脅威だとすれば、地政学的には、米国防情報センター所長のラロック海軍提督やジョージ・ワシントン大学のマイク・モチヅキ教授らが主張しているように、沖縄より北九州のほうがはるかに有利ということになります（「極東の安全保障めぐる日米の落差」『潮』一九九八年五月号）。

佐藤　鳩山さんは『新憲法試案』（ＰＨＰ研究所、二〇〇五年）という日本国憲法改正論を書いている自主国防論者ですから、抑止力についてはよくわかっています。鳩山さんが勉強してよくわかったという「抑止力」の意味は、「官僚が主張する抑止力」ということです。

鳩山政権における普天間移設問題の根本には、権力闘争があると思います。いま日本国家を支配するのは国民か官僚かという熾烈な闘争が行なわれている。固有名詞は鳩山由紀夫、あるいは菅直人であっても本質的差異はない、内閣総理大臣の中には二つの顔があります。一つは民意によって選ばれた民主党の代表としての顔。これは国民とつながっています。もう一つは官僚の長としての顔。官僚たちはいまだに戦前の「天皇の官吏」の発想で、抽象的な国家への忠誠に基づいて仕事をする。かれらは国民というものは無知蒙昧な有象無象であり、そこから選ばれた国会議員は、無知蒙昧のエキスみたいなものだ、こんな者どもに国家を任せたら日本は崩壊する、と真面目に信じているのです。

いまほど国民と官僚の間の理解が離れている時期はないでしょう。その状況で、二つの顔を体現している鳩山由紀夫は股裂き状態になった。股は裂かれたくないから、強いのは官僚だからと寄り添って、「辺野古回帰」という結論を出した。

私は、この日米合意の最大の功労者は沖縄選出の政治家である下地幹郎衆議院議員だと思います。下地さん自身がどこまで意識したかわかりませんが、二月の時点で下地さんが「沖縄県内の受け入れが可能だ」と言った瞬間に、全体のフェーズが変わりました。それまでは沖縄の民意は二つあって、官僚が期待していたのは仲井眞知事に代表される、条件付きだが辺野古受け入れという民意。しかし昨年七月の選挙で、県内受け入れという基本姿勢の自民党、公明党の候補が全滅し、「最低でも県外」が民意であるという形でゲームが進んできて、鳩山さんの理解からすると制約条件の項が立てられた。ところが下地さんの発言に官僚が大喜びして「これが声なき声です。本当の民意です」と、最大限に使って下地さんを踊らせたのです。

沖縄での交渉では、アンダーテーブルで一部の人間を落として利権構造を持ってくる、その窓口をつくる飲み食いにはまず機密費を使う、というのが旧来のやり方でした。しかし、沖縄県民を侮辱し、沖縄県民全体が裨益《ひえき》しないこんなやり方は、もはや通りません。官僚たちはそれがまったく理解できないで、同じやり方でやろうとして完全に失敗したということです。しかし、日米合意という、絶対に実現されない空手形だけはつくることに成功してしまった。

合意強行は日米同盟を崩壊させる

大田　今回の日米合意では、おっしゃるように沖縄の弱みが見事に衝かれました。ところで、この日米合意によると、八月までに辺野古付近の建設場所を特定すると共に、工法を決めると言っていますが、私は実現不可能だと見ています。その理由はいくつもありますが、その一例をあげると、沖縄の人々の抵抗の意思がかつてなく強いからです。八〇代の高齢者から女性たちまでが六年以上も座り込んで抵抗していて、警察機動隊などを入れて暴力を振るって排除強行すれば、負傷者や死者が出る恐れがあります。そのような事態になると、日米の同盟関係は一挙に崩壊しかねません。逆に日米両政府の方が打撃を受けるのは必定です。

佐藤 結局金だけ出して、あとは沖縄を煮て食おうが焼いて食おうがアメリカさん自由にしてください、ということでしょう。そういう乱暴な発想に対しては、沖縄は文化闘争を組むべきです。沖縄の死活的利害に関することは沖縄の人たちが決めます、という明快な議論です。「辺野古に決めたのですか。あ、そう。私たちそれやらないから。私たちが当事者だもの。当事者の合意していないことはやりません。民主主義とはそういうものだとアメリカと日本から教えてもらいました。日本は民主主義国ですね。もしかして『沖縄県を除く』と但《ただ》し書がついてるんですか？　だったら日本国の中にはいられないな」と、文化闘争でからかいながら、沖縄の文化を具体的に強調して、「沖縄が離れて行くかどうか、沖縄人は異民族かどうか、それはあなたたちの対応で決まるのだ」と対応していく。

本土と沖縄の対立構造は当然あります。中立的かつ正確な情報がない状況で、圧倒的大多数の日本国民は、基本的には沖縄に構造的差別を押し付けてしまっているという現実に気付いていない。このような普通の日本国民と、真実を伝えず、機密費のような裏金を使って沖縄に買弁を作ろうとする官僚たちとは、分けて考えないといけません。

大田 同感です。この問題は、非常に重要です。現在、沖縄には、全駐留軍労働組合（全駐労）沖縄地区本部と沖縄駐留軍労働組合（沖駐労）の二つの組合ができています。前者は、当初は自分の職をも賭して反基地運動を闘っていました。かれらのそのような活動こそが、沖縄の一般民衆の意識を高めるうえで非常に大きな役割を果たしたとも言えます。

ところが、アメリカの国立公文書館で解禁になった機密文書には、一九六五年頃から在京米大使館や沖縄の高等弁務官らがCIAの金を使って、第二組合を作らせる策動をした旨の記録があります。その結果かよく実態は知りませんが、基地労働者の間に大きな変化が起きているように思われます。全駐労は二〇〇八年一一月には反基地、護憲、反安保を主張する革新系団体の沖縄平和運動センターから脱退しています。このように一事が万事で、歴史の過程を学ぶとき、表面に知られている史実だけでなく、その裏にはいろいろな暗い恥じるべき側面もあることを忘れてはならないと思います。

沖縄の選挙に投下されたCIA資金

大田　日本本土でも戦後、政府首脳がらみで、CIAの金が大量に使われたようですが、沖縄でも六〇年代半ば頃からライシャワー駐日大使らが、立法院議員選挙などで基地を容認する保守系候補を勝たせるため、CIAの金を持ち込んだことが記録に残っています。

また一九六八年の戦後初の主席(知事)公選に際しても、基地に反対する革新系候補を潰し、保守系候補を勝たせるため、七二万ドルもの巨額のCIA資金が投下されたことなども、機密文書から判明しています。それも米高等弁務官を通して資金援助をすれば露見する恐れがあるからとして、名目上は本土の政権与党の自由民主党が沖縄の保守勢力を支援する形で資金を提供する苦肉の策がとられたりしているのです。しかもそのお金を受け取った人物の名前までが記録に明記されています。さらにまた、本土の自由民主党も、独自に沖縄の保守派候補を勝たせるため、八〇万～八六万ドルの巨額の金を与えたことも今では判明しています。当時、沖縄ではドル通貨が使用されていましたが、日本政府は、外貨不足のため五〇〇ドル以上の外貨を許可なく国外に持ち出すことを禁止していました。ですからこれだけの大量の金を沖縄に持ち出すには、大蔵大臣など日本政府首脳も絡んでいたのではないか、と疑問に思われるほどです。

沖縄密約問題にしても、外務省が調査している四つの案件だけではありません。二〇一〇年三月九日付で外務省が発表した「いわゆる『密約』問題に関する有識者委員会報告書」のように、とっくにアメリカの公文書ではっきりしている事実関係ですら証拠不十分で密約ではないなどと言うのは、とんでもないと呆れ果てるしかありません。

佐藤　私は外務省で「裏の仕事」をしていた人間だからよくわかります。自民党政権では沖縄県知事選でも、間違いなく機密費が使われました。

大田　一九九七年一二月二六日付のジャパン・タイムズ紙は、社説で、辺野古への基地建設をめぐる名護市民投票に影響を及ぼそうとして「収賄」行為をするなどの行き過ぎた行動をとった日本政府を批判しています。同紙は、従来は基地賛成派よりの論調をとっていたのですが……。防衛庁時代の防衛施設局職員が、名護市の基地移設を巡る住民投票の時に各戸を訪問して、酒や金を配って賛成に回らせるように仕向けた、と書いているのです。

また、前にも引用したロバート・ハミルトン元海兵隊砲兵中隊長は、一九九八年四月、私に彼の論文を送ってきたことがありますが、その中で、彼は海上基地への賛成運動は、実のところ日本の建設会社が組織したものであって、そこには日本の建設業界の政治的な思惑が付随していると指摘しています。同氏は一九八二年から八八年まで砲兵中隊長として海兵隊に所属し、八六年から八八年まで沖縄に駐留していました。また、九一年から九三年までは大統領が主宰する経営研究の実習生として米国防総省に勤務した経歴の持主です。ですからアメリカ政府の内側にいて、多くの点で事情に通じた人物です。

佐藤　その時代のことを知っているキーパーソンが「みんなの党」幹事長の江田憲司さんです。私は江田さんから三〇万円機密費をもらったことがあります。江田さんは橋本首相の政務担当秘書官で、一九九六年の普天間返還交渉の舞台裏をもっともよく知る人物の一人です。江田さんは沖縄をめぐって機密費をどう使ったのかについて、自らが知る真実を国民の前に明らかにすべきだと思います。

（二〇一〇年八月）

第12章 なぜ辺野古移設は実現しないのか

流動化する国民の政治意識

佐藤　二〇一〇年七月一一日の参議院議員選挙で民主党は四四議席しか獲得できず、参議院で与党は少数派に転落しました。マスメディアは民主党が惨敗したと報じていますが、ほんとうにそうでしょうか？　菅直人氏が六月八日に内閣総理大臣に就任し、世論調査の結果民主党の支持率が六〇〜七〇％台となり、Ｖ字回復を遂げたかの如く見えた時点と比較すれば確かに惨敗です。

しかし、起点を変えれば別の評価も可能です。普天間問題について五月二八日に移設先を辺野古崎周辺（沖縄県名護市）と明示した日米合意を発表し、この合意に反対する福島瑞穂特命担当大臣を鳩山由紀夫総理が罷免し、閣議決定を行いました。その結果、社民党が連立政権から離脱し、鳩山政権の支持率は、一〇％台となりました。五月末のこのような状態で、鳩山総理、小沢一郎民主党幹事長の体制で参議院選挙に突入したならば、民主党の獲得議席数は三〇議席台にとどまったと思います。このような事態も現実に想定されたわけです。それならば、四四議席を獲得したことは、成果と評価できるでしょう。

重要なのは、起点をわずか一週間変えるだけで、同じ現象に対してまったく異なる評価ができるということです。それだけ国民の政治意識が流動化しているということです。

沖縄を除き、普天間問題は参議院選挙の争点になりませんでした。これは普天間問題が五月二八日の日米合意と閣議決定で解決したからではありません。民主党政権が辺野古案に回帰したことによって、普天間問題が触ることのできないくらい深刻な問題になったので、それを争点にすることを社民党と共産党を除くすべての政党が忌避したのです。国会議員にとって、普天間問題は「鬼門」になっています。逆説的に言えば、それだけ沖縄の民意に対して、国会議員が怖れを抱いているわけです。

私は、菅直人総理について、本質において沖縄に対する目が曇っていると見ています。日本の国家統合において果たす沖縄の重要性が、菅氏には皮膚感覚で理解することができないのだと思います。鳩山前総理と比較すると沖縄の位置づけに関する認識の差異が見えてくる。鳩山氏は改憲論者で、自主国防体制の確立を考えていました。米海兵隊が沖縄から出て行くことによって抑止力が不足するならば、自衛隊によって補充するというのが鳩山氏の真意だったと思います。鳩山氏にとって沖縄は日本国家にとって不可欠の領域です。だから、沖縄独立について鳩山氏は一度も述べていないのです。しかし菅氏は、〇九年九月に政権交代が実現し副総理に就任した以後、沖縄独立の可能性について、沖縄出身の喜納昌吉参議院議員(民主党)に対してこう述べています。

政権をとった時期に菅直人と会ったんですよ。沖縄問題よろしくねって言ったら、彼は「沖縄問題は重くてどうしようもない。基地問題はどうにもならない。もうタッチしたくない」と言うんです。内部で猛烈な戦いがあったんでしょう。それで最後に菅が何て言ったと思う？「もう沖縄は独立したほうがいいよ」って。すごいと思わない？　そういうふうになってしまうんですよ。日米同盟派に勝てないんでしょう。大変なことだよ。副総理が沖縄は独立したほうがいいよって言ったんだ。活字にはなっていません。私は「あ、菅さん、ありがとう！」って言いました(笑)。彼が音《ね》を上げて言った言葉だからね、半分ジョークにしろ、そういうことをいま副総理でもある、財務大臣でもある、将来首相になる可能性もある彼が言ったということ、これは大きいよ。非公式であったとしても重い。

――公式に言ってもらう手はないんですか。

そのうちやろうと思ってはいるんだけど、まだそこまでいじめたくないからね(笑)。急に独立と言ったら、彼は独立主義者だからと言われるから、ゆっくりゆっくり。あらゆることを全部固めてから、追い込まれて、これでは沖縄が我慢できないという状態のとき言いますよ。いま言ったって、あまり効果はないんです。沖縄が追い込まれて、もうどうしようもないというときに言いますよ。

(喜納昌吉『沖縄の自己決定権　地球の涙に虹がかかるまで』未来社、二〇一〇年)

この菅発言をどう受け止めるかがカギになります。喜納氏は、菅氏が沖縄の自立、さらには独立に対して意欲的であると肯定的な受け止めをしているようです。しかし、私には、菅氏が「面倒なことには関わりたくない」と、普天間問題を含む沖縄にとって死活的に重要な事項から逃げているように思えてならないのです。

今回の参議院選挙で、民主党は沖縄選挙区で候補者を擁立することができませんでした。また、比例区から出た喜納氏も落選しました。民主党は沖縄の人々の信頼を失ったと思います。もっとも選挙では、自民党の島尻安伊子《あいこ》氏が当選しましたが、島尻氏は、米海兵隊普天間飛行場の沖縄県外への移設を公約に掲げました。東京の自民党本部、さらに沖縄県以外の自民党の国会議員と島尻氏の見解には、大きな齟齬《そご》があります。

民主党にせよ自民党にせよ、「あいつらは東京の出先に過ぎない」と沖縄の有権者から見られたら、当選することはできません。どちらの政党も、沖縄民主党、沖縄自民党としてしか生き残ることができません。それならば、「沖縄党」があってその中に民主派、自民派という派閥があっても構わないと思います。いずれにせよ、沖縄の政局においては、目に見えない「沖縄党」が影響力を拡大しつつあると思います。

「最小不幸社会」は官僚と親和的

佐藤　私は菅政権の沖縄政策に対して強い危惧を抱いています。菅政権は左翼だと言われますが、その左翼性について吟味する必要があります。菅氏は、学生時代からマルクス主義に対して強い忌避感情を持つ非マルクス主義左翼です。オーラルヒストリーで菅氏はこう述べています。

本来、政治は夢を語り理想を語りユートピアを語るわけですが、私の言い方で言うと不幸を最小化する仕事であって、幸福というユートピアを強制的につくると『Brave New World』(注=イギリスの作家オルダス・ハックスリーの小説『すばらしい新世界』のこと)のようになってしまう。当時、学生運動でもマルクス主義なんかの連中と議論すると、彼らはユートピア社会を語るわけです。階級がなくなればすべてが解決するんだ、みたいなことを言っていた。でも、階級がなくなってすべてが解決するなんてとても思えなかった。だから僕はマルクス主義には最初から懐疑的でした。

（五百旗頭真／伊藤元重／薬師寺克行編『90年代の証言　菅直人　市民運動から政治闘争へ』朝日新聞出版、二〇〇八年）

この考え方は、国際標準では反共的な右翼社会民主主義、日本に引き寄せて述べるならば、結党当時の民主社会党（後に民社党と改称）の路線と親和的です。後に民社党は、反共色を強め、天皇や日本民族の伝統を重視するようになります。革命というユートピアを放棄した民社党の人たちが、こういう形で超越性を確保しないと、現実に政治を運営することができないと考えたからだと思います。

これに対して、菅氏は、政治から超越性を排除しているように思えます。それだから、夢や理想やユートピアについて語ることをあきらめ、政治を「不幸を最小化する仕事」に矮小化するのです。要するに政治家の課題は、合理的思考に基づき、できることを着実に行うということになります。これは、官僚的思考と親和的です。

それでは、普天間問題において、できることを着実に行うという発想が、何を導くかについて考えてみたいと思います。二〇一〇年七月、防衛事務次官をつとめ、現在収賄容疑で公判中の守屋武昌氏（二〇一〇年八月実刑が確定、服役後、一二年七月に仮出所）が、普天間交渉に関する回想録を出しました。そこでこう述べています。

二〇〇五年が明けた。米軍再編は日米双方に作業部会を設置し、検討を重ねることになっていた。具体的には横田と普天間についてであったが、日本側では普天間の移設先について「辺野古見直し」を議論し始めた。国が行うことで決着をつけたものの、前年九月から始めた「環境影響評価(アセスメント)」を行うためのボーリング作業が反対派の妨害行動に遭い、まったく進まなかったからだった。

沖縄国際大学での事故から一ヶ月後の二〇〇四年九月九日、当初の予定よりも百三十四日遅れで県が「方法書」を受け取った。これを受け那覇防衛施設局は、建設予定水域でのボーリング調査のための単《たん》管櫓《かんやぐら》の設置に取り掛かった。

アセスメントを行うためには、まず海底の環境を測定する機器を設置する必要があった。サンゴやジュゴン、藻場の状態、潮流、温度など細目を調べなければならない。問題が起きたのは、そのためにボーリングを始めようとした矢先であった。

反対派が船に乗って、海上のその場所に押し寄せたのである。「乗らないでくれ」と何度警告しても、彼らは小船から組み始めた単管櫓の上に上がってくる。さらに小船からは用意していた岩石を海面に投げつけ、潜水していた作業員は水中で岩石をかわすのに懸命で、しかも大変危険であった。

現場に詰めている那覇防衛施設局の職員からは「もう我々だけでは阻止できません」と報告があがってきた。作業は一日目から中止になった。

その後も辺野古沖の建設予定水域では反対派の阻止行動が続けられた。防衛庁は海上保安庁(海保)に要請し小型の巡視艇で反対派との間に入ってもらったが、「危険ですから止めなさい」とマイクで伝えても、櫓に登った反対派は石を海面に投げ続ける。私は「強制排除してくれ」と、施設局の職員を通し海上保安庁に伝えた。強制排除の権限は防衛庁にはなく海上保安庁にしか与えられていない。

「反対派の実力行使で、作業を請け負っている会社の人間は危険に晒されている。公務執行妨害罪で逮捕すると毅然とした態度を示せば、反対活動を止めることが出来る」

私はそう主張し繰り返し要請したが、海上保安庁はそれは出来ないという。

「海上保安庁が強制排除に出れば、海上なので水中に落ちたりした場合は人命を損なう危険がある。それにどうしてそこまでして、県民に恨まれるようなことをしなくちゃならないんだ」それが海上保安庁の返事だった。

（守屋武昌『「普天間」交渉秘録』新潮社、二〇一〇年）

逮捕という国家権力の暴力を行使してでも、国策を沖縄人に受け入れさせるというのが、官僚的思考の特徴です。「県民に恨まれるようなことでも平気でやれ」というのが、守屋氏の論理です。こういう官僚的思考を菅総理が抑えきれないのではないかと、私は不安を感じています。

菅政権がこのような暴走をすることを防ぐためにも、そもそも辺野古崎周辺（大浦湾）への米軍基地建設がどういう経緯で生まれてきたかについて、われわれは、守屋氏の弁明とは異なる、沖縄の見解をきちんと構築しなくてはなりません。

一九六〇年代に始まる米海軍省の辺野古周辺新基地計画

大田　前に述べたように、米軍は、沖縄の日本復帰の話が水面下で始まった一九六〇年代半ば頃から、復帰が実現したら嘉手納以南の都市地域にある米軍基地の運用が困難になることを懸念して、それらの基地を大浦湾一帯に集約することを計画していました。一九六六年に米海軍省が、そして六九年には陸軍省が琉球列島米国民政府（ＵＳＣＡＲ）に指示して、アメリカのゼネコンに委託して新設予定基地の図面をつくらせていました。

ちなみに海軍省の計画は"MASTER PLAN OF NAVY FACILITIES OKINAWA RYUKYU ISLANDS"というもので、一九六六年九月二一日付で委託を受けたダニエル・マン・ジョーンスン&メンデンホール社がおこなった調査報告書です。その内容はタイトルが示す通り、沖縄本島内に海軍用施設を建設する計画のたたき台となったものです。

佐藤　そもそも海兵隊は海軍に付属する組織です。海軍が円滑に行動できるようにするための部隊です。

大田　当時、海軍省は、沖縄本島内に水陸両用部隊の運用に適する港湾を必要としていて、この調査は、大浦湾をその適地として選定しました。そして、辺野古周辺を埋め立てて作る予定の海兵隊飛行場に隣接する形で、沿岸には航空母艦も横付けできる軍港を作るほか、陸上には住宅や学校を、そして対岸には弾薬庫をつくろうと計画したのです。要するに大浦湾(久志《くし》湾とも称した)一帯に相当広い面積を確保して、飛行場、桟橋、弾薬貯蔵エリアを含む巨大な複合施設を建設する計画を立てたのです。

一方、USCARの『工業用地及新都市調査　沖縄』という報告書も、同じダニエル・マン・ジョーンスン&メンデンホール社が委託契約をして、港湾建設に関する研究成果を報告したものです。その表向きの目的は民政用としていますが、「大浦湾には特に自然の良港として優れた候補地がある」とか、「岸壁が容易に建設できるという長所がある」と高く評価する旨の記述があります。加えて、辺野古~久志の沖合を埋め立てて陸軍用の岸壁を建設する案も図示されています。

これらの図面を今日のいわゆる「現行案」の図面と比べると、ほとんど全てが二重写しになって見えるのです。つまり、先に述べた巨大な複合施設を辺野古につくるという六〇年代後半の計画が、現在、息を吹き返して踏襲されているように思われるのです。

当時、沖縄には日本国憲法も日米安全保障条約も適用されていませんでした。そのため、基地の移設費も建設費も維持費も全部米軍が自己負担しなければならなかった。ところがベトナム戦争の最中とあって巨額の軍事費が必要だったうえ、折からドルの下落もあって実現できずに放置されていたのです。それが今では安保条約が沖縄にも適用されるようになった結果、基地の移設費も建設費も維持費も日本国民の税金で賄うようになっていますから、アメリカにとっては、こんな有難いことはないわけです。

第9章でお話ししたように、日本政府は、小泉自民党政権下の二〇〇六年五月一日、米政府と「再編実施のための日米のロードマップ」に合意し、「約八〇〇〇名の第三海兵機動展開部隊の要員と、その家族約九〇〇〇名は、部隊の一体性を維持するような形で二〇一四年までに沖縄からグアムに移転する」と発表しました。そのための費用約一〇二億ドルのうち、二八億ドルの直接的財政支援を含め約六〇億ドルは日本側が負担することになりました。

具体的には、「キャンプ・コートニー、キャンプ・ハンセン、普天間飛行場、キャンプ瑞慶覧《ずけらん》及び牧港補給地区といった施設」にいる「第三海兵機動展開部隊の指揮部隊、第三海兵師団司令部、第三海兵後方群（戦務支援群から改称）司令部、第一海兵航空団司令部及び第一二海兵連隊司令部を含む」諸部隊と、その家族を移転させるというわけです。

ところが、この「ロードマップ」が公表された二か月後の七月に、米太平洋軍司令部は、「グアム統合軍事開発計画(GIMDP)」の素案を発表しています。それによると、①在日米軍再編ロードマップに従って在沖海兵遠征隊の司令部と所属部隊をグアムに移転する。②グアム駐留海軍がさまざまな基地と作戦のための前線戦闘・兵站《へいたん》支援ハブとして役割を果たせるようにする。③アンダーセン空軍基地が、前線発進ミッションおよび輪番(交代)ミッションの役割を果たせるよう、軍事開発を続行する旨、明らかにされています。

つまり、米太平洋軍は、グアムを陸・海・空・海兵四軍すべてを一体的に運用できる一大軍事ハブとして、再開発(rebuild)する独自の計画を発表したのです。

そして、この目的を達成するため、例えばアンダーセン空軍基地北側(ノース・ランプ)をグローバル・ホーク(無人高度偵察機)、給油機、回転翼垂直離着陸爆撃・攻撃機、および海兵隊の航空戦闘部隊(ACE)、海軍のHSC‒25機、特別作戦部隊の基地にする。

そして将来的には海軍の多目的航空機や一時駐留の空母航空団(CVW)の発進待機基地として整備する。それに加えて、周辺には、海兵隊司令部機能のための作戦・支援・独身者用兵舎や広場、兵站・補給地区、家族用住宅、学校、売店、クリニック、娯楽・スポーツ施設、射撃訓練場などを設置するほか、空軍基地の南側には空砲を使う都市型(対テロ)戦闘訓練施設などの小規模演習施設などを配備するというのです。

ちなみに沖縄に代わる一大軍事拠点をグアムに建設するため、海兵隊関係者はただちに八六〇〇人と家族九七〇〇人に増加する(隊員七二〇〇人は常駐、二五〇〇人は一時駐留)だけでなく、その増加分はすべて沖縄からの移駐を想定していることが明示されています。これらの海兵隊員のうち司令部勤務は将校三〇〇人と下士官二五〇〇人であり、残りはほとんどが戦闘訓練に明け暮れる地上部隊兵士となっています。

ところで、この「グアム統合軍事開発計画案」は、これに先立つ「ロードマップ」と、一部、矛盾する面があります。とりわけ、沖縄からグアムへの移駐する人数や施設規模は、当初計画よりはるかに拡大されるように思われるからです。

たとえば「グアム統合軍事開発計画案」によると、在沖海兵隊の航空戦闘部隊は駐機場とMV―22オスプレイの訓練用として、全長一八〇〇mの滑走路をアンダーセン空軍基地に作ることになっているが、在沖米海兵隊が使用している普天間飛行場に比べ、アンダーセン空軍基地は一三倍もの規模・機能を有していて、はるかに巨大です。また、そこに沖縄から移駐する海兵隊の人数は、八〇〇〇人でなく八六〇〇〇人となっているのです。

ともあれ、この「グアム統合軍事開発計画案」は、〇八年四月、その内容をほとんど変更することなしに「グアム統合軍事マスタープラン（施設やインフラの詳しい配備計画）」に発展し、その計画内容をより具体的に記述しています。このように、日米間で合意された「再編ロードマップ」にあるグアムへの移転計画は、その後、それとは別に米軍が独自に作成した諸文書によると、拡大・充実の方向へ変化していることは判然とします。

米軍が辺野古に執着する理由

大田　しかも、前述した「グアム統合軍事マスタープラン」は、米連邦政府環境省の国家環境政策法（NEPA）の基準を満たさなければならないので、国防総省の指示を受けた海軍は、二〇〇七年、ハワイのホノルルにグアム統合計画室を設置し、環境保護庁、農務省、魚類野生動物庁など連邦省庁の関係部局の協力を得て、基地建設予定地のグアムと周辺の北マリアナ連邦のテニアンなどの環境影響調査にとりかかっています。そして、二〇〇九年一一月には、その環境影響調査の結果を、「素案　環境影響報告・海外環境報告―グアムと北マリアナ諸島への移転（沖縄から海兵隊の移転、一時駐留航空母艦寄航埠頭、陸軍ミサイル防衛機動隊＝AMDTF）」と題して公表・配布しています。

それによれば、米軍は沖縄住民のストレスを緩和するために在沖海兵隊のグアム移転を検討したのである、とことさらに断っています。そのうえで、それに向けて米軍は次のような三点の基本条件を付けています。①条約・同盟の要請を満たす、②紛争が予想される地域への対応時間（訓練を含む）が短い、③米軍が自由に行動できること。

言い換えると、これらの三点、すなわち朝鮮半島、台湾、東南アジアに近く、米国が日本・韓国・フィリピン・オーストラリアなどに対する安全保障上の責務を果たすことができるうえ、米国領であるため部隊の移動・訓練・出撃などについて条約上の制約がなく自由に使える、という条件を満たしたのは、グアムだったのです（一部にフィリピンへの移駐を考えた人たちもいた）。

ところで、グアムより沖縄の方が距離的に朝鮮半島、中国、東南アジア、中東などには近いことは周知のとおりです。しかし、グアムはハワイ、米本土西岸（カリフォルニアやオレゴン）に近く、戦闘機や空母などの出動により適しているし、とりわけグアム島は米国の自国領であり、しかもその面積の三割は米軍用地で、十分な余剰地があるので何らの制約も受けず自由に行動できるだけでなく、すでに巨大な空軍、海軍基地や弾薬庫などの施設も整っていて、有利と言われています。

そのため、在沖海兵隊の司令部機能をはじめ、普天間飛行場の他の諸機能までグアム北部のアンダーセン空軍基地内に移設し、加えてそこには沖縄にあるような実弾射撃演習場、ジャングル戦演習場、沿岸強襲揚陸訓練場、都市型(対テロ)戦闘訓練場まで建設が可能です。いきおい、戦闘ヘリ部隊をも含め在沖海兵隊のほとんどがグアムに移ることが想定されているとのことです。

現在沖縄にある海兵隊基地の多くは、キャンプ・コートニー、キャンプ・マクトリアス、キャンプ・シールズ、キャンプ瑞慶覧などのように売店、学校、教会、映画館などの娯楽施設などを備えた住宅(兵舎)地域です。「環境影響報告書」によると、グアムに移るのはたんに普天間飛行場やこれらの住宅(兵舎)地域だけでなく、伊江島補助飛行場、キャンプ・シュワブ、ギンバル(強襲揚陸)訓練場のような訓練場の機能までが移設リストには列記されているのです。したがって在沖米海兵隊は、ほとんどがグアムに移るといってもあながちうがちすぎではない。というのは他でもなく、グアムのアンダーセン空軍基地は、沖縄から移転する航空機を受け入れるのに十分のスペースをもつ、国防総省の現存空港であり、海兵隊の要件は、そこで十分に対応できるとのことだからです。

このように、米太平洋軍がグアムを沖縄に代わる一大軍事拠点にする計画は、詳細にわたっていています。グアムに一大軍事拠点をつくり、すでにハワイにある基地に加え、沖縄にも基地を置いておけば、三位一体となって機能することができるので、アメリカの世界戦略にプラスになる。

したがって辺野古、つまり在沖米軍を沖縄に居座らせるのは、アメリカにとって最良の案となるというわけです。米軍が異常なほど辺野古に執着する所以です。

もっとも、それも日本政府が支出する多額の思いやり予算と基地維持に不可欠な熟練した労働者が沖縄には多数いるからにほかなりません。

なぜ沖縄に機密費を使うのか?

佐藤　鳩山前政権において、普天間問題を「軟着陸」させるために、何人かの「民間人」が日本政府の意を受けて動いたと思います。

この問題を沖縄からどう検証していくか。官僚は手続きを重んじるので、民間人が動いた場合、政府から何らかの委託を受けています。委託の形態、さらにお金が政府から支出されているかについて質問主意書を出す。ここで支出されてないというウソをつくことはできないので、答えられない、となるでしょう。

もう一点、機密費が使われたかについて。平野博文官房長官の下で、沖縄関連で機密費が使われたかどうかについての検証と追及を、沖縄県選出の国会議員と沖縄のメディアとがやれば、大きな話になります。たとえ一〇万でも二〇万でも、一円でも公費が支出されている場合は政府に説明責任があるのです。これが民主党の強みであって自民党を衝いてきたので、逆に沖縄から衝いていく。

それから、過去の自民党政権における内閣官房機密費を使用した沖縄工作についても真相を国民の前に明らかにすべきです。この点について、鈴木宗男衆議院外務委員長(新党大地代表)の一九九八年の沖縄知事選挙に小渕内閣が機密費から三億円を出したという証言はとても重要です。沖縄タイムスの記事を引用しておきます。

知事選に機密費?　双方、納得いく説明を

自民党の小渕内閣で官房副長官を務めた鈴木宗男衆院議員(新党大地代表)が一九九八年一一月の沖縄県知事選で、自民党が推薦する稲嶺恵一氏陣営に官房機密費三億円が渡されたと証言した。二一日放送のTBS「NEWS23クロス」のインタビューで「(官房機密費を)三億円使ったと聞いている」などと答えた。

知事選は三選を目指す現職の大田昌秀氏と自民党が推す稲嶺氏が争い、稲嶺氏が大差で初当選した。大田氏は米軍普天間飛行場の移設先として名護市辺野古沖の海上ヘリ基地を拒否、政府と対立し経済振興策がストップしていた。稲嶺氏は一五年の期限を付けた軍民共用空港を造ると公約し、冷え込んだ経済の活性化を前面に押し出していた。

鈴木氏の証言が事実であれば、国民の税金である官房機密費を使って政権党にとって好ましい候補者にてこ入れしたことになる。民主主義の根幹をゆがめるものである。

稲嶺氏の後援会の九八年の政治資金収支報告書をめぐっては自民党本部からの寄付に関連し七〇〇〇万円の出入りの齟齬が生じたことがある。当時も官房機密費流用疑惑が国会で取り上げられている。

政府は官房機密費について「国の事業を円滑に遂行するため状況に応じて機動的に使う経費」と説明するが、領収書もいらず、使い道も明らかにされない。会計検査院もアンタッチャブルである。官房長官が管理するが、裏金的な要素が強く、国民の政治不信を招く要因になっている。

最近になって官房機密費の使途を明らかにし始めたのは、小渕内閣当時、鈴木氏とコンビを組んでいた官房長官の野中広務氏である。野中氏は各種インタビューで官房機密費を毎月五〇〇〇万～七〇〇〇万円使っていたなどと答えている。引き継ぎ帳があり、野党対策として、自民党の衆院国対委員長と参院幹事長に毎月五〇〇万円ずつ、首相側にも一〇〇〇万円渡していたという。

政治評論家らに配られたことも明らかにしている。言論がゆがめられる恐れがあるゆゆしき問題である。

一方、鈴木氏はインタビューで自民党の歴代首相に「夏一〇〇〇万円、冬一〇〇〇万円」配られたと証言している。その中で県知事選にも触れ「沖縄サイドからそういう申し出があった。やっぱり選挙は勝たなければならない中で、最終的に判断されたと聞いている」と言っている。

当時の稲嶺氏の選挙責任者らは鈴木氏に名指しされたのも同然である。確かに鈴木氏の証言には具体性に欠けるところがある。しかし、鈴木氏は旧沖縄開発庁長官を務め、現在は衆院外務委員長の要職にある人物である。

稲嶺氏本人は同じ番組で「お金にはまったくタッチしていないし、そのようなことは知らない」と反論している。

ぬれぎぬなのであれば、今度は選挙を主導した責任者らが鈴木氏に答える番だ。鈴木氏にはもっと具体的に、稲嶺氏陣営には県民が納得できる説明をしてもらいたい。

（二〇一〇年七月二三日、沖縄タイムス電子版）

この問題にはもっとメスを入れ、今後の沖縄知事選挙に内閣官房機密費が使われる可能性をあらかじめ封じ込めておく必要があります。

沖縄は「処分」される筋合いはない

佐藤　沖縄の民意を封じ込める中央政府の工作として、外務省沖縄事務所の活動も、沖縄県民による徹底した監視下に置く必要があります。現在外務省沖縄事務所ナンバー2の久野《くの》和博さんは米モンタレーの陸軍語学学校でロシア語を勉強した、情報機関の学校出身です。他にもロシア語の専門家の人がいますが、なぜ情報の専門家と米軍基地の集中する沖縄にロシア語の専門家がいるのでしょうか。ロシア語の専門家はモスクワのような緊張した場所で情報をとったり工作を仕掛けた経験があることと関係していると私は見ています。

法的には、国内の情報収集は外務省の所掌事務ではありません。琉球処分に携わった松田道之の『琉球処分』三巻本に「探偵書」というのがありますが、まさにいま琉球処分の時と同じことを外務省はやっているのです。でなければ、暗号装置がかかるような電信施設は必要ない。こういうことを詰めていって、官僚たちは無意識にまた琉球処分をやっていると暴露する。「処分」とは悪いことをやった人がされるのであって、沖縄は処分される筋合いはないのです。今回は島ぐるみの文化闘争を展開して「平成の琉球処分」をはね除ける。

大田　琉球処分の時に、沖縄に熊本の第六師団の分遣隊を常駐せしめようとしました。それに対し琉球王国が猛烈に反対したら、明治政府は「抑《そもそ》も政府の国内を経営するに当ては、其要地所在に鎮台又は分営を散置して以て其地方の変に備う、是《これ》政府国土人民の安寧を保護するの本分義務にして、他より之《これ》を拒み得るの権利なし。是断然御達《おたっし》に相成《あいなり》たる所以也《ゆえん》」、すなわち「どこに軍隊を置くかは政府が決めるべきであって、他人がくちばしを挟む問題ではない」とはねつけました(下村富士男編『明治文化資料叢書　第四巻外交編』風間書房、一九六二年)。

ところが、軍隊を常駐せしめたのは、「国土人民の安寧を保護する」ためではなくて、逆に沖縄の反乱分子を鎮圧するためでした。そのことは、正院(一八七一～七七年に設置されていた国の最高機関)の文書が明らかにしています。

前引の明治政府の発言に似たようなことは、二〇一〇年一月にも起きました。名護市長選挙で基地反対派の市長が誕生すると、平野前官房長官は「(名護市長選の結果を)斟酌しなければならない理由はない。基地や安保問題は国の権限だ」という趣旨の発言をしましたが、これは明治政府の発想とそっくりです。

佐藤　それどころか、私がいちばん平野氏の発言の中で許せないのは、普天間の住民を移動させればいい、というものです。これは強制移住ですからジェノサイド条約違反ですよ。

大田　一九六六年に辺野古に米軍の一大基地をつくろうとした時、アメリカ本国の国防総省と沖縄の琉球列島米国民政府(USCAR)との間に意見の対立が起きました。まさに平野発言のように、米陸軍省が沖縄で基地予定地周辺の住民を他地域に移して飛行場をつくろうと計画して、一家族当たりの移設費用を計算したことが米公文書に出ています。

それに対し、沖縄の米国民政府は、そんな稚拙なやり方をしたら左翼陣営がこれを利用して反米闘争を拡大する恐れがあるとして反対したからです。一九六六年三月四日付のUSCAR渉外局メモにはじまって、同年三月二四日付の渉外局メモ「提案された辺野古飛行場に関する海兵隊ブリーフィング(Marine Corps Briefing on Proposed Henoko Airfield)」、同五月五日付の「大浦湾近辺に弾薬貯蔵エリアを確立すること(To Establish an Ammunition Storage Area in The Vicinity of Oura Wan)」、同八月二九日付の「政治的合理性(Political Rationale)」、九月一四日付の「大浦湾の土地取得に関する政治的影響(Political Implications Re Land Acquisition, Oura Wan)」、一二月二一日付の渉外局メモ「大浦湾(Oura-Wan)」など、一連の「USCAR文書」にこうしたことが逐一記録されているのです。辺野古の新基地について議論する際には、これらの文書をくわしく検証する必要があるとつくづく思います。

こうした事実関係は、私たちが二〇か年ほどアメリカの国立公文書館に通い続け、資料を購入して初めて理解できたことです。ですから、現実に起きている基地移設問題の実相も、表面的な事象からだけでは把握できないのです。

沖縄は小さいが、孤立してはいない

佐藤　沖縄をそう簡単にだますことはできない。沖縄は確かに小さい。しかし、孤立しているわけではないのです。たとえば沖縄を知るためには中・東欧の文学を読むことが有益です。チェコの亡命作家ミラン・クンデラが、一九三八年チェコのズデーテン地方をドイツに割譲したミュンヘン協定のことを書いています。そういう土地は、常に自分たちのアイデンティティに対して危機を持っているから、公につくられた歴史に対して常に異議を申し立てざるを得ない、というのです。またアルバニアの作家イスマイル・カダレは、自分たちの伝統に深く結びつくと言っている。大国の狭間で生き残っている中・東欧の国々は、沖縄と同じような経験をし、沖縄と同じような思考をした知恵の蓄積がある。

今回私は仲井眞知事にセジ(霊力)が降りてきたと思います。仲井眞さんは官僚出身の有能なテクノクラート、極力喧嘩をしない人で、「歴史認識の問題なんか起きたらいやだな。辺野古も沖合だったら受け入れていいのにと、何をやってくれたんだ、鳩山は」と思っていた。ところが、県民大会の会場に行ったかれは「明らかに不公平、差別に近い。応分の負担をはるかに超えている」と言いました。このことは沖縄で過小評価されているのではないでしょうか。

大田　仲井眞発言には、新聞投書などで二種類の批判が出ています。その一つは「差別に近い」ではなくて明白な差別そのものだ、というもの。もう一つは、「戦争の痕跡がほとんど消えた」と言ったのに対して「いまも戦争は続いている」という批判です。五〇〇〇体にも及ぶ遺骨が拾骨されないままだし、不発弾にしても全部処理し終わるまでには六〇〜八〇年かかると言われています。さらにまた、戦禍で心を病んで病院に入れられたまま過去六十余年、一歩も外に出て来られない人たちが少なくないからです。

佐藤　そうした批判があるのは当然です。しかし、沖縄の保守層の現状から考えた場合には、この機会を捕えて離したらいけないと思います。聖書の中に二つの考え方がある。我々の味方以外は敵である。もう一つは我々の敵以外は味方である。後者の精神によって沖縄がまとまらないといけない時です。では敵／味方の指標は何か。民意に反した形で県内に移設先を押し付ける者。これは全部敵です。仲井眞さんを含め保守政治家を沖縄差別に反対する陣営に引き込んでいかなくてはなりません。この点で革新陣営はもっと幅の広さを示して欲しいというのが私の希望です。

大田　その点については、いま保守・革新を問わず一致して拒否する状況ができています。

抑止力論はもう通用しない

佐藤　ただ、この沖縄の団結を切り崩す流れが必ず出てきます。切り崩されないために重要なのは、わかりやすい言葉による歴史の反芻です。

たとえば徳之島移転について議論するなら、琉球王の陵墓である浦添ようどれに行ったらいいと思います。尚寧王の気持になってもう一回考えてみよう、と。薩摩の侵攻に引き回されて、奄美、徳之島は領土から消えた。徳之島は狭義の「県外」ではあるかもしれないが、琉球の中である。そんな歴史認識すらない形で決めているのか。

こうして何度も歴史を反芻して、差別、偏見、それと同時に我々が生き残ってきているのは、差別に対して闘う対抗運動があったからだ、とメンテナンスをしていく。

また、久米島の堂の比屋《ひや》だったらどうするか。社民党は共同声明に反対して連立から外れたけれど、照屋寛徳《かんとく》さんと山内徳信《とくしん》さんが何としても政権への影響力を残せるようにしなければなりません。社民党が連立政権に戻る可能性と、権力を沖縄のためにどう使うかというプラグマティズムの観点から考えるべきです。

今回鳩山下ろしが行われたということは、より本質的に、政治家と官僚との綱の引き合いにおいて国家機能が麻痺し始めていることへの悪い形でのリアクションだったと思います。沖縄にとって重要なのは、抑止力論には乗らないこと。これを跳ね返すポイントはもう十分あるのです。先に述べた沖縄の死活的利害に関することは沖縄で決めるということ。

もう一つ、「人間の抑止力」です。辺野古に移設をしようというのは二通りの人間たちです。一番目は、この後の情勢がどうなるかという連鎖が読めない愚か者。二つ目は、確信犯的に日米同盟を破壊しようという反米主義者。その二つのカテゴリーに入る人間が辺野古への移設を強行しようとするでしょう。それ以外の理由が考えられますか、と私は最近言っています。

大田　いま沖縄問題は決して孤立した形で闘われているのではなく、世界的な普遍的問題となりつつあります。ついこの間も、クリスチャン・サイエンス・モニター紙の北京支局長が来たり、イギリスのロイター通信社の記者や中東の記者などもインタビューに訪れました。また、沖縄研究をする欧米の学生たちが非常に増えていて、ロシアの大学院生やアメリカのスタンフォード大学の学生たちも勉強に来ました。沖縄の問題がこれほど世界的に関心を呼んでいることに、ちょっと驚いているほどです。

官僚と記者の同質化現象

佐藤　東京の新聞だけを読んでいるとそれが見えなくなる。官僚と新聞記者の同質化現象が起きているからです。

私は最近の若い記者に、新聞の原点を理解するには夏目漱石の『それから』を読めと言っています。登場人物の平岡はおそらく朝日新聞の記者が想定されていますが、大学の成績が悪かったので大阪の会社に就職した。ところが会社の金に手をつけてクビになって東京に戻ってきてふらふらしている。そのうち、企業のスキャンダルを書いて適宜お小遣いをもらう仕事を始めて、新聞社に就職します。新聞記者とはそういう類の人たち、いわゆる「羽織ゴロ」です。それだから官僚や財界人とは一体化しなかったのです。

いま退職したくらいの年代の記者も、学生の頃にはそれなりの問題意識を持っていた人が多いから、成績もよくてリーダーシップもあるけれど公務員試験は受けない。官僚だとか銀行に行って金もうけをしたいという発想とは違う人たちがジャーナリズムを職業として選びました。

ところが若い記者たちは、金融関係、外資系、公務員、マスコミの試験を受けてくる。マスコミで働くようになって役所に行けば官僚は自分たちよりも遅い時間まで少ない給料で一生懸命仕事をしている、立派な人だと思ってしまうのです。ナチスドイツの官僚だって一生懸命不眠不休で仕事をしていましたよ。そして官僚は何でも教えてくれて情報がある、と自然に思い込んでしまうようになる。しかし官僚は無意識のうちに都合のいい情報しか教えません。そして、ある時は親しい記者に特ダネを流す。それは特ダネではなくて、都合の良い状況をつくるための情報操作です。これを積み重ねているうちに完全に官僚と同じ視線になってしまう。

ある沖縄の友人から聞いたことですが、民放の記者になったゼミ友達がいて、その友達が鳩山さんに同行で沖縄に来た。そうしたら、「官僚たちは、沖縄は生意気だ、可愛くないと言っている。いやしくも内閣総理大臣が二回も訪ねてきているのに、この対応はなんだという声があるから気をつけたほうがいいよ」と言われたというのです。「こんなふざけたことを言う官僚がいるので、そいつと大喧嘩をした」ではなくて、「気をつけろ」と言ってくるという、これがいまの記者たちの平均的な感覚です。

東京にいる沖縄の地元紙の記者たちと話をすると、SACOの時と明らかに違う、と言います。当時は、朝日、読売、毎日はじめ全国紙の記者たちがしょっちゅう会いに来て「沖縄はどうなっているか」「本件をどう思うか」と取材していったが、いまはそれがまったくない。

いちばんばかばかしいのは記者会見でしょう。全員がすごい勢いでキーボードを叩いている。記録を何通作っても一緒だし、官でつくった記録が三時間後には出て来るのですから。しかも、メモを取れない若手記者が多い。全部録音して起こすだけ。何が重要なところかという整理ができないから、官僚が整理した形で情報を国民に伝えることになります。その蓄積で記者と官僚の同質化現象が起きるのです。そうすると、異質なものがくると排除してしまうのです。沖縄から入ってくる情報がバイキンみたいに思えるんですよ。いま私は、あちこちで沖縄タイムスと琉球新報のHPをよく読んで、両方を比べて情報をちゃんと捉えないと間違える、と言っています。いまは異なる情報環境になっている。そしてそれは、民族が生まれる初期形態です。

沖縄の同意なくしては何一つ進まない

大田　今回の普天間飛行場の移設問題をめぐって私がいちばん重要だと思っているのは二点あ

ります。一つは先に述べた六〇年代からのアメリカの辺野古への基地建設計画がきちんと検証されていないまま事が進められようとしていること。もう一点は、グアムへの移設計画の内容が十分に把握されていないことです。

何度も繰り返して申しますが、沖縄の多くの人たちは、自らの痛みを他所に移すことは欲しない。したがって、グアムへの移設計画に賛成するのもグアムの住民が反対しなければ、という前提条件付きのものです。グアムの住民も戦時中、沖縄の人々同様に大変な苦難を体験しているからです。それだけにグアムの住民の中には、基地の拡大によって先住民の文化が失われるとして反対する人たちがいることも知っています。また、多数の人々が基地の受け入れに賛成なことも、グアムの知事からじかに聞いています。

佐藤　沖縄が繰り返し繰り返し金太郎アメのように主張していかないといけないのは、沖縄の死活的利益に関することは沖縄が決めていく、ということです。沖縄の同意なくしては何一つ進まない。だから逆に私は、楽観的な論調を皆で出すことがすごく重要だと思うのです。「八月の末日までに決めると沖縄の頭越しで日本とアメリカが勝手に約束をしたんだってね。これで辺野古移設は絶対に実現しなくなる」と(笑)。

そして「自民党政権がだらしないから実現しなかったのではないんですよ。沖縄が抵抗したから実現しないのです。その抵抗が続けば今後も実現しません」と、はっきり伝えることです。

（二〇一〇年九月）

第13章　知恵の力で未来を開いていく

沖縄の人びとに刻みつけられた屈辱的な光景

佐藤　普天間移設問題を巡っては、二〇一〇年五月の日米合意が二〇一二年末の総選挙で発足した第二次安倍政権に引き継がれました。つまり自民党は当然ながら辺野古移設を推進する、という立場です。二〇一三年一月には県内市町村全首長がオスプレイ配備撤回を求める建白書を安倍首相に提出しましたが、政府は一顧だにせず、その一一月に県沖縄を選挙基盤とする自民党国会議員三人が、県外移設の公約を撤回しました。すでに撤回を表明していた二人を含めた国会議員五人を従えた石破茂幹事長の記者会見は「平成の琉球処分」と言われました。

大田　おっしゃるとおり、まさにあの光景は「平成の琉球処分」そのもので、沖縄が文字通りの国内植民地たる実情を露骨に表現してみせました。あの屈辱的光景ほど沖縄の人々を怒らせたものは近年ありません。あんな意気地のない、だらしない代表を国会に送り出していること自体この上なく恥ずかしく思われました。おそらく沖縄の人々はいつまでもこの情けないシーンを忘れることはできないでしょう。

佐藤　二〇一三年末に安倍首相と面談した仲井眞知事は三五〇〇億円規模の交付金を約束され、「いい正月が迎えられる」と言って、辺野古埋め立てを承認しました。仲井眞さんをどう見るかは難しい問題ですね。あの人の中で沖縄的なアイデンティティは振れている。二〇一〇年四月二五日、九万人が集まった普天間移設を求める超党派の県民大会に出席して、初めて民意と一体化していると感じた瞬間があったと思うのです。だから「日本政府のやり方には差別に近いものがある」「オスプレイ配備を強行したら全基地閉鎖になる」と発言したのでしょう。彼の中の複合アイデンティティのうちの、沖縄人の分から出てきた言葉だと思います。

大田　彼の父親の仲井眞元楷《なかいまげんかい》氏は、演劇人で、方言でニュースを発信して名前を知られた方でした。それだけに一見ゆとりのある人物でした。ところが息子の弘多氏は、文字通りの官僚で、彼は常々、地方自治体は中央政府の言うことはその当否の如何にかかわらず、そのまま実行すべきだとの発想の持主でした。つまり国が上で、県はその下で従属すべき存在に過ぎないというわけです。ですから彼の頭の中には現行憲法に殊更に地方自治が謳われていることや、一九九九年に地方自治法が改正され、国と地方自治体は、上下関係ではなく、対等で協力し合う関係だということもまるで念頭にないかのようですね。情けない限りです。

佐藤　確かに行動から判断するとそういうことになります。

ところで、二〇一四年一月には辺野古基地建設反対の稲嶺進さんが名護市長に再選され、一一月の県知事選ではオール沖縄の枠組みが推した翁長雄志那覇市長が仲井眞さんに一〇万票の差をつけて初当選し、辺野古拒否の意思を明確に示しました。既に七月から辺野古の工事は着工され、抗議行動の座り込みやカヌー隊に対する海上保安庁の過剰警備が問題になっていましたね。

翁長知事は八月に一か月かけて菅義偉《すがよしひで》官房長官と集中協議を行い、この間工事は中断されましたが、結局、仲井眞前知事の埋め立て承認の検証を行う第三者委員会の報告書に基づいて二〇一五年一〇月、辺野古埋め立て承認を取り消しました。これに対し沖縄防衛局は取り消し処分の執行停止と無効を国交相に訴え、認められましたが、国は取消処分是正に従わなかった沖縄県を代執行裁判に訴えました。二〇一六年三月、福岡高裁那覇支部は和解案を提示、国と県がこれを受け入れたことでひとまず工事は停止されましたが、政府は、七月一〇日の参院選後に辺野古の陸上工事再開を打ち出し、さらに高江のヘリパッド建設作業を強行しています。

大田　今後、国と県がどのような手法を講じて、多くの県民が期待している望ましい解決が図られるかが問われています。そもそも普天間の移設問題の発端は一九六〇年代に溯るのです。

元海兵隊員による女性暴行殺人事件直後のオバマ訪日

佐藤　ところが、二〇一六年四月末に行方不明になっていたうるま市の女性が、五月一九日に遺体発見、元海兵隊員で軍属が強姦致死、死体遺棄容疑で逮捕されるという事件が起きました。

大田　その事件のことを聞いた時、私は思わず「またか」と大声で言いました。これまでも由美子ちゃん事件(一九五五年)や少女暴行事件(一九九五年)のような凶悪犯罪が何度も繰り返されていて、私は行政の責任者として、か弱い少女や女性たちの人権を守ることができない事態に日夜苦悩していたにもかかわらず、類似の事件が続出してしまうからです。それというのも、沖縄に軍事基地ができて異国軍隊が駐留していると防ぎようもないのです。とりわけ米軍将兵は、日米地位協定によってその身分が守られていて、ほとんどチェックもされずに沖縄に入ってこれるから、一地方自治体だけでは解決しようもありません。しかるに肝心の日本政府は主権国家たる権威を放棄して、米国の属国であるかのように従属しているのです。

佐藤　沖縄と日本で命の価値が違っているのだとあからさまになった。もし六本木の星条旗通りをジョギングしている時に米軍の軍属が出てきて、レイプされて刺されて、生死のわからない状態で明治神宮に投げ棄てられ、白骨死体で見つかったら、日本の世論はどうなるか。その二週間後にオバマ大統領を呼べるでしょうか。

米軍属女性暴行殺人事件に対する県民大会，プラカードを掲げる参加者(2016 年 6 月 19 日，琉球新報)

私は六月一九日の「元海兵隊員による残虐な蛮行を糾弾！　被害者を追悼し、沖縄から海兵隊の撤退を求める県民大会」に参加して、沖縄の世論に地殻変動が起きていることを皮膚で感じました。圧倒的多数の沖縄人が「沖縄から全米軍基地を撤去する以外にこのような人権侵害を阻止する方法はない」という認識を持つようになったと思います。アメリカ政府は、それを明確に認識し、怯《おび》えています。今回の県民大会が暴力的性格を帯びるとして在日米国人に警告を発しました。客観的に分析すれば、そんな可能性は皆無ですが、かれらに「加害者」意識があるからこのように過剰に反応したのだと思います。

大田　あなたが言われるように沖縄の人々の意識は近年明らかに変化しています。辺野古新基地建設に反対して坐り込んでいる高齢者たちがまさしくそれを証明しています。二〇年ほども自らの生活を犠牲にして坐り込んでいるのには驚嘆するしかありません。

佐藤　ほとんどの人が辺野古の基地について普天間飛行場機能の〝移設〟だと考えていたとき、すでに大田先生は、一九六六年に海兵隊が辺野古埋立て飛行場計画図を作成していることを踏まえて、「これは新基地建設である」と明確に指摘されていました。いまや沖縄において「辺野古移設」などと言う人はいません。そして先生はさらに、日本政府というのは、何かやる時には代執行のような方法も臆することなく使い、沖縄の自治権を平気で踏みにじる、と言われた。今まさにわれわれはその通りのことを目のあたりにしています。同時に、自己決定権を求める沖縄の民衆の力、平和を愛する力は、そうした中央政府や官僚の無法を跳ね返す力があるのだ、とおっしゃっていて、この点もやはりその通りになっています。

代理署名拒否から二〇年の現実

大田　辺野古問題は一般にはまだ知られていないことがあります。知事時代に、二〇〇一年までに一〇基地の返還、二〇一〇年までに一四基地、二〇一五年には嘉手納を含めて残りの一七基地を全て返還という「基地返還アクションプログラム」を作成し、これを日米両政府の正式な政策にしてくれるよう要望したことはすでにお話ししました。これにより返還の最優先基地である普天間飛行場を加えた一一基地を返すことになりましたが、そのうちの七つまでは県内に移設するという。当然、県内移設は到底容認できないと拒否したこともすでに述べたとおりです。

いま辺野古の問題だけが表に出ていますが、もし辺野古が解決したとしてもあと七基地の移設の問題は残っているのに、この話が全く出てこないことが、私は非常に気になるのです。

これも既に述べましたが、一九九五年九月の少女暴行事件に対する沖縄の怒りに押される形で日米両政府はSACO（沖縄に関する特別行動委員会）をつくりました。ここでの議論に基づき中間報告と最終報告を日米両政府が出したのですが、日米で政府の最終報告の中身が違うのです。日本政府は、普天間を五分の一に縮小して移辺野古に移すと言い、普天間の滑走路の長さは二八〇〇mだが一五〇〇mに縮める、建設期間は五年から七年、建設費用は五〇〇〇億以内、と発表した。ところがアメリカ政府は、建設期間は少なくとも一〇年かかるうえ、MV-22オスプレイを二四機配備するから、これが安全に運行できるようにするには二か年の演習期間が必要なので、建設期間は少なくとも一二年以上、建設費用は一兆円かかる、それから運用年数四〇年、耐用年数二〇〇年の基地をつくる、とはっきり書いています。そんな基地をつくられたら沖縄は半永久的に基地と同居しなければならない、到底容認できない。それで代理署名を拒否したわけですが、着実にオスプレイは配備され、辺野古の工事に着手した、というのが二〇年後の現在です。

佐藤　しかし日本政府が当時言っていたのは、名護への移転ではあってても辺野古ではなかった。

大田　そうです。最初日本政府は沖縄本島の東海岸に移すといい、場所を特定しませんでした。

佐藤　キャンプ・シュワブ内の滑走路を延長するという考えで、新たな埋め立てではなかったのですね。これも沖縄からすれば到底認められるものではありませんが、日米地位協定下では、基地内の施設について日本政府は関与できない。だから、少なくとも現在の辺野古のような問題にはならなかったでしょう。ところが日米両政府は、大浦湾を埋め立て、航空母艦も接岸できオスプレイも一〇〇機駐留できる、とんでもない欲張った基地をつくろうと考え出した。

このプロセスを通じて植民地支配の構造がはっきり見えてきました。いまや沖縄は植民地として統治されていることを自覚しています。かつては野中広務さんや梶山静六さんのように沖縄に寄り添う自民党の政治家がいた、とよく言いますが、沖縄の側は、彼らにしても結局はどうやってうまく基地を押しつけるか、植民地支配をうまくやった人たちだと認識していた。安倍官邸とはたんに技法の差しかないのです。ただ、沖縄は腹の中でそう思っていても言うことはありませんでした。梶山さんや野中さんには、沖縄の思いを忖度するぐらいのことはできたからです。

野中さんは、部落問題に関しても、沖縄問題に関しても、基本的には同化論者です。しかし、差別に対しては、自分の個人的な体験を踏まえた憤りがある。しかしそれが結局は、差別されている者は二倍、三倍努力して地位を勝ち取れという方向になってしまうんですね。

大田　二〇〇〇年の沖縄サミットについて、当時野中氏から私の自宅に電話があったようですが、家人の話では、協力を頼むと言われたとのことでしたので、これは、沖縄でサミットをやる代りに基地の新設は引き受けろという意味かと思ったので、あえてこちらからは電話をしなかった。そうしたら、人間の道にはずれていると、いろいろ言われましたよ。

佐藤　ただし、野中さんは大田先生を人間として尊敬していましたよ。私は何回かそういう評価を野中さんから聞きました。いまの日本政府は、そういった想像力すら欠如していて、力によって全て押しつけるという露骨な植民地支配をやろうとしています。

それが仙台出身の島尻安伊子沖縄・北方担当大臣という人間によって可視化されました。夫の姓である「島尻」を名のっているがゆえに、東京ではあの人を沖縄人と誤解している人が多いので、「沖縄の人間」として流血を伴いかねない力による基地誘致を積極的に進めるという役割です。

それに対して、沖縄では保革の枠を越えて、本来は革新陣営には入ってこないような人まで含めて、「ばかにするのもいいかげんにしろ」と声をあげるようになり、二〇一六年七月参院選で島尻大臣は落選しました。裏返して言うと、「ばかにするな」あるいは「これは差別じゃないか」「構造的差別」と言えるというのは、やはり沖縄は強くなったということだと思います。この経緯において、大田県政は非常に重要だった。いま沖縄の中でコンセンサスになっている自己決定論は、実は大田先生の代理署名拒否に始まったのだと思います。

アメリカの本音は何か

佐藤　沖縄の声の高まりを受けて、アメリカにしてみれば、辺野古強行によって沖縄住民の反発が激しくなって基地の安定的な運用ができない、最も重要な嘉手納まで使えない状態になるのだったら勘弁してくれというのが本音ですよね。

大田　一九九八年細川護熙《もりひろ》元総理がアメリカの外交雑誌『フォーリンアフェアーズ』に「米軍

の日本駐留は本当に必要か」という論文を発表して、二〇〇一年に日本の思いやり予算が切れるから、これを延長しないで在日米軍を六年以内に撤退させ、その二年後に日米安保条約を破棄して平和友好条約に変えようと日本政府はアメリカ政府に通告すべきだ、と主張しました。第11章で少し触れましたが、これを受けてアメリカのケイトー研究所のダグラス・バンドーという元レーガン大統領の安全保障担当補佐官をしていた人が、アメリカ政府に対して、同趣旨の勧告書を出しています。私は、彼を沖縄に招いて基地の実情を自分の目で見てもらいました。すると彼は、帰国後、すぐに沖縄は米軍の軍事的植民地だと断言する論文を公表しただけでなく、つい最近も、在沖米軍は米本国へ引き揚げるべきだと主張する論文を『ジャパン・タイムズ』に発表しています。

佐藤　いま考えるとそれは非常に重要ですね。ケイトー研究所というのは保守のなかでもリバタリアン的な思想を持つ共和党系のシンクタンクです。つまり、ドナルド・トランプのような人が大統領になると、アメリカは米軍基地を退くべきだという主張になる可能性は十分ある、ということです。トランプは孤立主義で、要するに第二次大戦前のアメリカに戻る、ということです。「アメリカはアメリカの繁栄だけを考えていればよかった。偉大なアメリカ、アメリカ人の生活さえ良くなればいい。あとは知ったことじゃない」「自分の国は自分で守ったら」という理屈です。となると、やはりいま最大の問題は、アメリカを笠に着て、沖縄に基地があるということが非常に心地いい日本それ自体、ということなんですね。

大田　一九五二年のサンフランシスコ講和条約が成立した時点では、米軍基地の割合は本土が九〇%、沖縄が一〇%。それが一九七二年の沖縄復帰時には五〇%と五〇%となり、現在は、本土はわずか二六・二%、沖縄七三・八%です。

佐藤　それは四七人学級の便所掃除を考えてみたらいい。一九五二年の時点で便所掃除が沖縄君は三日だった。それが七二年になったら二週間に増えている。いまはなんと便所掃除は月に三週間です。そしていま中央政府は、便所掃除の負担を半日減らしてやる、そのかわりおまえら廊下掃除もやれ、と言っている。これが辺野古新基地建設の本質です。

学級会では「沖縄君が便所掃除を三週間やることについてどう思いますか」と言うと、沖縄君以外全員賛成。反対は沖縄君一人。なんでこんな目に遭わなければならないのかと言うと、おまえの席が便所に近いからだ、と。これが地政学上の重要性です。沖縄からすれば、こんなふざけた話に付き合いきれるかということです。

基地建設それ自体が沖縄人の存続に関わる問題

佐藤　こうなると沖縄としては、日本人の良識に頼るなどということはやめたほうがいい。「われわれが求めているのは自己決定権の回復だ。人口のわずか一%であっても名誉と尊厳を保全したい」と言えばよいのです。そして、そのためにいま最低限やらなければならないのは、すぐに辺野古建設をやめることである。その先のことはこれから考えていくから、と。

沖縄の民意のほとんどが新基地に反対している。これは特定の思想や立場から言うのではない、基地建設それ自体が沖縄人であるということ、また自分たちの存続に関わることなのです。新基地建設強行は一八七九年の琉球処分、さらには一六〇九年の薩摩の琉球入り、琉日戦争から始まる積年の話だと私は考えています。これ以上力を背景に、しかも沖縄に沖縄人を騙《かた》るような閣僚をつくり出してインチキ植民地支配を続ければ必ず日本はしっぺ返しを食うよ、ということです。

私は地理を考える必要があると思っています。簡単に言えば、辺野古の海の前の土地がどういう地形になっているか考えてみればいい。翁長知事がどこまで確信的に言っているかはわかりませんが、二〇一五年一一月初めに翁長夫人の樹子《みきこ》さんが、辺野古の座り込みをしている人たちのところへ行って激励した話が琉球新報に出ていましたが、非常に興味深いのは、「万策尽きた場合には夫婦で約束をしている。この場に座り込む」と言っているのです。「万策尽きた場合」とは、日本の司法手続きにおいて最高裁判所が沖縄の立場を認めないということです。そうなったとき、日本人は、最高裁の決定だから従わざるを得ないと考えていますが。翁長氏は夫婦で座り込むと言っている。つまり、言うことを聞かないということです。

二〇一五年五月一七日に開催された「戦後70年　止めよう辺野古新基地建設！沖縄県民大会」には開催決定からわずか二週間で、公式発表で三万五〇〇〇人が集まりました。私は現場で見ましたが、四万人はいたでしょう。知事が夫婦で座り込むとなると、辺野古に一万人集まるのは簡単なことです。辺野古のキャンプ・シュワブ・ゲートの前は道からすぐ傾斜地になっていて、一万人収用できるような場所ではない。そうすると誰に煽られることもなく自然な勢いとして、フェンスを乗り越えて「われわれの土地を取り戻そう」という動きが生まれるでしょう。

すでに本土から来た機動隊がカヌー隊を「豚一頭確保」と言ったり首を絞めて海に落としたりなど、事実上流血は起きています。フェンスを乗り越えようとしたら、発砲によって阻止するか、それとも基地が占拠される状態になるか、事態はその方向に進んでいます。その点でも裁判によって工事が一時停止されたことはよかったと思います。だからといって流血を避けるために沖縄が新基地を受け入れるというのは本末転倒で、政治だけでなく産業、教育、あらゆる面において沖縄の自己決定権は失われてしまう。だからこれは退けない闘いなのです。

もはや翁長知事など特定の個人や保守や革新という分類とは関係ないところで、沖縄全体のうねりが生じているのです。大田先生が昔からおっしゃってきたマハトマ・ガンジーなどに近い非暴力不服従抵抗運動が、いま沖縄に形をとりつつあると思います。不服従は無抵抗ではありません。誰かに危害を加えることはしないが、自分たちの体で抵抗はする。

物扱いされてきた沖縄の歴史

大田　沖縄の歴史を振り返れば、沖縄は人間扱いされずに絶えず他人の目的を達成するための手段に提供されてきた。物扱いされてきたことがはっきりします。二七年間憲法が適用されなかった。沖縄ほど憲法と縁のないところはなくて、大日本帝国憲法も、いまの平和憲法も、制定時の国会に沖縄代表は出ていないのです。大日本帝国憲法の時には他府県よりも三〇年も遅れて沖縄代表は国会に出て、現行憲法でも二四年も遅れた。そのように、憲法と縁がないにもかかわらず、沖縄ほど憲法を大事にするところはないと思います。

佐藤　ただ、現行憲法も、統治機構のところは完全に変えて、連邦制にするよう沖縄は要求すべきだと思います。実は、北海道の予算は北海道開発局の、沖縄も内閣府の沖縄担当部局の一括計上です。要するにお前らには予算を組む能力がないから俺たちがやってやるという、完全な植民地型予算です。予算においても別になっているのだから連邦制を組め、と。

大田 それは以前にお話しした平恒次・イリノイ大学名誉教授が唱えた『日本国改造試論』にある、日本を連邦制に変えて北海道と沖縄を独立させるべき、という意見に連なりますね。

佐藤 東京の沖縄の県事務所は、沖縄県全権代表部にすればいい。そこのトップは「大使」という称号を使って、沖縄県の渉外担当者は参事官、一等書記官、二等書記官、三等書記官という役職にする。準国家的な存在ですね。ソビエト時代に、ウクライナとベラルーシは国連に議席を持っていました。こうした旧ソ連のことも参考にして、一定の枠をつくる。

おそらくこの島に住んでいる八割以上はルーツが沖縄にある人々でしょう。それほど特定の出身地に固執するというのは、やはり日本の中では特別の場所なのです。歴史と現状を踏まえて、日本は、沖縄において国家統合、国民統合の双方に失敗したことをまず認めるところからスタートするべきだと思います。

大田 佐藤さんは、いま沖縄でさらに強まりつつある独立論について、どう考えていますか。

佐藤 連邦制の要求は必ずしもイコール独立論ではありません。私は現時点において独立論を前面に出すことはあまりよくないと考えています。なぜなら、沖縄の独立論者が言う沖縄独立と日本人が考える沖縄独立の意味内容が全然違うからです。われわれは一九五三年に日本から離されるという形で半ば「独立」させられたのです。日本人が言う独立論とは「沖縄を切り捨てる」ということです。日本には、沖縄に対して宗主国としての責任を果たしてもらわなければならない。そう簡単に日本から出て行ってはいけないと思います。

いま何よりも確認すべきは、独立も含めて、「決めるのは沖縄人だ」という自己決定権です。その「沖縄人」とは、いま生きている沖縄人、あるいは沖縄県に住民票を置いている人だけではなく沖縄にルーツを持っている全世界の沖縄人、それから沖縄戦で死んでいった人たち。ソテツ地獄でソテツの毒にあたって死んだ人たち。琉球処分の時に清国に渡っていった脱清人たち。こういう人たちの魂も全部含めた過去、それからいまだ生まれていないこれからのウチナーンチュたち、歴史も未来も全部を含めた自己決定権です。

文化の中に政治も包み込む強力な自己決定権が、いま沖縄で形成されつつある。知事としてその道を切り拓いてきたのが大田先生であって、その意味が二〇年後のいま、新基地建設や元米兵による女性の暴行殺害という痛ましい事件に直面して、あらためて位置づけられている。

大田　いまウチナーンチュの歴史に触れられましたが、私にとっては、何よりも沖縄戦の体験が大きかった。敗色濃厚な太平洋戦争末期に法律もないまま戦場にかり出され、半数が犠牲になった少年少女たち。私はこの人たちと共に戦場に出たので、沖縄の軍事化の固定は絶対に容認することはできなかったのです。

裁判闘争は政治の場である

大田　翁長知事は「あらゆる手法を講じて辺野古を阻止する」として、裁判闘争に入った。私は裁判闘争になれば沖縄に勝つチャンスは滅多にないと思います。日本の司法と立法は行政に従属していて真の三権分立になっていないからです。私が代理署名を拒否したときも、駐留軍用地特別措置法という沖縄だけに適用される法律を、衆議院で九割、参議院で八割が賛成して知事の権限を取り上げて、総理大臣がサインさえすれば勝手に土地を提供できるように変えてしまった。そして、いまの司法は、安保条約と地位協定は日本の司法が判断できない、外国の軍隊のことだからと、統治行為論を唱えて判断を避けています。

佐藤　そこは翁長知事も承知していて、日本の司法などさらさら信用できないことは二〇年前の代理署名拒否から明らかな大前提であって、むしろこの場を沖縄の政治的な、主張の正当性を明らかにするいい機会として扱う、ということでしょう。

大田　確かにそれは非常に明確になっていますね。

佐藤　代理署名の時もそうですが、裁判になれば、ふだんは日本政府の立場を推進して沖縄はもう往生しろといったことを社論として掲げている新聞でも、客観主義という建前がある以上沖縄側の主張は書かざるを得ない。この裁判は法的な主張の場ではなくて、政治的な主張をする場所であって、沖縄の権利を認めないヤマトの法律にどこまで従う必要があるのかという、より根源的な問題を提起している。もちろん、技術的にやれることは全部やるけれど、裁判の場で解決するということではないのは、大田先生のおっしゃる通りだと思います。それが「万策尽きた場合は座り込む」であり、「座り込む」というのは「集まれ」という意味ですよね。

ただ、日本の有識者は本当に弱くなっていて、その沖縄の提起を受け止め切れていないことが、各紙の論調から見えてきます。しかしそれは、沖縄人だけが感じている問題ではなく、たとえばスコットランドの独立投票で、五〇〇年一緒に歩んできたが本当に自分たちはイングランド人と一緒にやっていけるのだろうかという根源的な問題をいま感じていることにも通じています。

大田　スコットランド問題と関連して、アメリカ留学経験のある高学歴の若い女性たちが国連の人種差別撤廃委員会で意見を述べ、委員会は日本政府の沖縄差別について是正するよう最終見解を採択しましたね。これはかつて例がないことです。

佐藤　多数派は少数派の気持がわからない。沖縄に行って民謡酒場やゴルフに行ってキャディさんや酒場の人に辺野古の話を聞いたら「移設はしょうがないよね。基地でお金をもらっている人もいるし」と言っていた、と話す日本人相手に、私がよく言うのは、かつて満州国に行って「日本の満州統治はどうだ」と聞けば、全員が「いいですね」あるいは「いろいろあるけれど、まあしょうがない」と答えただろう、と。見ず知らずの多数派の人間に対して、少数者が本当に思っていることを話すと思う、その感覚自体が問題なのです。しかも相手は客だという利害関係がある中で、相手の心証を害するようなことを言うとでも思っているのか。これはソ連崩壊当時、ロシア人がなぜバルト諸国が独立するのか流血が起きるまでわからなかったのと一緒です。

逆に沖縄の側も、社交辞令で思ってもいないことを言うのをやめよう、と、私は地元紙に書きました。「しかたないんじゃないですか」ではなく、「それはいやですね」と言えばいい。辺野古の問題に限定しては、思っていることを正直に言ったほうがいいのです。

そして福島と沖縄をつなげて、原発と辺野古をともに闘っていこうということに関しても、その気持はありがたいけれど、原発と沖縄の基地は位相がちがうとはっきりさせておきたいのです。

なぜなら原発は、原発設置道県の知事と議会、そして基礎自治体の首長と議会、周辺自治体の首長と議会の了承を全部得ています。もちろん誘導や恫喝はあったし、福島第一原発のような事故が起きるとは想定していなかったという問題はあります。しかし民主主義原則は外していない。沖縄の基地に関しては、強制収用はハーグ陸戦法規にすら違反する占領状態にあるところの民間人の財産の没収であり、民主的な手続きのかけらもない。

なぜ辺野古建設を容認できないかというと、最も危険な点は、辺野古が民主的な手続きを経た県知事、県議会、そして名護市と名護の議会によって承認されたら、原発と同じ論理に持ち込まれて、直近の民意が確認されたからと、あたかも沖縄の基地すべてが民意の承認を得られたという話にすり替えられてしまうからです。

辺野古建設は既に「筋悪案件」

佐藤　辺野古新基地建設の日米合意は、民主党政権が結んだものです。民主党は、たとえば前原誠司さんにしても名護の市長を受け入れ派にして仲井眞知事の考え方を翻意させるという働きかけはするけれど、力の行使はしなかった。民主的な手続きを守るという一点において、やはり「民主」党だったのです。現政権の世界理解はすさまじくて、あの人たちのプリズムを通すと、沖縄はとんでもない左翼の島で、独立論や大田先生の背後には中国がいて大量に金が流れていて（笑）、日本の対中侵略の一環で、第一次列島線を中国に確保させるために動いている、沖縄の真実の声は八重山日報を読めばわかる、という（笑）。

大田　沖縄は歴史的に中国、東南アジア諸国とは非常に関係が深い。それは否定されるようなことではありません。知事時代に万国津梁《ばんこくしんりょう》のアジア交易の道を構築しよう、沖縄を基地の島から平和発信の島にしようと提案しましたが、いま沖縄には中華圏を中心に多くの観光客が訪れて、ホテルも足りないくらいですね。もっとも、日本経済も爆買い観光客に相当助けられているようですが(笑)。県の福建・沖縄友好会館や北京、台北など五か所で沖縄の物産を売っていています。

佐藤　沖縄を基地の島から平和発信、平和的交易の島にしようというのは、翁長さんも主張していることです。だから保革ではない、沖縄のアイデンティティに立脚して未来を考える、ということに尽きる。

結局、アメリカも日本も沖縄がどうなるということについて真面目に考えていない。面倒くさいか、面倒くさくないかです。辺野古なんて決まらないで面倒くさい、しかも反米感情は明らかに強くなっている、となればやめるでしょう。アメリカはコザ事件なども忘れていないし、那覇の米総領事館はリアルに情勢を把握し、琉球新報と沖縄タイムスを分析して本国に送っています。

アメリカ側の最大の問題は海兵隊で、沖縄を自分たちの血で贖《あがな》った戦利品と思っていますから、海兵隊撤退は沖縄とアメリカとの関係を正常化するという意味でも、非常に重要なのです。

アメリカがやる気がないとなったら、安倍政権の間はとりあえず辺野古推進のポーズをつくりますが、いつまで続くか。実際、いまも安倍さん自身がこの問題に乗り出してこないですよね。役人の世界で言うと「筋悪《すじわる》案件」になっている。外務官僚も引き気味で、防衛省の連中にやらせています。防衛省の背広の幹部たちは、実行するのは現地だ、と。現地の防衛局は沖縄県から雇っている職員にやらせる。典型的な植民地支配の構造です。となると、持久戦になってくるでしょう。安倍政権のあとの政権は、自民党であろうが何党になろうが、安倍政権の筋悪案件は、不動産用語で言うところの損切りをしないといけない。

いま独立論が重要な提起をしているのも大田先生の作った留学制度の結果です。ただ、アメリカはここ二〇年新自由主義が浸透し、大学の授業料が急速に上がって、ハーバード、ブラウン大学は年間大体五〇〇万～六〇〇〇万円かかってしまう。沖縄の中の教育力は高まっているし、もっと可能性は広がると思います。

大田　五カ年に一回、「世界のウチナーンチュ大会」が開催されるのですが、それに若者の分科会があって、これが非常に明るく元気に溢れている。この子たちが成長すると非常に楽しみですね。アメリカ在住の沖縄人は、沖縄人という自己意識を持っていて、日本人としての自己意識は希薄。ボリビアやブラジル、あるいはペルーの沖縄人は、琉球語は維持していますが、日本語は忘れている人も多いのです。

佐藤　ハワイ州知事のデビッド・イゲさんのHPには「Okinawan decent」だけで「日本」という言葉は一言も出ていない。これは彼のアイデンティティを端的に示しています。かれらは日本について遠慮しないで自分たちの主張ができる。沖縄県知事というのは、沖縄県民の代表だけじゃなくて、世界のウチナーンチュの代表なんですね。

大田　国外に三五万人くらいの沖縄の人がいるということで、これと精神的な共和国をつくろうというのが、さっき話した平恒次教授の主張です。

佐藤　では日本の中に沖縄人はどれくらいいるか。辺野古基金という募金で作られた辺野古建設反対の行動のための財布があります。ここに六億円ほど集まっていて、その約七割が本土からの募金で、沖縄と本土の結びつきが強まっているというのですが、私は、実はそのほとんどが沖縄にルーツがある人間だと思います。いまは日本人か沖縄人か選ぶという状況に迫られていないけれど、沖縄本島にいる一〇〇万強以上の数の沖縄人が沖縄以外の日本にいるのです。

いま沖縄県人会が変化してきていて、昔から兵庫の沖縄県人会は非常に戦闘的でしたが、東京は、そもそも政治的なことにはあまり首を突っ込まなかった。いま東京の県人会も辺野古反対についてとても熱心に活動しています。その中には元財務官僚や、実は自分もルーツは沖縄だという元官僚や弁護士がいる。やはりみんな血が騒いでいるのです。

大田先生が知事の時に沖縄県史の新版を作りましたね。在外沖縄人のためにも、その中からたとえば一九四四年に作った沖縄の占領用のマニュアルなど、日本人と沖縄人は別民族である、といった差別構造についての分析は、県がＰＤＦで閲覧できるようにしたらいい。この対談でも触れてきたカーの『琉球の歴史』復刻や、大部の著作『Okinawa, the History of an Island People』は未訳ですから県で翻訳プロジェクトをつくるなど、とにかく、我々は頭脳の力で平和的に、乱暴で金や暴力を使う東京の横暴さに勝っていく。この流れはやはり先生が付けたものです。

大田　沖縄県史がぶ厚くて一般の人にはとても読めないから、私は、知事の仕事として『新沖縄県史』を図表も入れて中学生でも読めるような分冊にしようとしました。それが未完成なんですね。しかし、いま県の公文書館にはいろいろな人が多くの物を寄贈して、宝の山になっています。アメリカの公文書館に九か年間張り付けていた人物が沖縄に帰ってきて、非常にいい公文書館になっています。

佐藤　日本の都道府県で国際水準のアーキビストが育っているのは沖縄だけでしょう。いままさに国連の記憶遺産が問題になっていますが、日本はあまりに公文書、文書としての歴史を軽んじてきているので、国際的な場で勝負ができないのです。特に情報公開法は明らかに方向性が逆になりましたね。情報公開法があるからやばいものは始末しないといけないと、シュレッダーにかけ、重要なことは文書に残さない。今後沖縄に関して何かをやる時も痕跡が残らないでしょう。かつての密約のような文書は、もう出てこない危険性があります。ただし、アメリカやロシアなど相手からは出て来ますが(笑)。本当に歴史に対する冒瀆ですよ。でも、これが日本の文化ですから、変わらないでしょうね。

ここは非常に重要な点で、文化が違う。あの人たちは書き換えや隠滅を平気でやるんです。沖縄の場合は、『球陽』でもわかるように、中国からの影響で歴史の残し方には非常に重きを置いていて『球陽』『中山世譜』『中山世鑑』といった文書がある。歴史を伝える文化があるのです。

大田　私が『沖縄の民衆意識』という本に書いた人類館事件は劇にもなっていて、いまの若い人たちにもその歴史や人々の怒りは伝わっていますね。

佐藤　最近は日本人の研究でもバランスのとれたものが出てきて、櫻澤誠という若い研究者の『沖縄現代史』(中公新書)はすぐれた研究だと思います。でも全体的には、やはり沖縄ヘイト本は増えているし、「路地裏から見た」とか「売春街から見た」とか問題の射程を歪める本が多い。

沖縄は弱くはないが少数派である

大田　しかし、いつまでこの膠着状態が続いて本当にどういうことになるのか。

佐藤　われわれは弱いわけではないが少数派だということは認識しておく必要があります。しかも九九対一の圧倒的少数派です。ただ、いまある嘉手納基地を追い出すとなると、勝利を目指す闘争ですが、「新基地をつくらせない」というのは、あくまでも負けないという闘争です。勝つための闘争よりは、だいぶ防衛線が低いから、それだけに互角の争いができると思うのです。

沖縄には、辺野古の基地ができないのだったら、自分の命を投げ出してもかまわないと思っている人が一〇〇人単位で存在すると思います。しかし日本に辺野古に基地を作るためなら命を投げ出すという人間が何人いるかというと、一〇人もいないでしょう。この力の差というのは大きい。だからこそ沖縄の側は、命を投げ出すという形ではなくて、命を大切にするという形でこの闘いをやらないといけない。

たとえば辺野古のゲート前で私がガソリンをかぶって抗議の焼身自殺をすれば、一応作家ですし、かつてチェコスロバキアでヤン・パラフがソ連軍の侵攻に抗議して焼身自殺したのと同じように、国際的な関心を浴びるかもしれない。しかし、そういう闘いはしてはいけないと思います。なぜならば、自分の命を捨てるという行動をする人は、他人の命を奪うことに対してハードルが非常に低くなるからです。それをわれわれは戦争中に特攻隊という形で見てきた。あの人たちは自分たちの命を捨てる覚悟ができていた。だから平気で沖縄の住民虐殺もやった。命を捨てる覚悟ができている人には逆に、そういう覚悟の持つ危険さを説いていかないといけないと思います。

大田　こういう沖縄の基地の状況を見ながら、沖縄自民党のような組織がいまもって存在するのは理解に苦しむのです。

佐藤　やはりある時期まで「日本人になれる」という幻想を持っていたのでしょうね。その幻想を生きようとすると必ず、日本人以上に日本人になろうとする。沖縄自民党は、残念ながら植民地支配者の代弁者の役割を積極的に引き受けているわけだから、中央政府という生命維持装置をつけないと生き残れない。いまや誰が弔辞を読むかという段階にきているのです。日本側が、もう沖縄は切る、独立してもかまわないとなった時にまず切り捨てられるのは、あの人たちです。

大田　戦争体験の風化と共に沖縄の若い世代が保守化しているのではないかという懸念もあります。また、革新の側の戦略が弱体化しているようにも思われます。

佐藤　保守化というより、沖縄が豊かになったということではないでしょうか。大学も専門学校も県内で進学できるし、昔のように集団就職をしなければならない状況ではない。地元の居心地がよくて沖縄の中しか知らないから、「おまえ、どこの土人語喋ってるんだ」「色が浅黒いけど、どこの南洋から来たんだ」といった露骨な差別に直面した経験がないのです。そうするといろいろな闘争も体験してきた親世代に対する反発が保守を支持するという形になって出てくる。

だから私は、この点は全然心配していないのです。この子たちが日本に出て行けば、日本人というのはどういう人たちか、具体的な日常的な生活を通じてその無理解と差別性に触れることになって、沖縄的なアイデンティティを持って帰って来ることになるでしょう。

革新勢力が弱くなっているという見方もできますが、むしろ革新的な力が実は保守のほうに浸透しているので、かつての保守がなくなってしまったという見方もできると思います。

そして革新といっても沖縄の場合、マルクス・レーニン主義的なイデオロギー先行型の革新ではなく、社会党、そして社会大衆党をはじめとする地場の利益プラス国際基準での人権や自由を重視する思想ですよね。それは大田先生の沖縄ナショナリズムでもある。

それは沖縄が特殊だからと誇るナショナリズムではありません。人権や自由、平和といった世界の普遍的な価値観を共有していて、それを実現するために一歩でも二歩でも努力するという姿勢こそが沖縄の誇るべきことだという考え方ですよね。「普遍的な価値観を持っているから」というところが強調点であって、これが明治、大正期の沖縄の青年たちが、琉球の王国よりも日本の一員としての沖縄県となることを正当化する時の理屈として、日本がすばらしいからではなく、旧態依然とした琉球王国と比べた場合、日本のほうが世界普遍的な価値を持っている、と、日本のその面を評価したことと通じています。残念ながら日本は、その方向を沖縄において発展させることにはならなかったわけですが、沖縄の特殊性だけを誇るという方向だけで進むと非常に危ういところに行くと思います。

大田　こうして琉球処分以来の沖縄のことを考えると、なんでこんな沖縄になったかということをつくづく感じざるを得ないですね。

佐藤　ただし、よくここまでがんばれたとも言えると思うのです。沖縄人意識というのは分解されなかったからですね。かりゆしにしてもここ一五年ほどのつくられた伝統です。しかし、逆に言えば、二一世紀のいま民族衣裳をつくり出す力があるというのは驚くべきことだと思います。

大田 以前に私は琉球新報社の隣にファッションルームをつくって、いまのかりゆしウエアをずっと宣伝していたのですよ。

佐藤 そうした文化から入っていく戦略は非常に重要だと思います。文化に関しては日本人は文句を言いにくいから。私も極力、特に問題がない限りはかりゆしを着るようにしているのです。

大田 幸いに最近は沖縄の言葉を学ぶ若い子たちが非常に増えてきていて、言葉を覚えていくと自然にアイデンティティがついてくるし、これは最近の嬉しい話ですね。

佐藤 私はいま米軍の宣伝誌『今日の琉球』を全部読み直してみようと思っているのです。米軍が沖縄の宣撫《せんぶ》政策の中で沖縄の歴史や民族、風俗をうまく織り込んでいますね。沖縄のアイデンティティ確立になるヒントというのが実はあったのかもしれない。

大田 米軍は『守礼の光』という別の雑誌もつくっていて、沖縄の女性を起用して、ずいぶん宣伝していて、相当力を入れていました。

佐藤 キャラウェイ高等弁務官に関しては「沖縄の自治は幻想である」という言葉が強調されていますが、彼は日本は非常に危険な国であるという認識を持っていて、沖縄が日本に併合されるのは沖縄人にとってもよくないと考えていたんですね。だから文化政策に非常に力を入れた。

大田 キャラウェイは日本離れを進める離日政策をつくった。前にもお話ししましたが、彼は、若い頃中国にいて、旧日本軍が中国人を差別し虐待するのを見て日本人嫌いになったのです。首里に琉球政府立博物館(県立博物館旧館)をつくるにあたってキャラウェイは資金援助や設計も支援したのです。沖縄にはこんな立派な文化がある、だから日本などによりかからずに、自分の文化を大事にしなさい、と。引退後も沖縄人は日本人じゃないと絶えず言っていました。

私は引退した高等弁務官に片っ端からインタビューしたのですが、一九六八年に初めて沖縄で県知事（行政主席）選挙が行われました。屋良朝苗《ちょうびょう》さんが当選したのですが、このときの高等弁務官アンガーに、「知事公選を認めたら革新系の知事が勝つと思わなかったか」と言ったら「思っていた」と言うから、「思っていて何で公選を認めたのか」と聞いたら、その時に二・四ゼネストが計画されていて、これが実際に実施されたら高等弁務官をクビになるというおそれがあったというのです。それで、屋良さんと密かに会って、激しいことは一切しないという言質をとっていた、と。相手側の西銘《にしめ》順治候補が勝ったら激しい反米闘争を止めることができないが、屋良さんの支持者は反米闘争の中心人物ばかりだから屋良さんだったら止めることができると考えたわけです。占領下にはいろいろと知られざる政策があります。

二〇年先を見据えた人材育成を

大田　沖縄の現状を踏まえて、どういう未来をつくれるかといつも思い悩むのです。

佐藤　沖縄の経済エリートも、明らかに世代交代が起きていますね。金秀《かねひで》グループの呉屋守将《ごやもりまさ》さんにしてもかりゆしグループの平良朝敬《たいらちょうけい》さんにしても、いままでいなかったタイプの経済人です。経済人は政治に中立か、あるいは露骨に自民党を支持するか、特に基地問題に関しては移設反対とか基地機能強化に反対するということは経済人としては絶対にやってはいけないという不文律がありました。これが変わったのは、やはり大田県政の時だと思います。沖縄経済が大変なことになるのではないかと、経済界は心配していたと思います。ところが何のことはない、むしろ活性化してきた。実は基地がないほうが、経済が活性化するという方向性が初めて見えた。そこから、観光業は平和産業だとする新しい世代の経済人たちが育ってきたのです。

大田　私が県にいるときわしたショップは国内に八か所だったのがいまは一五か所になっています。最初は県のスタッフは反対して、私が責任を負うからと言って家主と直接私がサインして借りたのですよ。それがいま銀座一店で年に六〇億稼ぐそうです。

ちょっと面白いのは、実は私の知事時代が政府からもらう金が一番多かったんですよ。いまは三〇〇〇億くらいですが、私の時は七〇〇〇億もらっていたのです、釣った魚に餌はやらないと、政府にくっつく連中には金はやらないのですね。

佐藤　いま自分自身も少しコミットメントしているのは、やはり教育です。植民地支配は少数者が自信をなくすようなことをどんどんやります。日本の試験制度に基づいた学力観もイデオロギーの一つです。だから全国統一学力テストなんて止めてもいいと思います。沖縄の新聞や自治体、県庁、また沖縄の企業の人たちは、本土と比べてもずっと学識があります。実際の学問が生活の中で生きている点は沖縄のほうがずっと強い。たとえば名桜大学は非常に学生を大事にする教育をしていて、平均的に点を取れる入試での優等生ではなくても、入学後に苦手科目にチューターをつけ、きめ細かく面倒をみて学力を上げている。これは多くの日本の大学とは正反対です。まだ行き届かないところはあるけれど、教育が生きている。久米島でも高校に県外から人を集め、里親制度を作ったり、琉球大学を卒業して島に戻って来た人が町営の学習塾で受験指導もしています。あの小さい人口一万人もない島で、意欲をもっている人たちがちゃんといて、みんな一生懸命やっている。だから自信をなくしてはいけないのです。

大田 確かに沖縄の人々の意識は変わってきましたね。自信を持ち始めているし、植民地扱いに対する憤懣《ふんまん》を正面から表明するようになりました。名護には大学院大もありますが、沖縄出身の学生は一人しかいない。大学院大学を学問、研究の拠点としてもっと力を入れていけば将来明るいと思いますが、ただ、いま沖縄の将来を考えると、基地問題が解決しないとどんなことをやっても、なかなかうまくいかないという重圧があるのです。

佐藤 その通りです。こんなくだらない問題で社会が分断されるのはまったく勘弁してほしい。この辺野古建設阻止の一点においては安保問題も経済問題も背景でしかなく、まさに「沖縄は未来をどう生きるか」という、沖縄人としての人権の問題として連帯・連動できると思います。

それから子どもの貧困の問題です。フードバンクなどを参考にして、ごはんを食べられない子どもたちに食べ物をきちんと回す子ども食堂みたいなことをやりたいですね。それで、沖縄の未来は教育の力、知恵の力によって開くことができるんだと自信を持たせたい。ヤマトの連中と肩肘張らないでも十分やっていけるし、国際的にも活躍できると、目を外に向けられるようにしていきたい。先ほどお話しした連邦制もまた未来の形ですし、沖縄の一〇年、一五年、二〇年後を考えた人材育成が何よりも重要だと思っています。

（二〇一六年七月）

おわりに　この上なく有意義な対談

大田昌秀

「知の巨人」と称される佐藤優氏との対談は、筆者にとってかつてない有意義で興味尽きぬものであった。筆者はこれまで何度か各種の対談をしてきたけれど、今回の対談のように長く知性溢れる対談は初めてである。それも佐藤氏の該博で世界的広範囲にわたる知識、とりわけ鉄のカーテンで閉ざされているとされた旧ソ連邦についての身を以て体験した学識の深さには、唯々驚嘆するしかなかった。しかも広く多面的知識を基に次々とベストセラー本を刊行される筆力とたゆまぬ努力には敬服せざるをえない。

佐藤氏は母親の出身地で、筆者の生まれ故郷でもある久米島という人口八〇〇〇人程の小さな島をテーマに『沖縄・久米島から日本国家を読み解く』（小学館、二〇〇九年）という本を世に問うている。その著書の中で佐藤氏は、こう述べている。

「私が弁護士に『おもろさうし』の差し入れを頼んだこと自体が、ニライ・カナイからの神々による絶対他力の働きなのであろう。極寒の独房で『おもろさうし』テキストに触発され、眠っていた私の久米島性が呼び覚まされたのである。もっとも、ニライ・カナイは『単に理想郷・幸福の根源として捉えているのではなく、ときには悪しきもの、災いなどをもたらすものの住む世界の意味もあり、両義的なもの』なので、私にとって久米島性の回復はよいことを招くだけではないのかもしれない。そういえば、ユタも問題を解決するだけでなく、ユタのハンジ（判示）から、新たな問題がつくり出され、ユタのお告げがクライアントに新たな不安と問題をつくり出す機能も果たしていた。沖縄思想の魅力はこのような両義性なのである。沖縄以外の日本が近代化の過程で封じ込めた非合理の世界を沖縄思想は正面から見つめ、世界の存立様式を両義性によって読み解いている。この観点から久米島の歴史を読み解き、そこから敷衍《ふえん》して世界史と現在の世界を解釈することが私の課題だ」(七七頁)

この一文から同氏の思考の展開過程がよく分かるが、そもそも佐藤氏は東京生まれで、在ロシア日本国大使館に勤めたり、外務省国際情報局分析官として活躍した人物である。にもかかわらずニライ・カナイとかユタとか『おもろさうし』について沖縄の人々以上によく理解している同氏の知識欲には、頭が下がらざるをえない。

佐藤氏との対談を通して筆者は、じつに多くのことを学ぶことができ、知的興奮をかき立てられた。このような興味深く裨益するところ多大な対談は、おそらくこれから二度とありえないにちがいない。

ちなみに佐藤氏は、沖縄のあるべき姿についても、国家公務員をふやせ、といった多くの参考にすべき提言をしている。中でもとくに沖縄の自己決定権の重要性については、その実現に向けて沖縄の人々がもっと尽力すべきと強調している。沖縄の独立論については、必ずしも賛同しているようには思えないが、ここで第2章で言及した独立論との関連で若干付言しておきたい。最近は、基地の移設問題などを中心に沖縄の将来の運命を左右しかねない様々な沖縄問題をめぐって日本政府と沖縄県との対立が深刻化しつつある。日本政府の対沖縄政策は、構造的差別政策だとして沖縄の人々は憤慨している。その結果、急速に日本離れが進んで、かつてない勢いで公然と独立論が唱導されるようになっている。それも大学教授ら高学歴の人たちが中心となっている。ちなみに八重山の石垣市出身で京都の龍谷大学の松島泰勝教授は『琉球の「自治」』(藤原書店、二〇〇六年)や『琉球独立論』(バジリコ、二〇一四年)という著書を公刊して独立運動をリードしている。また同じく八重山は与那国出身で沖縄国際大学の友知政樹教授は、「琉球民族独立総合研究学会」を立ち上げて定期的に会合を開いて独立論の展開を支援している。何でも同会は、二〇〇名の会員を擁しているようだがアメリカ留学をした高学歴の若い女性たちが各地でシンポジウムを開くなどして独立論を吹聴している実情である。

果たして沖縄における独立論が今後、どのような展開を見せるのか、そしてこうした動きに対して日本政府がいかなる対応をなすかは、大いに注目に値する問題である。

大田昌秀

1925年沖縄県久米島生まれ．沖縄国際平和研究所理事長．早稲田大学教育学部卒業後，シラキュース大学大学院修士課程修了．琉球大学法文学部教授，同学部長を経て，第4代沖縄県知事(1990-98年)，参議院議員(2001-07年)を務める．著書に『沖縄のこころ　沖縄戦と私』『近代沖縄の政治構造』『総史沖縄戦』『醜い日本人』『沖縄戦下の米日心理作戦』他．

佐藤　優

1960年東京都生まれ．作家，元外務省主任分析官．外務省入省後，在モスクワ日本大使館，本省国際情報局等に勤務．著書に『国家の罠』『獄中記』『自壊する帝国』『先生と私』『官僚階級論』『神学の思考』など多数．

沖縄は未来をどう生きるか

2016年8月30日　第1刷発行

著　者　大田《おおた》昌秀《まさひで》　佐藤《さとう》　優《まさる》

発行者　岡本　厚

発行所　株式会社 岩波書店
〒101-8002 東京都千代田区一ツ橋2-5-5
電話案内 03-5210-4000
http://www.iwanami.co.jp/

印刷・理想社　カバー・半七印刷　製本・牧製本

ISBN 978-4-00-061144-2　　Printed in Japan